C·H·Beck
PAPERBACK

Dass Wissen und Macht einander beeinflussen und durchdringen, dass sie sich wechselseitig verstärken oder blockieren können, ist keine neue Einsicht. Umso erstaunlicher ist, dass die Philosophie sehr lange gebraucht hat, um die ethischen Konsequenzen für unser Erkenntnisleben genauer unter die Lupe zu nehmen, die sich insbesondere aus mächtigen Vorurteilen und Stereotypen ergeben. In ihrem wegweisenden Buch, das mittlerweile als ein moderner Klassiker gilt, nimmt sich Miranda Fricker dieser Aufgabe an: Sie erschließt eine für Wissensgesellschaften hochaktuelle Form der Ungerechtigkeit, die sowohl die Menschlichkeit der Betroffenen als auch unsere geteilten Praktiken des Erkennens massiv bedroht.

Der Begriff, den Fricker dafür geprägt hat, lautet «epistemische Ungerechtigkeit». Sie findet statt, wenn beispielsweise Frauen, migrantischen Gemeinschaften oder der Bevölkerung ganzer Kontinente die Fähigkeit abgesprochen wird, relevantes Wissen zu erlangen und verlässliche Wahrnehmungen mitzuteilen. Um ein Unrecht, das Personen in ihrer Eigenschaft als Wissenden geschieht, handelt es sich aber auch dann, wenn marginalisierte Gruppen gar nicht im Besitz der nötigen Deutungsmittel sind – wie z. B. der Begriffe der sexuellen Belästigung oder des Stalking –, um ihre besondere Erfahrung überhaupt als Ungerechtigkeit einordnen zu können. Miranda Fricker enthüllt diese beiden Formen der epistemischen Ungerechtigkeit als mächtige, aber weitgehend stille Dimensionen der Diskriminierung. Dabei untersucht sie nicht nur die besondere Natur des jeweiligen Unrechts, sondern macht auch deutlich, welche Tugenden wir erlernen müssen, um es zu verhindern.

«Ein elegantes und bahnbrechendes Werk.» *Rae Langton, University of Cambridge*

«Mutig und überzeugend … gehaltvoll und elegant geschrieben.» *Times Literary Supplement*

Miranda Fricker ist Professorin für Philosophie an der New York University, Co-Direktorin des New York Institute for Philosophy und Honorarprofessorin an der University of Sheffield. Sie beschäftigt sich hauptsächlich mit Moralphilosophie und sozialer Erkenntnistheorie, wobei ihr besonderes Interesse feministischen Perspektiven und dem Begriff der Tugend gilt.

Miranda Fricker

Epistemische Ungerechtigkeit

Macht und die Ethik des Wissens

Aus dem Englischen von
Antje Korsmeier

Mit einer Einführung von Christine Bratu
und Aline Dammel

C.H.Beck

Titel der englischen Originalausgabe:
«Epistemic Injustice. Power and the Ethics of Knowing»

Die 1. und 2. Auflage erschien 2023 in gebundener Form im Verlag C.H.Beck.

1. Auflage in der Reihe C.H.Beck Paperback. 2024

Für die deutsche Ausgabe:

www.chbeck.de

Umschlaggestaltung: Kunst oder Reklame/Distel
Satz: Janß GmbH, Pfungstadt
Druck und Bindung: Druckerei C.H.Beck, Nördlingen
Printed in Germany
ISBN 978 3 406 82339 8

verantwortungsbewusst produziert
www.chbeck.de/nachhaltig

Für K, G und A

«Jedes moralphilosophische Buch enthält wenigstens ein Kapitel über Gerechtigkeit und viele Bücher widmen sich einzig und allein diesem Thema. Wo aber bleibt die Ungerechtigkeit? Gewiss, Predigten, Dramen und Romane handeln kaum von etwas anderem, bildende Kunst und Philosophie jedoch scheinen das Thema Ungerechtigkeit zu meiden. Sie halten es für selbstverständlich, dass Ungerechtigkeit nichts anderes als die Abwesenheit von Gerechtigkeit ist. Wissen wir erst einmal, was gerecht ist, dann wissen wir alles, was es zu wissen gibt. Gleichwohl ist es gut möglich, dass diese Überzeugung falsch ist. Vieles entgeht einem, wenn man allein die Gerechtigkeit in den Blick nimmt. Der Sinn für Ungerechtigkeit, die Schwierigkeiten, die Opfer der Ungerechtigkeit zu identifizieren, und die vielen Weisen, in denen jeder lernt, mit den eigenen Ungerechtigkeiten und denen anderer zu leben, werden ebenso leicht übergangen wie die Beziehung privater Ungerechtigkeit zu öffentlicher Ordnung.»

Judith Shklar, *Über Ungerechtigkeit*, S. 29 f.

Inhalt

Eine wirklich soziale Erkenntnistheorie: Miranda Frickers *Epistemische Ungerechtigkeit*

Eine kurze Einführung von Christine Bratu und Aline Dammel

In ihrem berühmten Essay «Wenn Männer mir die Welt erklären» beschreibt die Autorin Rebecca Solnit, wie ein älterer Herr ihr auf einer Party ausführlich den Inhalt ihres eigenen Buches erklärt (welches er wohlgemerkt gar nicht selbst gelesen hat). Solnits Gesprächspartner ist derart überzeugt, zum Thema des Buches – und wahrscheinlich zu vielen anderen Themen ebenfalls – mehr zu wissen als sein weibliches Gegenüber, dass er über den Hinweis, Solnit sei die Autorin des fraglichen Werks, mehrfach hinweggeht. Und als er endlich realisieren muss, dass er die letzten zehn Minuten damit verbracht hat, der Verfasserin ihr eigenes Buch darzustellen, erblasst er zwar, fährt dann aber unbeirrt mit seinem Vortrag fort – die Idee, dass Solnit mehr Expertise haben könnte als er, übersteigt offenbar seine Vorstellungsmöglichkeiten.

Solnit beschreibt all das in der Tendenz als eine lustige Szene, in der sich der Besserwisser zum Schluss selbst entlarvt. Aber viele Personen, die ähnliches erlebt haben, werden bestätigen, dass sich Situationen wie diese – in denen man zwar über Wissen zu einem Thema verfügt und dies auch glaubhaft begründen kann, aber dennoch nicht als vertrauenswürdige, ernstzunehmende Gesprächspartner:in behandelt wird – nicht nur wie Ärgernisse, sondern wie echte Ungerechtigkeiten anfühlen können. Es ist das große Verdienst von Miranda Fricker, uns mit ihrer Theorie der epistemischen Ungerechtigkeit die philosophischen Werkzeuge geliefert zu haben, um diese Erfahrung ausbuchstabieren und auch begründen zu können.

Mit ihrem Konzept der *testimonial injustice* oder Zeugnisungerechtigkeit beschreibt Fricker die grundlegende Verletzung, nicht als vertrauenswürdige Quelle von Informationen wahrgenommen zu werden, obwohl man eigentlich eine *ist* und auch als solche erkennbar wäre. Mit einer systematischen Ungerechtigkeit – und nicht bloß einzelnen unglücklichen Zufällen – haben wir es laut Fricker dann zu tun, wenn die falsche Zuschreibung von Unglaubwürdigkeit auf weit verbreiteten Vorurteilen gegenüber der sozialen Gruppe basiert, der die betroffene Person angehört. Einer Frau wird nicht geglaubt, weil das alte Bild von irrational reagierenden Frauen weiterhin sehr wirkmächtig im Unbewussten vieler Menschen herumgeistert. Einer schwarzen Person wird nicht geglaubt, weil die Assoziation von dunkler Hautfarbe mit intellektueller Minderwertigkeit nach mehreren hundert Jahren Kolonialgeschichte und rassistischen Verwerfungen nach wie vor tief in der kollektiven Psyche europäischer Gesellschaften verankert ist. Der zentrale Fall von Zeugnisungerechtigkeit tritt also dort auf, wo ohnehin marginalisierte Gruppen aufgrund der gleichen Vorurteile, die sie auch in anderen wichtigen Bereichen des Lebens benachteiligen, immer wieder von der Praxis des Vermittelns von Wissen ausgeschlossen werden – einer Praxis, die zum menschlichen Leben wesentlich dazugehört.

Ein solcher Ausschluss kann bereits an sich verletzend und entmenschlichend sein, weil die Geschichten, die wir uns darüber erzählen, was uns als Menschen auszeichnet, immer wieder auf unsere Vernunft verweisen. Nicht als Wissende ernstgenommen zu werden bedeutet für Wesen wie uns, die sich derart viel auf ihre intellektuellen Fähigkeiten einbilden, eben in einem sehr grundsätzlichen Sinne nicht ernstgenommen zu werden. Aber Zeugnisungerechtigkeit ist für die Betroffenen nicht nur an sich, sondern auch aufgrund der damit einhergehenden weitreichenden negativen Konsequenzen verletzend. Beispiele hierfür gibt es leider viele: Man denke nur an das viel diskutierte Phänomen aus dem Berufsleben – insbesondere im Kontext ehemaliger Männerdomänen –, dass die Vorschläge von Frauen in Besprechungen erst dann wirklich Gehör finden, wenn sie von einem männlichen Kollegen aufgegriffen und vorgetragen werden. Oder man denke an die Ermittlungen im Kontext der NSU-Mordfälle, bei denen entgegen den Beteuerungen der Angehörigen allein aufgrund der Migrationsgeschichte der Opfer ihr eigenes privates Umfeld in den hartnäckigen und letztlich fehlgeleiteten Verdacht der Ermittler:innen geriet. Oder man denke schließlich an den herabwürdigenden Umgang mit den Betroffenen sexualisierter Gewalt, der im Zuge der #MeToo-Bewegung ans Licht kam, als unzählige Frauen davon berichteten, wie sie sich mit ihren begründeten Vorwürfen an Vorgesetzte, Ombudspersonen, die Polizei oder die Presse gewandt haben und einfach nicht gehört wurden. Ob wir Personen sind, die damit rechnen müssen, dass unseren Aussagen wegen gesellschaftlicher Vorurteile regelmäßig misstraut wird, ist also eine Frage ums Ganze: um unseren Status als gleichberechtigte Subjekte, um die Teilhabe an ganzen Berufsfeldern, um Freiheit, Gefängnis und ausgleichende Gerechtigkeit. Fälle von epistemischer Ungerechtigkeit gefährden also nicht nur Menschen, die wie Solnit (oder wie wir) als Autor:innen im Wissensbetrieb unterwegs sind, sondern Personen aus allen gesellschaftlichen Bereichen. Denn für alle Menschen ist es unerlässlich, als Wissende gesehen werden zu können.

Doch Fricker lässt uns nicht nur erkennen, dass und wie unsere Zuschreibungen von Glaubwürdigkeit von gesellschaftlichen Machtverhältnissen durchzogen und verzerrt sind. Darüber hinaus können wir von ihr lernen, dass auch unsere epistemischen Ressourcen – die intellektuellen Werkzeuge, mit deren Hilfe wir uns die Welt erschließen – den gesellschaftlichen Status Quo mit all seinen Vorurteilen widerspiegeln. Dies kann zu einer weiteren Art epistemischer Ungerechtigkeit führen, die Fricker als «hermeneutische Ungerechtigkeit» bezeichnet. Frickers Theorie hermeneutischer Ungerechtigkeit basiert auf der sehr grundsätzlichen Einsicht, dass das Erwerben von Wissen ein zutiefst sozialer Prozess ist. Denn anders als in der Philosophiegeschichte oft suggeriert wurde, machen wir uns eben nicht unabhängig von anderen Menschen im stillen Kämmerlein unseren jeweils eigenen Reim auf die Welt, sondern entdecken diese gemeinsam – vor dem Hintergrund von Informationen, die von anderen mit uns geteilt werden, unter Rückgriff auf Begriffe, die sich in unserem gesellschaftlichen Umfeld etabliert haben, und natürlich auch durch gemeinsame Diskussionen. Doch unsere kollektiven Deutungsressourcen werden von konkreten Individuen mit konkreten Erfahrungen und Interessen zusammengetragen – von Intellektuellen und Künstler:innen, die durch ihre Werke Ideen in Umlauf bringen, von Forscher:innen durch ihre wissenschaftlichen Theorien, von Journalist:innen in ihren Berichten und Reportagen etc. – und es verwundert nicht, dass sie unterschiedlichen Erkenntnisbedürfnissen unterschiedlich gut gerecht werden.

Die Tatsache beispielsweise, dass es lange Zeit keinen Begriff für das Phänomen der sexuellen Belästigung gab, ist Fricker zufolge kein bloßer Zufall, sondern vielmehr Ausdruck gesellschaftlicher Machtverhältnisse. Mit sexueller Belästigung sind Menschen in Machtpositionen viel seltener konfrontiert als solche, die in Abhängigkeitsrelationen stehen. Für letztere erscheint ein entsprechendes Verständnis dieses Verhaltens daher deutlich dringlicher als für erstere. Das Fehlen eines angemessenen Begriffs hatte jedoch zur Folge, dass die von sexueller Belästigung Betroffenen ihre Erfahrung nicht richtig, also als Übergriff und Machtmissbrauch, erkennen und benennen konnten, sondern als fehlgeleitete Aufmerksamkeiten oder missglückte Flirtversuche abtun mussten. In solchen Fällen sind sie also nicht in der Lage, wichtige Aspekte ihrer sozialen Realität richtig zu verstehen, weil ihnen ihre Gesellschaft dafür nicht das intellektuelle Rüstzeug zur Verfügung stellt, also die richtigen Begriffe oder Informationen, die sie zur angemessenen Deutung ihrer besonderen Situation benötigen: Sie leiden unter einer wissensbezogenen Marginalisierung. Miranda Fricker macht dabei einmal mehr deutlich, dass wir das daraus resultierende Unwissen nicht als bloßen Unfall abwerten, sondern als menschengemachte Ungerechtigkeit anerkennen sollten.

Wie schon im Fall der Zeugnisungerechtigkeit gibt es mehr Beispiele für hermeneutische Ungerechtigkeit, als uns lieb sein kann. Weit verbreitete Mythen, denen zufolge Vergewaltigungen immer durch gänzlich fremde Personen und gewaltvoll erfolgen, führen nach wie vor dazu, dass zahllose Betroffene die sexualisierte Gewalt, die ihnen von nahestehenden Personen, von vermeintlichen Vertrauten oder Familienmitgliedern angetan wird, nicht als Vergewaltigungen begreifen können. Dass immer noch von «Gastarbeitern» gesprochen wird – ein Begriff, der suggeriert, dass die damit Gemeinten sich nur auf Zeit und zu einem bestimmten Zweck in Deutschland befinden –, erschwert es den Angesprochenen, sich als integraler Bestandteil der deutschen Gesellschaft zu verstehen. Und wenn im Jahre 2022 konservative Kräfte in den USA dafür kämpfen, dass Kinder in der Schule nicht mehr erfahren, dass nicht alle Menschen heterosexuell und cis sind, so haben wir es mit einer großangelegten Kampagne zur hermeneutischen Marginalisierung von homosexuellen und trans Menschen zu tun, die sicherlich in zahllosen Fällen von hermeneutischer Ungerechtigkeit resultieren wird.

Wie im Fall von Zeugnisungerechtigkeit kann es bei hermeneutischer Ungerechtigkeit ums Ganze gehen: Es ist nicht nur so, dass den Betroffenen wichtiges Wissen über ihre eigene Situation vorenthalten wird. Ihre epistemische Marginalisierung hindert sie oft genug daran, sich überhaupt erst als Opfer von Ungerechtigkeit zu verstehen. Dies führt dazu, dass die wissensbezogenen Ungerechtigkeiten, die Fricker identifiziert, als Ungerechtigkeiten «zweiter Ordnung» fungieren können, die den Kampf gegen Ungerechtigkeiten «erster Ordnung» erschweren. Um beispielsweise effektiv gegen Sexismus am Arbeitsplatz vorgehen zu können, müssen Betroffene zuerst über die begrifflichen Ressourcen verfügen, um zu erkennen, dass sie die Opfer systematischer Benachteiligung sind und nicht nur unter vereinzelten übergriffigen Chefs und dem schrägen Humor unsensibler Kollegen zu leiden haben. Und dann müssen ihre Erfahrungsberichte gehört und ernst genommen werden. Hermeneutische Ungerechtigkeit kann ersteres verhindern, Zeugnisungerechtigkeit zweiteres.

Sieht man erst einmal ein, wie schwerwiegend und weit verbreitet die Ungerechtigkeiten sind, die Fricker uns verstehen lässt, scheint es nicht weiter erstaunlich, dass ihr Buch in der Philosophie hohe Wellen geschlagen hat. Nicht nur hat sie ein neues, extrem fruchtbares Themenfeld an der Schnittstelle von theoretischer und praktischer Philosophie eröffnet – oder genauer gesagt: an der Schnittstelle von Erkenntnistheorie und politischer Philosophie. Zudem sind zahlreiche Philosoph:innen ihrem Impuls gefolgt und haben weitere Formen epistemischer Ungerechtigkeit herausgearbeitet. So können wir mittlerweile nicht nur Fälle von Zeugnisungerechtigkeit und hermeneutischer Ungerechtigkeit erkennen und benennen, sondern auch Fälle von aktiver und insbesondere weißer Ignoranz (nach Charles W. Mills), von erstickten Bezeugungen (*testimonial smothering* im Sinne von Kristie Dotson) oder auch Fälle von absichtlichem hermeneutischem Ausblenden (*willful hermeneutical ignorance* im Sinne von Gaile Pohlhaus), von Gaslighting und noch einiges mehr. Interessanterweise wird die Debatte um diese Phänomene von epistemischer Ungerechtigkeit insbesondere von Philosoph:innen vorangetrieben, die Personengruppen angehören, die bisher in der akademischen Philosophie unterrepräsentiert waren, also etwa von Frauen, People of Colour und queeren Menschen. Frickers Buch hat also auch einen Beitrag dazu geleistet, die Philosophie für mehr Menschen, genauer gesagt für Menschen mit diverseren sozialen Hintergründen und Lebenserfahrungen, interessant und relevant zu machen. Umso ärgerlicher ist es, dass ihr teilweise selbst das zu widerfahren scheint, was sie in ihrem Buch beschreibt. Denn von Anhänger:innen einer vermeintlich klassischen Erkenntnistheorie (womit eine Erkenntnistheorie gemeint ist, die die sozialen und politischen Aspekte unseres Erkenntnisprozesses systematisch ausblendet) wird Frickers Theorie oft nur als Beitrag zur politischen Philosophie und nicht als der bedenkenswerte Beitrag zu erkenntnistheoretischen Fragen gewertet, der er auch ist. Dabei zeigt Frickers Buch insbesondere dies: dass wir nur gemeinsam Wissen erlangen können, dass wir dafür die Stimmen aller hören müssen und niemanden aufgrund bloßer Vorurteile vom kollektiven Erkenntnisprozess ausschließen dürfen. Und dies gilt natürlich nicht nur in der akademischen Philosophie, sondern in nahezu allen Bereichen des Lebens.

Vorwort zur deutschen Ausgabe

Mit Dankbarkeit und Freude schreibe ich dieses Vorwort zur deutschen Ausgabe von *Epistemic Injustice*. Es bietet zunächst eine gute Gelegenheit, Dirk Setton vom Verlag C.H.Beck für die freundliche Initiative und Antje Korsmeier für die sorgfältige Übersetzung zu danken. Seit der Veröffentlichung der englischen Originalausgabe sind einige Jahre vergangen, und die Landschaft der analytischen Philosophie hat sich in vielerlei Hinsicht verändert. Jedes Buch wird zu einer bestimmen Zeit an einem bestimmten Ort verfasst und ist für diese Zeit und diesen Ort geschrieben – unabhängig davon, ob es der Autor:in bewusst ist oder nicht. Mein Buch entstand aus den philosophischen und feministischen Debatten in Großbritannien Ende der 1990er und Anfang der 2000er Jahre. Ich hoffe jedoch, dass seine Themen über die Zeit hinausweisen und ihre Behandlung hinreichend abstrakt ist, sodass es auch in einem veränderten Rezeptionskontext eine neue Bedeutung findet.

Das Buch sollte jene Grenzen aufzeigen, die, wie mir schien, die zentralen Anliegen der analytischen Erkenntnistheorie auf künstliche Weise von wichtigen Fragen der Macht und sozialen Identität trennten – Fragen, die seit langem in den für die kontinentale und die feministische Philosophie typischen Bezugssystemen diskutiert wurden, ganz zu schweigen von Auseinandersetzungen jenseits der akademischen Philosophie. Doch damals durften diese Machtaspekte auf keinen Fall in die Untersuchungsgegenstände und den Forschungsstil der analytischen Erkenntnistheorie Eingang finden. Denn das Selbstverständnis der analytischen Philosophie ließ nicht zu, dass solche Fragen als *philosophische* und nicht als empirische Fragen galten. Ihre Behandlung in einem Seminar wurde bloß als naive und leicht peinliche Übernahme von benachbarten, eher soziologisch orientierten Debatten angesehen. In Wirklichkeit gehen diese verschiedenen Diskussionsstile mit ihren unterschiedlichen Zielen und Prioritäten eher ineinander über, als dass sie auf natürliche Weise voneinander abgegrenzt wären, und ich glaube, dass es Punkte gibt, an denen sich ihre Gebiete stark überschneiden. Ich empfand die konstruierte Trennung dieser beiden Fragenkomplexe und Denkstile als ebenso unnötig wie geistig einschränkend, auch wenn ich sie als Studentin verinnerlicht hatte. Im Grunde war es mein eigenes Denken, das ich aus einem belastenden Oszillieren befreien wollte. Es war also meine eigene ratlose Enttäuschung von der Disziplin der Philosophie, die den Anstoß zu diesem Buch gab, sowie mein Bedürfnis, diese Enttäuschung zu verstehen: Ich wollte zeigen, dass es zumindest eine glaubwürdige Theorie faktischen Wissen gibt, bei der Fragen von Macht, von sozialer Identität und von Vorurteilen im Zentrum stehen.

Ich weiß noch, wie ich zum ersten Mal Edward Craigs großartiges und auf unaufgeregte Weise revolutionäres Buch *Knowledge and the State of Nature* las und mir klar wurde, dass die Lektüre für mich einen Durchbruch bedeutete. Craig behauptet darin, der Gehalt unseres Begriffs des Wissens ließe sich dadurch bestimmen, dass man solche Praktiken untersucht, aus denen sowohl sein notwendiger Kern als auch seine eher zufälligen Facetten hervorgehen. Im Zuge dessen zeigt sich, dass die ursprüngliche Praxis – die darin besteht, *benötigte Informationen von jemandem zu beschaffen, von dem anzunehmen ist, dass er sie liefern kann* – seinen eigentlichen Kern bildet. Craig zufolge werden sämtliche Inhalte des Wissensbegriffs nicht in der realen Geschichte, sondern in einem kontrafaktischen Raum generiert und zusammengehalten. Das bedeutet, sie sind das Produkt verschiedener imaginierter, nicht-realer Szenarien, in denen Fragende Informationen zu diesem oder jenem benötigen und in der Lage sind, dieses oder jenes zu erkennen. Was ich aus Craigs Darstellung abgeleitet habe – und vielleicht sollte ich betonen, dass es egal ist, ob Craig meinen Ausführungen zugestimmt hat oder nicht – war Folgendes: Wenn in der ursprünglichen Praxis, wie sie im Naturzustand imaginiert wird, prinzipiell die Möglichkeit einer vorurteilsbehafteten Dysfunktion gegeben ist, dann würde eben diese mögliche Fehlfunktion auch den Kerninhalt des Begriffs mitbestimmen. Und da die menschliche Natur, meiner Argumentation zufolge, nun einmal so ist, wie sie ist, müsste es im Naturzustand zumindest einige basale Vorurteile geben, die jemanden zum Insider oder zum Außenseiter machen, ebenso wie es (unbestreitbar) Motivationen gibt, andere zu täuschen oder Informationen zurückzuhalten.

Zusammengenommen bedeutet dies, dass unser Begriff des Wissens in seinem Kern Inhalte birgt, die im Wesentlichen durch eine Praxis der Informationsbeschaffung bestimmt sind, welche ihrerseits schon gewisse Vorkehrungen enthalten muss, um die mögliche Einflussnahme von Vorurteilen zu verhindern. Der Naturzustand ist ein nicht-idealer Ort – er ist etwas weniger ideal, als Craig ihn sich vorgestellt hat –, und daraus ergibt sich, dass unser Begriff des Wissens notwendigerweise Bestimmungen enthält, die sich gegen Vorverurteilungen richten, um somit Zeugnisungerechtigkeit zu verhindern. *Voilà* – Themen aus dem Bereich der feministischen Philosophie, von denen man einst glaubte, sie seien für die Erkenntnistheorie im engeren Sinne irrelevant, erweisen sich als notwendige Elemente unseres Begriffs des Wissens.

Dieser begriffsbezogene Anspruch war natürlich nicht das einzige theoretische Anliegen meines Buches. Denn unter anderem zielte es darauf ab, eine Theorie erster Ordnung von zwei grundlegenden Arten epistemischer Ungerechtigkeit sowie ihrer spezifischen Varianten zu leisten. Es ging also nicht nur um unterschiedliche Ausprägungen der Zeugnisungerechtigkeit, sondern auch um hermeneutische Ungerechtigkeit. Während erstere ein ungerechtes Glaubwürdigkeitsdefizit beinhaltet, geht es bei letzterer um einen ungerechten Mangel an Verständlichkeit, entweder in Bezug auf sich selbst und/oder gegenüber anderen. Bei dieser Diskussion erster Ordnung ging es mir darum, die grundlegende Idee der *epistemischen Ungerechtigkeit* herauszuarbeiten – eine Ungerechtigkeit, die einer Person speziell in ihrer Eigenschaft beziehungsweise in ihrer Rolle als epistemisches Subjekt widerfährt. Und ich wollte zeigen, dass dieses besondere erkenntnisbezogene Unrecht sowohl in den «systematischen» Fällen – die mit umfassenderen Unterdrückungsverhältnissen, einer repressiven Ideologie und sozialer Ungerechtigkeit verbunden sind – als auch in den «gelegentlichen» Fällen – in denen eine solche Verbindung kaum oder gar nicht vorhanden ist – als eine Konstante auftritt. Allerdings habe ich hier den grundlegenden erkenntnistheoretischen

Anspruch betont, weil vor allem dieser es mir ermöglichte, mein Projekt in der traditionellen analytischen Philosophie zu verankern – mit dem Anspruch, ihr Themenspektrum zu transformieren oder zumindest zu erweitern, indem ich sie in Verbindung zu den drängenden Fragen der feministischen Philosophie setzte, die den Impuls zu diesem Projekt gegeben hatten.

Miranda Fricker
New York University
Oktober 2022

Vorwort

Als Ethiker:in blickt man mitunter auf den ausgehöhlten Zustand der philosophischen Ethik unter dem positivistischen Regime der Sprachanalyse zurück und ist erleichtert, dass die Ethik allmählich wieder zu sich selbst gefunden hat. Zu verdanken hat sie dies im Wesentlichen einer neuerlichen Auseinandersetzung mit dem, was sich allgemein als ethische Psychologie bezeichnen lässt, also mit unserem konkreten Erfahren moralischer Werte. So wurde ein sterbendes Gebiet der Philosophie durch eine stärkere Berücksichtigung der realen menschlichen Erfahrung wiederbelebt. Ich frage mich manchmal, ob Erkenntnistheoretiker demnächst in ähnlicher Weise auf die Erkenntnistheorie unter der Vorherrschaft der Begriffsanalyse zurückblicken werden. Ich will den Vergleich nicht zu weit treiben, doch habe ich den Eindruck, dass der Epistemologie bald eine ähnliche Erweiterung und Belebung widerfahren wird wie der Ethik, und zwar aufgrund vielfältiger Ansätze, die unsere tatsächlichen Wissenspraktiken stärker einbeziehen. Dieses Buch möchte dazu einen Beitrag leisten. Ich bin davon überzeugt, dass sich für die Erkenntnistheorie viele Möglichkeiten auftun, wenn wir die epistemische Psychologie ernster nehmen – wenn wir also diejenigen Praktiken, durch die wir Wissen gewinnen oder auch wieder verlieren, zu unserem zentralen Thema machen. Genauer gesagt gilt mein Interesse den epistemischen Praktiken, die notwendigerweise von Subjekten ausgeübt werden, die sozial situiert sind. Diese Vorstellung von sozialer Situierung stellt Fragen der gesellschaftlichen Identität und Macht in den Mittelpunkt und ist die Voraussetzung für die Offenlegung einer bestimmten ethischen Dimension des Erkenntnislebens – der Dimension von Gerechtigkeit und Ungerechtigkeit. Das ist das Gebiet, das in diesem Buch erforscht wird.

Im Folgenden richte ich meine Überlegungen nicht an der Gerechtigkeit aus, sondern an der Ungerechtigkeit. Judith Shklar hat treffend feststellt, dass es in der Philosophie viel um Gerechtigkeit geht, aber kaum um Ungerechtigkeit. Zwar liegt sie sicherlich falsch, wenn sie dasselbe von der Kunst behauptet, doch in Bezug auf die Philosophie ist diese Aussage wahr und von großer Tragweite. Es zeichnet die Philosophie aus, dass sie sich maßgeblich mit vernunftorientierten Idealisierungen des Menschen und menschlichen Handelns beschäftigt. Philosophen sind sehr darauf erpicht zu verstehen, was es heißt, etwas richtig zu machen. Das ist auch in Ordnung, doch sollten wir es dabei nicht belassen, wenn wir auch jene menschlichen Handlungsweisen verstehen wollen, die dem Vernunftideal nur äußerst lückenhaft entsprechen.

Die Konzentration auf Gerechtigkeit erweckt den Eindruck, dass Gerechtigkeit die Norm sei und Ungerechtigkeit eine bedauerliche Abweichung davon darstelle. Aber natürlich ist das möglicherweise vollkommen falsch. Zudem entsteht so der Eindruck, dass wir Ungerechtigkeit stets auf negative Weise erfassen sollten, also indem wir zunächst herausfinden, was Gerechtigkeit ist. Weniger offensichtlich ist jedoch, dass der Weg der Erkenntnis auch umgekehrt verlaufen kann. Ich interessiere mich im Folgenden in erster Linie für Ungerechtigkeit im Kontext erkenntnisbezogenen Handelns; ich meine, dass es dort Bereiche gibt, in denen Ungerechtigkeit normal ist; und die einzige Möglichkeit, herauszufinden, was es mit epistemischer Gerechtigkeit auf sich hat (ja, um überhaupt zu erkennen, dass es so etwas wie epistemische Gerechtigkeit gibt), ist die Beschäftigung mit dem negativen Raum der erkenntnisbezogenen Ungerechtigkeit. Das vorliegende Buch ist eine Erkundung dieses negativen Raums.

Während eines Forschungsfreisemesters an der School of Philosophy am Birkbeck College habe ich ein Konzept für dieses Buch erarbeitet; zur gleichen Zeit war ich vom Arts and Humanities Research Board beurlaubt, und ich bin beiden Institutionen für ihre Unterstützung sehr dankbar. Einige der wesentlichen Gedanken hatte ich bereits ein paar Jahre zuvor entwickelt, als ich von 1997 bis 2000 ein Postdoktorandenstipendium der British Academy innehatte; nach wie vor bin ich der Academy für diese Möglichkeit und dieses Privileg zu Dank verpflichtet.

Der Großteil dessen, was folgt, wird hier zum ersten Mal veröffentlicht. Allerdings entwickelt das dritte Kapitel streckenweise die Argumentation meines Aufsatzes «Epistemic Injustice and a Role for Virtue in the Politics of Knowing» weiter.[1] In den Kapiteln 4 und 6 gibt es Anklänge an «Rational Authority and Social Power: Towards a Truly Social Epistemology»,[2] zudem finden sich hauptsächlich im siebten Kapitel Gedanken, die bereits in «Powerlessness and Social Interpretation» veröffentlicht wurden.[3]

Ich habe verschiedene Fassungen dieses Themas in Seminaren an den Universitäten von Birmingham, Cambridge, Dundee, Hull, Leeds, Oxford, Sussex und Warwick vorgestellt, in London an der LSE und am Birkbeck College sowie 2006 auf der Jahreskonferenz von *Episteme*, die an der University of Toronto stattfand. Ich möchte mich bei den Teilnehmer:innen für ihre wertvollen, konstruktiven Kommentare und Fragen herzlich bedanken. Insbesondere danke ich denjenigen Kolleg:innen und Freund:innen, die liebenswürdigerweise die Entwürfe einzelner Kapitel gelesen und kommentiert haben: Jen Hornsby, Susan James, Sabina Lovibond und Kate Summerscale. Besonders dankbar bin ich Anne Kelleher, Keith Wilson und den beiden (damals noch anonymen) Lesern für Oxford University Press, Christ Hookway und Rae Langton, für ihre enorm hilfreichen und ermutigenden Kommentare zu Fassungen des vollständigen Textes. Vielen Dank auch an Jean van Altena für die wunderbar sorgfältige Arbeit am Manuskript. Und zu guter Letzt ein herzliches Dankeschön an meinen Lektor Peter Momtchiloff.

Miranda Fricker

Einleitung

Das vorliegende Buch befasst sich mit der Idee, dass es eine besondere Art von Ungerechtigkeit gibt, die uns spezifisch als Erkennende und Wissende betrifft. Unter dem Oberbegriff der epistemischen Ungerechtigkeit lassen sich etliche Phänomene zusammenfassen. Angesichts der Art und Weise, wie wir in der Philosophie normalerweise über Gerechtigkeit nachdenken, könnte die Idee einer auf Erkenntnis bezogenen Ungerechtigkeit in erster Linie bedeuten, dass wir uns mit der ungerechten Verteilung von epistemischen Gütern wie Informationen oder Bildung befassen. Das hieße, wir stellen uns soziale Akteure vor, die ein Interesse an verschiedenen Gütern haben, von denen einige epistemisch sind, und fragen uns, ob alle einen gerechten Anteil bekommen. Wenn epistemische Ungerechtigkeit in dieser Form auftritt, hat sie nichts genuin Erkenntnisbezogenes an sich, denn die Bestimmung des fraglichen Guts als epistemisches Gut scheint eher eine Frage des Zufalls zu sein. Demgegenüber möchte ich in diesem Buch zwei Formen von epistemischer Ungerechtigkeit herausarbeiten, die eindeutig erkenntnistheoretischer Natur sind. Und ich werde zeigen, dass sie grundsätzlich in einem Unrecht bestehen, das jemandem speziell in seiner Eigenschaft als Wissendem zugefügt wird. Ich nenne sie *Zeugnisungerechtigkeit* und *hermeneutische Ungerechtigkeit*. Zeugnisungerechtigkeit tritt auf, wenn eine Hörerin aufgrund von Vorurteilen den Äußerungen einer Sprecherin eine geringere Glaubwürdigkeit zubilligt. Hermeneutische Ungerechtigkeit tritt in einem früheren Stadium auf, nämlich dann, wenn eine Lücke in den kollektiven Interpretationsressourcen jemanden in seinem Bemühen, die eigenen sozialen Erfahrungen sinnvoll zu deuten, auf unfaire Weise benachteiligt. Ein Beispiel für die erste Variante wäre, dass die Polizei Ihnen nicht glaubt, weil Sie eine Person of Color (PoC) sind;

ein Beispiel für die zweite könnte sein, dass Sie sexuell belästigt wurden, aber in einer Kultur leben, die noch nicht über den kritischen Begriff der sexuellen Belästigung verfügt. Man könnte sagen, dass Zeugnisungerechtigkeit durch Vorurteile in der Ökonomie der Glaubwürdigkeit entsteht, während hermeneutische Ungerechtigkeit aus strukturellen Vorurteilen in der Ökonomie kollektiver Deutungsmöglichkeiten resultiert.

Im Folgenden wollen wir bestimmte ethische Aspekte zweier unserer wesentlichsten Erkenntnispraktiken im Alltag beleuchten: anderen Menschen Wissen zu vermitteln, indem wir ihnen etwas erzählen, und unsere eigenen sozialen Erfahrungen sinnvoll zu deuten. Da die betreffenden ethischen Aspekte das Ergebnis der Ausübung sozialer Macht in wissensbezogenen Interaktionen sind, legt man mit ihrer Sichtbarmachung auch eine Politik der epistemischen Praxis frei. In der anglo-amerikanischen Erkenntnistheorie kommen jedoch bestimmte Überlegungen schlichtweg nicht vor – beispielsweise die, dass epistemisches Vertrauen untrennbar mit sozialer Macht verbunden sein könnte oder dass soziale Benachteiligung zu einer epistemischen Benachteiligung führen kann, die ungerecht ist. Dabei haben Überlegungen dieser Art politische Implikationen für die Art und Weise, wie wir über unsere Beziehungen als Erkenntnissubjekte nachdenken. Vielleicht werden sie deshalb nicht thematisiert, weil man davon ausgeht, dass sie zwangsläufig mit jenem relativistischen Denken verbunden sind, das seinen Höhepunkt in der Postmoderne fand. Vielleicht ist es auch der theoretische Rahmen von Individualismus und obligatorischer Idealisierung der Vernunft, in dem sich die Epistemologie üblicherweise bewegt, der uns den Blick darauf verstellt, was solche Fragen überhaupt mit Erkenntnistheorie zu tun haben. Was auch immer die Erklärung dafür sein mag – ein Grund, weshalb ich dieses Buch geschrieben habe, ist der, dass die Erkenntnistheorie in ihrer traditionellen Ausprägung einen deutlichen Mangel hat: Ihr fehlt ein theoretischer Rahmen, der die ethischen und politischen Aspekte unseres wissensbezogenen Verhaltens aufzeigt. Innerhalb der anglo-amerikanischen Philosophie steht die feministische Erkenntnistheorie, die mutig auf diesem Punkt beharrt, auf recht einsamem Posten. Ich hoffe jedoch zeigen zu können, dass die Tugend-Epistemologie eine allgemeine erkenntnistheoretische Sprache bietet, in der sich diese Fragen gewinnbringend diskutieren lassen.

Einen ähnlichen blinden Fleck gibt es in der Ethik, und es ist genauso bedauerlich, dass sie es in der Vergangenheit versäumt hat, sich mit unserem epistemischen Verhalten zu beschäftigen. In der Ethik scheint jedoch die Nichtbeachtung von Recht und Unrecht in unserem Erkenntnisleben eher Zufall zu sein und zu keiner Kritik zu führen, die über die allgemeine Feststellung hinausgeht, dass man sich bislang vor allem mit Fragen auf der Metaebene [*second-order*] befasst hat. Wie auch immer, vor dem Hintergrund der herkömmlichen Einteilung der Philosophie ist dieses Buch weder ein Werk der Ethik noch ein Werk der Erkenntnistheorie; vielmehr verhandelt es einen Grenzbereich zwischen diesen beiden philosophischen Gebieten.

Die Postmoderne war eine philosophische Richtung, die vor allem in den Augen vieler feministischer Philosoph:innen einen theoretischen Rahmen für die Auseinandersetzung mit den ethischen und politischen Aspekten unserer epistemischen Praktiken bot. Ein wesentlicher Vorzug des Postmodernismus bestand darin, dass er Vernunft und Erkenntnis mit sozialer Macht zusammendachte. Die altbekannten Vorbehalte hinsichtlich der Autorität der Vernunft erhielten einen neuen, scheinbar radikalen Theorierahmen, durch den man sie auf eine politischere Weise thematisieren konnte. Aber diese Hoffnung erwies sich als trügerisch. Denn der Hang vieler postmoderner Texte zum Extremen mündete allzu oft in einen Reduktionismus, und es stellte sich heraus, dass sich das postmoderne Denken eher aus der Enttäuschung von einem überzogenen Vernunftideal speiste, als dass es von dem echten Bestreben getragen wurde, die Verquickung von Vernunft und gesellschaftlicher Macht im Licht von Gerechtigkeit und Ungerechtigkeit zu untersuchen.[1] Das Misstrauen gegenüber der Kategorie der Vernunft als solcher und die Tendenz, sie auf eine Machtfunktion zu reduzieren, verhindern jedoch genau die Fragen, die wir stellen müssen, um herauszufinden, wie sich Macht auf uns als vernunftbegabte Wesen auswirkt. Denn beides zerstört beziehungsweise verwischt die Unterscheidung zwischen dem, was wir begründeterweise denken, und den Auswirkungen bloßer Machtverhältnisse auf unser Denken. Wenn es darum geht, welche Gerechtigkeitsfragen sich in Bezug auf unsere epistemischen Praktiken stellen lassen, verschleiert die reduktionistische Sichtweise wesentliche Unterschiede – wie etwa den zwischen der Ablehnung der Äußerung eines anderen Menschen aus gutem Grund und ihrer Ablehnung aufgrund eines bloßen Vorurteils. Anstatt einen Denkraum für die Erforschung von Gerechtigkeit und Macht in epistemischen Praktiken zu eröffnen, hat die Postmoderne solche Fragen de facto ausgeklammert. Mithin stellte ihr Beitrag zur Erkenntnistheorie keineswegs einen Fortschritt dar, sondern war eher konservativer Natur.

Aber wir dürfen nicht zulassen, dass an die Stelle des einstigen postmodernen Tamtams bloßes Schweigen tritt. Denn sicher gibt es andere, bessere Möglichkeiten, um sich mit der Verschränkung von Vernunft und gesellschaftlicher Macht auseinanderzusetzen. Wie also sollte eine solche Diskussion am besten aussehen? Eine mögliche Antwort lautet, dass wir die Thematisierung moralischer Fragen mit sozial situierten Darstellungen unserer epistemischen Praktiken verbinden.[2] Eine sozial situierte Darstellung einer menschlichen Verhaltensweise ist eine Darstellung, bei der die Beteiligten nicht losgelöst von gesellschaftlichen Machtverhältnissen gedacht werden (wie es in der traditionellen Erkenntnistheorie der Fall ist, einschließlich weiter Teile der sozialen Erkenntnistheorie), sondern vielmehr als soziale Typen oder Gruppen, die zueinander in einem Machtverhältnis stehen. Bemühen wir uns um eine Erklärung der epistemischen Praxis, so bringt diese sozial situierte Betrachtungsweise auf ganz natürliche Weise Machtfragen und ihre teils rationalen, teils anti-rationalen Ausprägungen zum Vorschein. Für viele philosophischen Fragen mag die traditionelle, möglichst abstrakte Konzeption des Menschen am sinnvollsten sein, aber wenn wir uns auf sie beschränken, limitieren wir das Spektrum möglicher philosophischer Fragestellungen und Erkenntnisse, sodass unser philosophischer Horizont unnötig schrumpft. Gehen wir hingegen von einer sozial situierten Betrachtungsweise aus, lassen sich einige der Wechselbeziehungen aufdecken, die zwischen Macht, Vernunft und epistemischer Autorität bestehen; so lassen sich die ethischen Aspekte unserer Praktiken des Wissens aufzeigen, die für diese Praktiken wesentlich sind. Letztlich geht es darum zu verstehen, wie unser epistemisches Verhalten sowohl rationaler als auch gerechter werden könnte.

Im Folgenden arbeite ich mit dem Begriff der sozialen Macht, deshalb werde ich dafür im ersten Kapitel eine tragfähige Konzeption erarbeiten. Das Verständnis, zu dem ich gelange, ist relativ breit gefasst und begreift Macht im Wesentlichen als sozial situierte Fähigkeit, die Handlungen von anderen zu beeinflussen. Als nächstes widme ich mich einer speziellen Form von sozialer Macht, die ich als *Identitätsmacht* bezeichne. Damit meine ich jene Art von sozialer Macht, die unmittelbar damit zusammenhängt, welche Vorstellungen eine Gesellschaft hinsichtlich der sozialen Identität derjenigen Personen teilt, die in die jeweilige Machtkonstellation eingebunden sind. Der weitere Verlauf des Kapitels dient dem Hauptanliegen dieses Buches, nämlich die primäre Form von epistemischer Ungerechtigkeit vorzustellen: *Zeugnisungerechtigkeit* [*testimonial injustice*]. Im Wesentlichen geht es darum, dass einem Sprecher Zeugnisungerechtigkeit widerfährt, wenn Vorurteile aufseiten der Zuhörerin dazu führen, dass sie ihm weniger Glaubwürdigkeit schenkt, als sie es andernfalls täte. Da sich Vorurteile ganz unterschiedlich manifestieren können, gibt es mehrere Phänomene, die unter den Begriff der Zeugnisungerechtigkeit fallen. Ich führe den Begriff des *identitätsbezogenen Vorurteils* ein, um damit Vorurteile gegenüber anderen Menschen zu bezeichnen, die eine Reaktion auf deren sozialen Typus sind.

So kann ich mich auf den zentralen Fall von Zeugnisungerechtigkeit konzentrieren: Einem Sprecher wird Unrecht getan, wenn er aufgrund von Identitätsvorurteilen seitens der Hörerin für weniger glaubwürdig als üblich gehalten wird. Ein Beispiel dafür wäre, dass die Polizei jemandem nicht glaubt, weil er eine PoC ist. Der zentrale Fall von Zeugnisungerechtigkeit lässt sich also (wenn auch etwas verkürzt) als *Glaubwürdigkeitsdefizit aufgrund von Identitätsvorurteilen* definieren. Diese Definition erfasst jene Art von Zeugnisungerechtigkeit, die mit anderen Formen von sozialer Ungerechtigkeit verbunden ist, welche die betroffene Person sehr wahrscheinlich erleidet. Und genau deshalb können wir diese Form von Ungerechtigkeit als maßgeblich betrachten. Sie ist von zentraler Bedeutung, weil sie zeigt, welchen Stellenwert epistemische Ungerechtigkeit in der allgemeineren Struktur der sozialen Ungerechtigkeit hat.

Kapitel 2 befasst sich mit der Frage, wie identitätsbezogene Vorurteile in die Beurteilung der Glaubwürdigkeit von Sprecher:innen durch

Zuhör:innen einfließen – was oft trotz und nicht aufgrund ihrer Überzeugungen geschieht. Ich mache geltend, dass solche Vorurteile charakteristischerweise über die gesellschaftlich geteilte Vorstellungskraft in das Glaubwürdigkeitsurteil eines Zuhörers Eingang finden, und zwar in Form eines vorurteilsbehafteten Stereotyps, also einer verzerrten Einschätzung der jeweiligen sozialen Identität. Zudem mache ich einen ersten Vorschlag (dessen ausführliche Begründung im dritten Kapitel erfolgt), dem zufolge ein spontanes Glaubwürdigkeitsurteil darin besteht, dass der Hörer seine Gesprächspartnerin in diesem oder jenem Maße als glaubwürdig *wahrnimmt*. Wenn also Vorurteile zum Tragen kommen, basieren sie normalerweise auf einem schädlichen Stereotyp, das die soziale Wahrnehmung dieser erkenntnisbezogenen Konstellation verzerrt.

Der Vorwurf, dass eine Ungerechtigkeit vorliegt, muss sich also auf eine geteilte ethische Intuition stützen, und wir erhalten eine klarere Vorstellung davon, warum etwas eine Ungerechtigkeit darstellt, wenn wir analysieren können, welcher Art das zugefügte Unrecht ist. Meine Analyse des Unrechts, das einem Sprecher im Falle von Zeugnisungerechtigkeit angetan wird, bezieht dieses auf das Unrecht, das bei epistemischer Ungerechtigkeit generell begangen wird: Jegliches epistemische Unrecht verletzt jemanden in seiner Eigenschaft als Wissenssubjekt und damit in einer Eigenschaft, die für den Wert eines Menschen wesentlich ist. Bei Zeugnisungerechtigkeit geschieht dies insbesondere dadurch, dass eine Hörerin einem Sprecher in dessen Eigenschaft als Vermittler von Wissen – als jemandem, der Auskunft gibt – unrecht tut. Ich behaupte, dass der primäre Schaden, den man erleidet, wenn man auf diese Weise verletzt wird, eine intrinsische Ungerechtigkeit ist. Offensichtlich kann sich dieser Schaden mehr oder weniger stark auf die Psyche eines Menschen auswirken. Reicht er tief, so beeinträchtigt er möglicherweise die Selbstentfaltung der betroffenen Person dahingehend, dass diese im wahrsten Sinne des Wortes daran gehindert wird, zu werden, wer sie ist.

In Kapitel 3 verorte ich das Phänomen der Zeugnisungerechtigkeit in der Erkenntnistheorie der Zeugenschaft. Im Rahmen einer Tugend-Epistemologie entwickle ich eine nicht-inferentialistische Position und ziehe eine Parallele zwischen der Wahrnehmung des Sprechers durch die Hörerin und dem moralphilosophischen Kognitivismus, der die Auffassung vertritt, dass der tugendhafte Mensch mit einer Fähigkeit zur moralischen Wahrnehmung ausgestattet ist. Ich möchte Folgendes zeigen: So wie das moralische Subjekt die Welt auf eine moralisch gefärbte Weise wahrnimmt, so nimmt in einem Gespräch, das Zeugnisse[3] beinhaltet, die tugendhafte Zuhörerin ihren Gesprächspartner auf epistemisch gefärbte Weise wahr – das heißt, sie nimmt ihn in einem bestimmten Maße als glaubwürdig wahr.

Ich führe die Vorstellung einer *Sensibilität für Zeugenaussagen* [*testimonial sensibility*] als einer Form des rationalen Empfindungsvermögens [*rational sensitivity*] ein, das durch zahllose Erfahrungen im Umgang mit Bezeugungen sozial geprägt und geschult ist. Das gilt sowohl für Einzelne als auch für die Gesellschaft insgesamt. Diese lebenspraktische Schulung stattet die tugendhafte Hörerin mit der Fähigkeit aus, epistemisch aufgeladene Situationen auf Basis dieser Erfahrungen wahrzunehmen, sodass sie in der Lage ist, die Glaubwürdigkeit eines Sprechers verlässlich zu beurteilen. Das Problem für uns als Zuhörer:innen besteht allerdings darin, dass wir selbst zwar unvoreingenommen sein mögen, doch das gesellschaftliche Umfeld, in dem wir die Glaubwürdigkeit von Sprecher:innen zu beurteilen haben, zwangsläufig vielerlei diffuse Vorurteile birgt, die unsere Glaubwürdigkeitseinschätzungen möglicherweise beeinflussen. Daher muss die tugendhafte Zuhörerin im Wesentlichen als jemand konzipiert werden, dem es verlässlich gelingt, dem Einfluss von Vorurteilen auf die eigenen Glaubwürdigkeitsurteile entgegenzuwirken. Nach dieser Einführung einer tugendhaften Zuhörerin stelle ich in Kapitel 4 eine besondere Zeugnistugend vor: die Tugend der *Zeugnisgerechtigkeit* – eine Fähigkeit, mittels derer der Einfluss identitätsbezogener Vorurteile auf das Glaubwürdigkeitsurteil der Zuhörerin bemerkt und korrigiert werden kann.

Die Entstehungsgeschichte dieser Tugend wird dann im fünften Kapitel nachgezeichnet. Anhand der epistemischen Geschichten vom Naturzustand bei Bernard Williams und Edward Craig erläutere ich, dass Zeugnisgerechtigkeit im Naturzustand als eine ursprüngliche «Tugend der Wahrheit» auftaucht.[4] Anschließend werde ich die Struktur dieser Tugend näher beschreiben und zeigen, dass sie eine Mischform darstellt: Sie betrifft sowohl das Erkenntnisvermögen als auch die ethische Dimension.

In Kapitel 6 gehe ich erneut auf das durch Zeugnisungerechtigkeit hervorgerufene Unrecht ein und untersuche es diesmal im Lichte dessen, wie mithilfe des Naturzustands der Wissensbegriff hergeleitet wird. Meines Erachtens können wir dieses Unrecht im Sinne einer *epistemischen Objektifizierung* verstehen, und ich erkläre diesen Begriff in Analogie zur feministischen Auffassung von sexueller Objektifizierung und dem damit verbundenen Phänomen des «zum Schweigen Bringens». Anschließend lege ich dar, dass aus Craigs praxisbezogener Erläuterung des Wissensbegriffs hervorgeht, dass das Unrecht der Zeugnisungerechtigkeit weitaus umfassendere Implikationen hat, als wir bisher dachten: Es handelt sich um einen Ausschluss aus genau derjenigen Praxis, die den Kern unseres Erkenntnislebens ausmacht.

Das siebte Kapitel befasst sich schließlich mit der zweiten Sorte von epistemischer Ungerechtigkeit, die ich untersuchen möchte: *hermeneutische Ungerechtigkeit*. Ein zentrales Beispiel für diese Art von Ungerechtigkeit ist der Fall einer Frau, die sexuell belästigt wird, doch die Gesellschaft, in der sie lebt, verfügt noch nicht über diesen grundlegenden Begriff. So kann sie ihre Erfahrung für sich selbst nicht richtig begreifen geschweige denn anderen angemessen vermitteln. Ich erkläre diese Art von epistemischer Ungerechtigkeit als Folge einer Lücke in den kollektiven hermeneutischen Ressourcen, das heißt als Mangel unserer geteilten Werkzeuge, mit denen wir gesellschaftliche Vollzüge deuten. Und es ist kein Zufall, dass der durch diese Lücke entstandene kognitive Nachteil unterschiedliche Bevölkerungsgruppen und Gesellschaftsschichten unterschiedlich stark tangiert. Letzteres ist eine unmittelbare Folge der Tatsache, dass die Angehörigen derjenigen Gruppe, die durch die Lücke am meisten benachteiligt ist, *hermeneutisch marginalisiert* sind – das heißt sie nehmen nicht im gleichen Maße an jenen Praktiken teil, die gesellschaftlich relevante Bedeutung erzeugen. Diese Art von Ausgrenzung kann dazu führen, dass unsere kollektiven Formen des Verstehens inhaltlich und von der Art ihrer Vermittlung her vorbelastet sind, und zwar prinzipiell: Die sozialen Erfahrungen von Angehörigen der hermeneutisch marginalisierten Gruppen werden begrifflich nur unzureichend erschlossen und daher – vielleicht auch von den Betroffenen selbst – nicht verstanden. Möglich ist auch, dass die Kommunikationsbemühungen dieser Gruppen – sofern sie den Gehalt dessen, was sie vermitteln wollen, hinreichend erfasst haben – nicht als vernünftig wahrgenommen werden, weil man ihren Kommunikationsstil nur unzureichend begreift. Wie bei der Erörterung der Zeugnisungerechtigkeit biete ich eine Bestimmung des Unrechts an, das der betroffenen Person geschieht. In meinen Augen besteht der maßgebliche Schaden, der durch hermeneutische Ungerechtigkeit verursacht wird, darin, dass jemand unter einer *situierten hermeneutischen Ungleichheit* leidet: Seine gesellschaftliche Situation bringt es mit sich, dass eine kollektive hermeneutische Lücke ihn daran hindert, eine Erfahrung sinnvoll zu deuten, deren Erschließung in seinem ureigenen Interesse liegt.

Hermeneutische Ungerechtigkeit wird zwar nicht von Einzelpersonen begangen, aber sie tritt in der Regel im Gespräch zwischen ihnen zutage. Daher muss man sich fragen, welche Tugend aufseiten der Hörerin gefragt ist. Man kann ihr ein gewisses anfängliches Misstrauen nicht zum Vorwurf machen, das sie möglicherweise gegenüber der Aussage von jemandem empfindet, dessen kommunikative Anstrengungen von hermeneutischer Ungerechtigkeit beeinträchtigt werden, da ein gewisser Mangel an Vertrauen erkenntnistheoretisch gerechtfertigt ist – sowohl die Sprecherin als auch die Hörerin ringen mit den gleichen unzulänglichen Mitteln. Aber dem epistemischen Ziel des Verstehens wäre dennoch gedient, wenn eine intellektuelle Tugend der *hermeneutischen Gerechtigkeit* in die Zeugnissensibilität der Hörerin Eingang fände. Diese Tugend bewirkt, dass die Hörerin angesichts einer reduzierten Verständlichkeit der Sprecherin, die auf eine Lücke in den kollektiven hermeneutischen Ressourcen zurückgeht, auch sich selbst gegenüber kritisch ist: Sie ist sich bewusst, dass die relative Unverständlichkeit ihres Gegenübers möglicherweise auf eine kollektive hermeneutische Unzulänglichkeit zurückgeht, sodass sie ihr Glaubwürdigkeitsurteil entsprechend justiert oder aussetzt. Auf den ersten Blick handelt es sich um eine intellektuelle und nicht um eine ethische Tugend. Aber ich behaupte, dass diese Tugend auch ethischer Natur ist. Wie die Zeugnisgerechtigkeit ist auch die Tugend der hermeneutischen Gerechtigkeit eine Mischform.

Das Hauptanliegen dieses Buches besteht also darin, zwei Formen von epistemischem Unrecht zu bestimmen: Zeugnisungerechtigkeit, bei der jemandem in seiner Eigenschaft als Subjekt der Kommunikation von Wissen Unrecht getan wird, und hermeneutische Ungerechtigkeit, bei der jemand in seiner Eigenschaft als Subjekt sinnvoller sozialer Erfahrungen Schaden erleidet. Ich denke, dass wir philosophisch viel gewinnen können, wenn wir uns damit auseinandersetzen, dass Ungerechtigkeit etwas Normales ist. Ein Vorteil könnte sein, dass wir dann besser verstehen, was konkret getan werden muss, um Ungerechtigkeit entgegenzuwirken. Aus dieser Hoffnung heraus erörtere ich die beiden ausgleichenden, ethisch-intellektuellen Tugenden, die unser Leben als Subjekte und Objekte des Wissens zum Positiven verändern können. Natürlich gibt es Grenzen für das, was das tugendhafte Handeln von Einzelpersonen bewirken kann, wenn die eigentliche Ursache epistemischer Ungerechtigkeit ungleiche Machtstrukturen und die daraus resultierenden systembedingten Vorurteile sind. Die Beseitigung dieser Ungerechtigkeiten erfordert letztlich nicht nur tugendhaftere Hörer:innen, sondern auch einen allgemeinen gesellschaftspolitischen Wandel – in Fragen der erkenntnisbezogenen Ungerechtigkeit ist das Ethische politisch. Dies unterstreicht jedoch lediglich die Tatsache, dass wir Zeugnisungerechtigkeit und hermeneutische Ungerechtigkeit in erster Linie als ethische Probleme erforschen müssen, denn das ist es, was sie im Grunde genommen sind. Was unser philosophisches Verständnis dieser Phänomene betrifft, hängt das Politische vom Ethischen ab.

1

Zeugnisungerechtigkeit

In Anthony Minghellas Drehbuch zum Film *Der talentierte Mr. Ripley* macht Herbert Greenleaf eine typische Bemerkung, um Marge Sherwood zum Schweigen zu bringen, die, wäre sein Sohn Dickie nicht auf unheimliche Weise verschwunden, in Kürze seine Schwiegertochter geworden wäre: «Marge, es gibt weibliche Intuition, und es gibt Fakten.»[1] Greenleaf reagiert damit auf Marges Verdacht, dass Tom Ripley – ein angeblicher Freund von Dickie und Marge, der sich bei Greenleaf senior eingeschmeichelt hat – in Wirklichkeit Dickies Mörder ist. Man erkennt unschwer, dass die Art und Weise, wie Greenleaf Marge zum Schweigen bringt, eine Ausübung von Macht darstellt, und zwar einer genderspezifischen. Aber was verstehen wir unter Macht? Und wie verhält sich jene geschlechtsbezogene Macht zum allgemeinen Begriff sozialer Macht? Um ein Bild von Zeugnisungerechtigkeit zu zeichnen und den für sie zentralen Fall herauszuarbeiten, müssen wir diese Fragen beantworten. Sie betreffen das Wesen sozialer Macht im Allgemeinen sowie jene spezifische Form von sozialer Macht (zu der auch Gender-Macht gehört), die ich als *Identitätsmacht* bezeichnen möchte.

1.1 Macht

Beginnen wir mit der, wie ich meine, sehr eingängigen Vorstellung, dass soziale Macht eine Fähigkeit ist, die wir als soziale Akteure haben, um den Verlauf der Dinge in der Gesellschaft zu beeinflussen. Zunächst einmal ist festzuhalten, dass Macht *aktiv* oder *passiv* wirken kann. Nehmen wir zum Beispiel die Macht einer Politesse über Autofahrer:innen, die darin besteht, dass sie ihnen ein Strafmandat für falsches Parken ausstellen kann. Manchmal wird diese Macht aktiv ausgeübt, etwa wenn die Parkwächterin tatsächlich ein Bußgeld verhängt. Entscheidend ist jedoch, dass sie auch passiv wirkt, nämlich dann, wenn die Befugnis der Politesse, ein solches Bußgeld zu verhängen, das Parkverhalten einer Person beeinflusst. Zwischen aktiver und passiver Macht besteht ein Abhängigkeitsverhältnis, denn die passive Macht schwindet im gleichen Maße, in dem die aktive Macht schwindet: Sofern nicht eine bestimmte Anzahl von Strafzetteln aktiv ausgestellt wird, nimmt auch die Macht von Parkwächter:innen ab, unser Parkverhalten passiv zu beeinflussen.

Ein zweiter Punkt ist folgender: Da Macht eine Fähigkeit ist und eine Fähigkeit auch in jenen Zeiten Bestand hat, in denen sie nicht ausgeübt wird, existiert Macht auch dann, wenn sie gerade nicht in die Tat umgesetzt wird. Nehmen wir noch einmal das Beispiel der Politesse. Wenn ein Autofahrer in einer plötzlichen Anwandlung von Trotz gegenüber den Usancen städtischen Lebens eines Nachmittags darauf pfeift, was Parkwächter:innen tun können, und er mutwillig und ohne Not im absoluten Halteverbot parkt, dann haben wir eine Situation, in der die Macht der Parkwächterin (vorübergehend) ziemlich unwirksam ist – sie befindet sich im Leerlauf. Aber sie ist immer noch vorhanden. Das sollte eigentlich eine unproblematische metaphysische Feststellung sein, doch sie ist nicht unumstritten, denn Foucault behauptet bekanntlich: «Macht existiert nur *in actu*.»[2] Wir sollten diese Behauptung jedoch zurückweisen – zum einen, weil sie unvereinbar mit der Tatsache ist, dass Macht eine Fähigkeit ist, zum anderen, weil selbst im Kontext von Foucaults eigenen Absichten der Vorstellung die nötige Grundlage fehlt, dass Macht keine Fähigkeit ist, sondern nur auftaucht, wenn sie tatsächlich zum Tragen kommt. Wie wir sehen werden, sind Foucaults Engagement für einen metaphysisch sparsamen Machtbegriff und sein Gedanke, dass Macht in der Gesellschaft verstreut sei und auf eine «netzartige» Weise funktioniere, nicht davon abhängig.

Bislang haben wir Macht als Fähigkeit von sozialen Akteuren (Individuen, Gruppen oder Institutionen) betrachtet, die gegenüber anderen sozialen Akteuren ausgeübt wird. Diese Art von Macht wird oft als «dyadisch» bezeichnet, weil sie eine Partei, die Macht ausübt, in Beziehung zu einer anderen Partei setzt, deren Handlungen entsprechend beeinflusst werden. Da man sich aber auch vorstellen kann, dass diese Macht viele Parteien beeinflusst (man denke an die Macht der Parkwächterin über alle Autofahrer:innen in ihrem Gebiet), werde ich mich auf das Wesentliche konzentrieren: nämlich darauf, dass diese Art von Macht von einem handelnden Subjekt ausgeübt wird. Nennen wir sie also *Handlungsmacht*. Im Gegensatz dazu kann Macht auch *rein strukturell* wirken, sodass es keinen Handelnden gibt, der sie ausübt. Nehmen wir etwa den Fall, bei dem eine Gruppe innerhalb der Gesellschaft in dem Sinne vom Wahlrecht ausgeschlossen ist, dass sie, aus welchen komplexen gesellschaftlichen Gründen auch immer, in der Regel nicht an den Wahlen teilnimmt. Kein sozialer Akteur und keine Instanz schließen die Angehörigen dieser Gruppe aktiv vom demokratischen Prozess aus, und doch sind sie ausgeschlossen. Ihr Ausschluss ist Ausdruck von sozialer Machtausübung. In einem solchen Fall scheint die auf das Verhalten dieser Personen einwirkende Macht so umfassend in der Gesellschaftsstruktur verteilt zu sein, dass wir davon ausgehen sollten, dass sie kein besonderes Subjekt hat. Foucault liefert in seinen Werken historische Beispiele für eine rein strukturelle Wirkungsweise von Macht. Wenn er die Art von Macht beschreibt, die in der Vergangenheit bei Veränderungen der institutionalisierten diskursiven und imaginativen Gewohnheiten am Werk war – etwa wenn die Praxis, bestimmte Kriminelle als «Delinquenten» zu klassifizieren, zum Element eines professionalisierten medizinisch-juristischen Diskurses wird[3] –, verdeutlicht Foucault einige der Möglichkeiten, wie Macht rein strukturell wirken kann. Derartige Veränderungen sind das Ergebnis eines ganzheitlich wirkenden Systems von Machtbeziehungen und lassen sich nicht durch den Besitz oder Nichtbesitz von Macht seitens bestimmter Akteure (Personen oder Institutionen) erklären. Darüber hinaus ist es bei rein struktureller Machtausübung durchaus angebracht, die Menschen eher als «Träger»[4] von Macht zu betrachten und nicht als deren Subjekte oder Objekte. Denn in solchen Fällen funktioniert die Fähigkeit der sozialen Macht ohne ein Subjekt – die Fähigkeit verteilt sich über die gesamte Gesellschaft. Wir können also sagen, dass es soziale Machtoperationen von Handlungsträgern gibt, die (aktiv oder passiv) von einem oder mehreren sozialen Akteuren auf einen oder mehrere andere soziale Akteure ausgeübt werden. Und daneben gibt es Fälle von Machtausübung, die rein strukturell sind und ohne ein Subjekt auskommen.

Doch auch bei der Ausübung von Handlungsmacht ist Macht bereits ein strukturelles Phänomen, da sie immer abhängig ist von der praktischen Koordination mit anderen sozialen Akteuren. Thomas Wartenberg hat dargelegt, dass dyadische Machtbeziehungen auf die Koordination mit «sozial Anderen» angewiesen sind und in diesem Sinne «sozial situiert» erscheinen.[5] Die Behauptung, dass Macht sozial situiert ist, lässt sich ganz allgemein als Hinweis auf die Bedeutung des gesellschaftlichen Kontextes verstehen: Jede Machtausübung hängt von einem funktionierenden gesellschaftlichen Miteinander ab – von gemeinsamen Institutionen, geteilten Bedeutungen und Erwartungen und so weiter. Aber Wartenberg geht es noch um etwas anderes, denn er vertritt die Auffassung, dass jegliche Machtbeziehung in hohem Maße unmittelbar von der Koordinierung mit den Handlungen bestimmter anderer sozialer Akteure abhängt. Als Beispiel nennt er die Macht, die eine Hochschullehrerin über ihre Student:innen hat, wenn sie deren Leistungen beurteilt. Diese Macht ist natürlich in hohem Maße auf den gesamten sozialen Kontext von Hochschuleinrichtungen, Benotungssystemen und so weiter angewiesen. Doch zugleich ist sie in direkterer Weise abhängig von der Koordinierung mit den Handlungen einer kleinen Gruppe sozialer Akteure wie etwa den potenziellen Arbeitgebern, die sich an den Noten orientieren. Ohne diese Verbindung zu den Handlungen einer bestimmten Gruppe anderer sozialer Akteure hätte das Vorgehen der Professorin keinen Einfluss auf das Verhalten der Student:innen, denn ihre Benotungen wären für deren Zukunftschancen irrelevant. Eine solche spezifischere Abstimmung stellt die erforderliche soziale «Ausrichtung» dar, von der jedes Machtverhältnis direkt abhängt. Oder besser gesagt: Die soziale Ausrichtung begründet in Teilen das Machtverhältnis.

Wartenberg hat zweifellos recht. Seine Überlegung macht auch deutlich, was an der foucaultschen Auffassung, Macht müsse als eine über die Gesellschaft verstreute «netzartige Organisationsform» gedacht werden, richtig ist – auch wenn dies ebenso dazu führen kann, dass man Foucaults Behauptung, Macht befinde sich «nie in den Händen von irgendjemandem», als Übertreibung zurückweist.[6] Die einzelne Lehrkraft besitzt zwar die Macht, die Studierenden zu benoten, aber ihre Macht hängt unmittelbar von der praktischen Koordinierung mit diversen anderen sozialen Akteuren ab. Sie besitzt ihre Macht, wenn man so will, aufgrund ihrer Stellung in einem umfassenderen Netz von Machtbeziehungen.

Nun ist die bloße Vorstellung einer solchen praktischen Koordinierung sehr allgemein und betrifft nur die Macht, die erforderlich ist, um im gesellschaftlichen Miteinander überhaupt etwas zu erreichen – meine Fähigkeit, einen Scheck einzulösen, hängt vom konkreten Zusammenwirken mit der Kassiererin in der Bank und einer Reihe anderer sozialer Akteure ab. Aber wir wollen ja einen Begriff von der sogenannten «sozialen Macht» entwickeln, die nach allgemeinem Dafürhalten etwas Bestimmteres meint als eine bloße «soziale Fähigkeit» (wie sie beim Einlösen eines Schecks zum Tragen kommt). Was also kennzeichnet soziale Macht? Die klassische Antwort auf diese Frage lautet: Macht bedeutet, die Interessen eines anderen zu durchkreuzen.[7] Das scheint jedoch eine übertrieben enge und negative Machtkonzeption zu sein, denn es gibt viele Fälle von Machtanwendung, die den Interessen von niemandem zuwiderlaufen. Es ist gar nicht gesagt, dass die Hochschullehrerin mit ihrer Benotung die Interessen der Student:innen verletzt. Wartenberg pariert diesen Einwand damit, dass die Fähigkeit der Lehrkraft zur Benotung der Leistungen von Studierenden deshalb einen Fall von sozialer Macht darstellt, weil die Studierenden sie als «mögliche Einflussnahme auf bestimmte Dinge empfinden, die sie brauchen oder sich wünschen».[8]

Diese Beschreibung passt auf viele Machtbeziehungen zwischen handelnden Subjekten. Doch hier geht es darum, eine funktionierende Bestimmung von sozialer Macht zu entwickeln, die weit genug gefasst ist, um nicht nur Handlungsmacht, sondern auch rein strukturelle Machtoperationen zu erfassen, und Wartenbergs Vorstellung von «sozialer Ausrichtung» eignet sich dafür nicht. Ich bin jedoch der Ansicht, dass es ein solches Verständnis gibt und dass dafür der Begriff der Kontrolle – in etwas allgemeinerer Form, beispielsweise als Einflussnahme oder Steuerung – nach wie vor von grundlegender Bedeutung ist. Das Hauptmerkmal sozialer Macht, dem Wartenbergs Begriff der sozialen Ausrichtung Rechnung trägt, ist, dass jegliche soziale Machtausübung *auf soziale Kontrolle abzielt* – sei es, dass bestimmte Akteure Einfluss auf das nehmen, was andere Akteure tun, sei es, dass die Handlungen der Menschen rein strukturell gesteuert werden. Im Falle von Handlungsmacht kontrolliert eine Partei das Verhalten einer anderen oder mehrerer anderer Parteien. Bei der rein strukturellen Machtausübung gibt es zwar kein Machtsubjekt, aber immer ein Objekt der Macht, dessen Handlungen beeinflusst werden. In unserem Beispiel weiter oben war das die Gruppe derer, die informell vom Wählen ausgeschlossen sind, in Foucaults *Überwachen und Strafen* sind es die «Delinquenten». In solchen Fällen gibt es immer eine soziale Gruppe, von der man zurecht sagen kann, sie werde kontrolliert, auch wenn diese Kontrolle auf keinen bestimmten Akteur zurückgeht. Denn rein strukturelle Machtausübung ist immer so beschaffen, dass sie eine bestimmte soziale Ordnung hervorbringt beziehungsweise aufrechterhält. Die Geburt des «Delinquenten» schafft eine bestimmte Subjektposition und macht sie zum Gegenstand eines bestimmten theoretischen Fachdiskurses; durch die Entrechtung einer gesellschaftlichen Gruppe werden die Interessen dieser Gruppe politisch irrelevant.

Aufgrund dieser Überlegungen schlage ich folgende vorläufige Definition vor: *Soziale Macht ist eine praktische und gesellschaftlich situierte Fähigkeit, die Handlungen anderer Personen zu beeinflussen, wobei diese Fähigkeit von bestimmten sozialen Akteuren (aktiv oder passiv) ausgeübt werden oder aber rein strukturell wirken kann.* Zwar verwenden wir den Begriff der sozialen Macht oft in Situationen, in denen wir Protest ausdrücken wollen – im Allgemeinen beschwören wir Macht nur dann, wenn wir uns gegen sie wehren wollen –, dennoch spiegelt die vorgeschlagene Definition die Tatsache wider, dass die Idee der sozialen Macht neutraler ist, auch wenn sie keinesfalls so neutral ist wie die Vorstellung einer sozialen Fähigkeit. Deshalb ist es richtig anzuerkennen, dass Machtausübung nicht unbedingt jemandem schaden muss. Andererseits garantiert die zentrale Stellung des Begriffs der Kontrolle einen angemessen kritischen Blickwinkel: Wo immer Macht am Werk ist, sollten wir bereit sein zu fragen, wer oder was jemanden kontrolliert und warum.

1.2 Identitätsmacht

Die bislang besprochene soziale Koordinierung war praktischer Natur, denn es ging lediglich um die Abstimmung mit den Handlungen anderer Akteure. Doch es gibt mindestens eine Art von sozialer Macht, die nicht nur praktische, sondern auch *gedankliche* soziale Koordinierung erfordert, also ein Zusammenwirken geteilter Vorstellungen. Einige Fälle von Machtausübung setzen voraus, dass die Beteiligten die gleichen begrifflichen Vorstellungen hinsichtlich sozialer Identität haben. Damit sind Begriffe gemeint, die in der allgemeinen gesellschaftlichen Vorstellungskraft lebendig sind und die beispielsweise bestimmen, was es heißt, eine Frau oder ein Mann, homo- oder heterosexuell, jung oder alt zu sein, und so weiter. Wann immer Machtausübung in erheblichem Maße auf solchen gemeinsamen Imaginationen und Begriffen von sozialer Identität beruht, ist *Identitätsmacht* am Werk. Gender ist ein Aspekt von Identitätsmacht, und wie soziale Macht im Allgemeinen kann auch Identitätsmacht aktiv oder passiv ausgeübt werden. Gender-Macht wird beispielsweise dann ausgeübt, wenn ein Mann (möglicherweise unbeabsichtigt) seine Identität als Mann nutzt, um das Verhalten einer Frau zu beeinflussen – etwa um sie dazu zu bringen, sich seinem Urteil zu beugen. Vielleicht bevormundet er sie und kommt damit auch noch durch, weil er ein Mann und sie eine Frau ist: «Marge, es gibt weibliche Intuition, und es gibt Fakten», wie Mr. Greenleaf in *Der talentierte Mr. Ripley* zu Marge sagt.[9] Er beschwichtigt ihren Verdacht gegen den mörderischen Ripley, indem er Identitätsmacht ausübt – die Identitätsmacht, die er als Mann unweigerlich über sie als Frau hat. Selbst eine derart eklatante Ausübung von Identitätsmacht kann unbewusst geschehen. Immerhin spielt die Geschichte in den fünfziger Jahren des vergangenen Jahrhunderts, und Greenleaf versucht offensichtlich, Marge zu einer seiner Ansicht nach objektiveren Betrachtungsweise der Situation zu bewegen – einer Situation, die sie, wie er richtig bemerkt, emotional schwer belastet. Möglicherweise ist er sich gar nicht dessen bewusst, dass er seine Geschlechterrolle als Mann dazu benutzt, Marge zum Schweigen zu bringen, und vielleicht ist sein Verhalten gut gemeint und voll väterlichen

Wohlwollens. Nichtsdestotrotz übt er an dieser Stelle Identitätsmacht aus.

Greenleafs Verhalten stellt einen aktiven Gebrauch von Identitätsmacht dar, da er eine Handlung vollzieht, die das erreicht, was zu tun in seiner Macht steht: Marge zum Schweigen zu bringen. Er tut dies, indem er sich auf eine kollektive Konzeption von Weiblichkeit stützt, der zufolge Frauen wenig rational und übermäßig intuitiv veranlagt sind.[10] In einer anderen gesellschaftlichen Konstellation bräuchte ein Mann vielleicht gar nichts zu *tun*, um Marge zum Schweigen zu bringen. Sie wäre vielleicht schon aufgrund der bloßen Tatsache still, dass er ein Mann und sie eine Frau ist. Denken wir uns nun ein gesellschaftliches Setting, in dem es nicht nur zur Wahrnehmung der Genderrollen gehört, dass Frauen eher intuitiv als rational veranlagt sind, sondern auch, dass sie einem Mann niemals widersprechen sollten. In einem solchen Szenario würde ein Herbert Greenleaf die gleiche Macht über eine Marge ausüben – seine Macht als Mann, sie als Frau zum Schweigen zu bringen –, allerdings auf passive Weise. Er täte es gewissermaßen allein aufgrund der Tatsache, dass er ein Mann ist. Egal ob Identitätsmacht aktiv oder passiv ausgeübt wird, hängt sie unmittelbar vom Zusammenwirken geteilter Imaginationen ab: Beide Seiten müssen die entsprechenden kollektiven Begriffe darüber teilen, was es heißt, ein Mann zu sein, und was es heißt, eine Frau zu sein; und diese Begriffe beruhen auf (eventuell tendenziösen) Stereotypen über die jeweiligen Kompetenzen von Männern und Frauen auf diesem oder jenem Gebiet. Dabei ist zu beachten, dass es für die Ausübung von Identitätsmacht nicht erforderlich ist, dass eine der Parteien das Stereotyp wissentlich als wahr akzeptiert. Selbst wenn wir davon ausgingen, dass sich Marge des tendenziösen Stereotyps, mit dem sie zum Schweigen gebracht werden soll, bewusst ist, würde es nicht überraschen, wenn es trotzdem funktionierte. Die beim Gebrauch von Identitätsmacht aktivierten Vorstellungen bezüglich verschiedener sozialer Identitäten müssen weder vom Subjekt noch vom Objekt geglaubt werden, denn Identitätsmacht funktioniert in erster Linie auf der Ebene kollektiver sozialer Imagination. Folglich kann sie unsere Handlungen auch entgegen unseren Überzeugungen steuern.

Identitätsmacht wirkt in der Regel in Verbindung mit anderen Formen von sozialer Macht. Nehmen wir eine Gesellschaftsordnung, in der ein starres Klassensystem den Angehörigen der unterschiedlichen Klassen einen asymmetrischen Kodex für praktisches und diskursives Verhalten auferlegt, sodass beispielsweise vor nicht allzu langer Zeit in England ein «Gentleman» einem «Angehörigen der Arbeiterklasse» vorwerfen konnte, sich «unverschämt», «anmaßend» oder «frech» zu verhalten, wenn dieser mit ihm auf ungezwungene Weise sprach. In einer solchen Gesellschaft könnte der Gentleman auf ganz konkrete Weise Macht über den Mann ausüben, indem er zum Beispiel dafür sorgt, dass dieser entlassen wird (vielleicht war der Mann Händler in einer Firma, die auf die Gunst des Gentlemans angewiesen war). Identitätsmacht könnte diesen Vorgang noch untermauern und gedanklich rechtfertigen: Weil die Gesellschaft ihn als Gentleman und den anderen als gewöhnlichen Händler wahrnimmt, kann Ersterer seinem Gegenüber «Anmaßung» vorwerfen. Zur Identität von Gentlemen gehören zahlreiche Annahmen darüber, wie die unterschiedlichen Gesellschaftsgruppen sie zu behandeln haben, und aufgrund dieser normativen Merkmale kann die bloße Identitätskategorie des «Gentlemans» die Ausübung von konkreten Formen sozialer Macht fördern. Identitätsmacht an sich ist allerdings etwas Nicht-Materielles, ein durch und durch gedankliches oder diskursives Konstrukt. Sie wirkt auf der Ebene geteilter Vorstellungen darüber, was es heißt, ein Gentleman zu sein, und was es heißt, ein gewöhnlicher Mensch zu sein – also auf der Ebene der Vorstellungen von gesellschaftlicher Identität. Identitätsmacht ist somit nur eine Facette von sozialen Identitätskategorien, die sich beispielsweise auf soziale Klassen oder Gender beziehen, denn solche Kategorien haben sowohl konkrete Auswirkungen als auch gedankliche oder imaginative Aspekte.

Kann Identitätsmacht auch rein strukturell ausgeübt werden? Durchaus. Tatsächlich tritt Identitätsmacht häufig rein strukturell auf. Um noch einmal auf unser Beispiel der Wahlabstinenz zurückzukommen: Denkbar ist eine informell entrechtete Gruppe, deren Angehörige nicht zur Wahl gehen, weil sie eine Vorstellung von ihrer sozialen Identität haben, der zufolge sie nicht zu den Menschen gehören, die sich für Politik interessieren. «Leute wie wir sind unpolitisch», sagen sie und gehen deshalb nicht wählen. Umgekehrt kann man sich vorstellen, dass auch bei den Personengruppen, die zur Wahl gehen, Identitätsmacht eine Rolle spielt. Was viele von uns zur Stimmabgabe motiviert, ist das in der kollektiven Wahrnehmung verankerte Selbstverständnis: «Leute wie wir zeigen politisches Engagement.» Wie soziale Macht generell kann Identitätsmacht von Handlungssubjekten ausgeübt werden oder strukturell funktionieren; sie kann sowohl positiv wirken, um Handlungen hervorzubringen, als auch negativ, um sie einzuschränken; sie kann im Interesse desjenigen wirken, dessen Verhalten auf diese Weise beeinflusst wird, oder sie kann seinen Interessen zuwiderlaufen.

Identitätsmacht ist deshalb für uns von besonderem Interesse, weil es im Folgenden um ihre Rolle in jener Art von diskursivem Austausch geht, bei dem eine Sprecherin Wissen an einen Hörer weitergibt – also bei einem Gespräch mit Zeugenaussagen im weitesten Sinne. Ich werde darlegen, dass Identitätsmacht ein integraler Bestandteil jedes Austauschs von Bezeugungen ist, weil die Zuhörer:innen bei der spontanen Beurteilung der Glaubwürdigkeit ihrer Gesprächspartner:innen auf soziale Stereotype angewiesen sind, die ihnen Orientierung geben. Dieser Rückgriff auf Stereotype kann je nach Stereotyp vollkommen angemessen oder aber irreführend sein. Insbesondere wenn das Stereotyp ein gegen die Sprecherin gerichtetes Vorurteil darstellt, geschehen zwei Dinge: Zum einen ist das Gespräch in epistemischer Hinsicht beeinträchtigt – der Zuhörer beurteilt die Glaubwürdigkeit der Sprecherin zu negativ und ihm entgeht dadurch möglicherweise etwas Wissenswertes. Zum anderen wird die Sprecherin in ihrer Eigenschaft als Wissende zu Unrecht abgewertet. Als nächstes wollen wir diese zweifache epistemische und ethische Fehlfunktion untersuchen. Dafür müssen wir jenen Aspekt in den Blick nehmen, der in ethischer und sozialer Hinsicht vermutlich am bedeutsamsten ist, wenn es um die Frage geht, wie sich Identitätsmacht auf unsere diskursiven und epistemischen Beziehungen auswirkt, um so ein Bild jener spezifischen Ungerechtigkeit zu zeichnen, die damit einhergeht: *Zeugnisungerechtigkeit.*

1.3 Der zentrale Fall von Zeugnisungerechtigkeit

Im Allgemeinen treten vorurteilsbedingte Fehlfunktionen in einer Praxis der Bezeugung auf zweierlei Weise auf: Entweder führt das Vorurteil dazu, dass die Sprecherin für glaubwürdiger gehalten wird, als es normalerweise der Fall wäre – es gibt also einen *Glaubwürdigkeitsüberschuss*; oder aber sie wird als weniger glaubwürdig wahrgenommen als sonst – dann liegt ein *Glaubwürdigkeitsdefizit* vor. Man denke nur daran, welch unmittelbare Auswirkung der Akzent oder die Sprechweise einer Sprecherin auf ein Gespräch hat. Eine bestimmte Sprechweise birgt nicht nur eine soziale Komponente, die sich darauf auswirkt, wie ein Zuhörer die Sprecherin wahrnimmt (sie kann ein Indiz für einen bestimmten Bildungsgrad, eine bestimmte Gesellschaftsschicht oder eine bestimmte geografische Herkunft sein), sondern hat sehr oft auch eine epistemische Komponente. Die Sprechweise kann erheblichen Einfluss darauf haben, wie viel Glaubwürdigkeit ein Hörer einer Sprecherin zugesteht, insbesondere dann, wenn es sich um einen einmaligen Austausch handelt. Damit will ich nicht sagen, dass der Akzent einer Sprecherin einen Zuhörer, selbst wenn dieser sehr voreingenommen ist, automatisch dazu veranlasst, eine offensichtlich glaubwürdige Behauptung rundheraus abzulehnen oder umgekehrt einer ansonsten unglaubwürdigen Behauptung Glauben zu schenken. Zweifellos ist so etwas möglich, aber da es meist im Interesse der Zuhörer:innen ist zu glauben, was wahr ist, und nicht zu glauben, was falsch ist, müsste es sich schon um eine starke Voreingenommenheit in einem ungewöhnlichen Szenario handeln, die für sich genommen die Kraft hätte, eine solche Wirkung zu erzielen. Es geht vielmehr darum, dass Vorurteile die Glaubwürdigkeit der Sprecherin unbemerkt steigern oder schmälern; und manchmal reicht dies aus, dass die Schwelle zum Glauben oder zur Akzeptanz nicht überschritten wird, sodass dem Zuhörer aufgrund seiner Voreingenommenheit etwas Wissenswertes entgeht.

Im direkten Gespräch muss der Zuhörer der Sprecherin eine gewisse *Glaubwürdigkeit* zugestehen.[11] Für solche Zuschreibungen gibt es keine exakte wissenschaftliche Grundlage, doch kann es offensichtlich zu Irrtümern im Sinne eines Überschusses oder eines Defizits kommen.[12] Im Großen und Ganzen ist ein Überschuss eher vorteilhaft und ein Defizit eher von Nachteil. Allerdings ist einschränkend anzumerken, dass in einzelnen Situationen ein Überschuss einen Nachteil und ein Defizit einen Vorteil mit sich bringen kann.

Für den ersten Fall könnten wir uns einen überlasteten Hausarzt denken, dem von seinen Patient:innen Fragen zur Gesundheit gestellt werden, die eigentlich eine fachärztliche Ausbildung erfordern. Er kann sie deshalb nicht in vollem Umfang kompetent beantworten. Dennoch muss er die Fragen nach bestem Wissen und Gewissen beantworten, denn die Patient:innen brauchen eine Auskunft, und er ist für sie die einzige Anlaufstelle. Seine Patient:innen gehen davon aus, dass er in der Lage ist, ihnen die erforderliche Information zu geben, sodass sie ihm hinsichtlich der betreffenden Themen einen Glaubwürdigkeitsüberschuss gewähren. Jeder Versuch, die Patient:innen von ihrer überhöhten Meinung bezüglich seiner Fachkompetenz abzubringen, würde die Arzt-Patient-Beziehung schädigen, weil es ihr Vertrauen in ihn untergraben würde. All dies belastet unseren Hausarzt moralisch, denn er ist sich bewusst, dass in einer wichtigen gesundheitlichen Angelegenheit sein bestmöglicher Rat seine Patient:innen in die Irre führen könnte. Für diesen Hausarzt stellt der ihm gewährte Glaubwürdigkeitsüberschuss eine unerwünschte moralische Belastung dar, und so wird deutlich, dass ein Glaubwürdigkeitsüberschuss durchaus von Nachteil sein kann.[13] Oder nehmen wir eine Professorin, die einem jüngeren Kollegen einen Text von sich zu lesen gibt und ihn um Feedback bittet. Sie verlässt sich darauf, dass er ihre Arbeit kritisch kommentiert, damit sie eventuelle Mängel ausbügeln kann, bevor sie den Text auf einer Konferenz vorstellt. Wenn der jüngere Kollege sie bewundert und ihr deshalb einen zu großen Vertrauensbonus gibt, wird er die Arbeit weniger kritisch kommentieren als sonst und die Professorin de facto im Stich lassen. Auch hier ist der Glaubwürdigkeitsüberschuss, der der Professorin zuteilwird, für sie von Nachteil. Unter solchen Umständen kann also ein Glaubwürdigkeitsüberschuss schädlich sein, obwohl er im Großen und Ganzen sicherlich eher einen Vorteil darstellt.

Wie steht es nun um die Möglichkeit, dass ein Glaubwürdigkeitsdefizit unter besonderen Umständen einen Vorteil darstellt? Nehmen wir den Stotterer Claudius, dazu bestimmt, eines Tages römischer Kaiser zu werden, der bei seinem Aufstieg zur Macht nur deshalb mehreren Mordanschlägen entgeht, weil die Leute ihn für einen Narren halten. Oder denken Sie an den unvergleichlichen Inspektor Columbo aus den Fernsehkrimis der siebziger Jahre, der mit seiner unbeholfenen, chaotischen Art diejenigen, gegen die er ermittelt, in trügerischer Sicherheit wiegt, um sie zu überrumpeln. Ein Glaubwürdigkeitsdefizit kann in bestimmten Situationen also von Nutzen sein. Wir werden jedoch sehen, dass Glaubwürdigkeit im Allgemeinen ein Gut ist, das man für das Gelingen aller erdenklichen Vorhaben in genügendem Maße braucht, und dementsprechend sollten wir seinen Mangel generell als nachteilig betrachten.

Auf den ersten Blick könnte man meinen, dass es sich sowohl bei einem Glaubwürdigkeitsdefizit als auch bei einem Glaubwürdigkeitsüberschuss um Fälle von Zeugnisungerechtigkeit handelt. Gewiss gibt es das Gefühl von «Ungerechtigkeit», das sich natürlicherweise und zu Recht regt, etwa wenn einer Person eine übermäßig hohe Glaubwürdigkeit zugesprochen wird, nur weil ihr eine bestimmte Sprechweise zu eigen ist.[14] Man könnte dies als Ungerechtigkeit im Sinne von Verteilungsungerechtigkeit auffassen – jemand hat mehr als seinen gerechten Anteil an einem Gut bekommen –, aber damit würde man den Begriff überspannen, denn Glaubwürdigkeit ist kein Gut, das unter die Verteilungsgerechtigkeit fällt. Anders als bei jenen Gütern, bei denen die Orientierung an Verteilungsgerechtigkeit sinnvoll ist (wie im Fall des Reichtums oder der Gesundheitsversorgung), hat die faire Verteilung von Glaubwürdigkeit nichts Problematisches an sich; denn Glaubwürdigkeit ist ein Begriff, dessen Anspruch auf gerechte Verteilung offensichtlich ist. Sieht man einmal von erkenntnistheoretischen Feinheiten ab, so ist die Anforderung an die Zuhörerin klar: Sie muss die Glaubwürdigkeit, die sie ihrem Gesprächspartner zuspricht, an den verfügbaren Belegen und Anzeichen ausrichten, dass er die Wahrheit sagt. Überdies eignen sich die Güter, die in erster Linie zum distributiven Modell passen, vor allem deshalb dafür, weil sie endlich und zumindest potenziell knapp sind.

(Erinnern wir uns an Humes Herleitung von Gerechtigkeit: Eine Situation, in der Überfluss herrscht, ist nicht dazu angeraten, dass das Verteilungsprinzip natürlicherweise zutage tritt.[15]) Es sind Güter, um die ein gewisser Wettbewerb herrscht oder demnächst herrschen könnte, und dies ist der Grund für die ethische Frage, ob diese oder jene Verteilung gerecht ist. Im Unterschied dazu ist Glaubwürdigkeit im Allgemeinen nicht endlich, sodass es auch keine vergleichbare konkurrierende Nachfrage gibt, die zu einem Verteilungsverfahren einlädt.

Wenn wir also herausfinden wollen, welche Art von Ungerechtigkeit bei einem Glaubwürdigkeitsdefizit vorliegt, hilft es nichts zu sagen, jemand habe nicht seinen gerechten Anteil an einem Gut (der Glaubwürdigkeit) erhalten, da dies nicht die besondere Art von Unrecht erfasst, die der Sprecher erleidet. Vielmehr müssen wir Zeugnisungerechtigkeit als eine spezifisch epistemische Ungerechtigkeit untersuchen, also als eine Art von Ungerechtigkeit, bei der jemandem *insbesondere in seiner Eigenschaft als erkennendes Subjekt* Unrecht zugefügt wird. Es liegt auf der Hand, dass ein Glaubwürdigkeits*defizit* ein solches Unrecht darstellen kann. Hingegen kann ein Glaubwürdigkeits*überschuss* (im Ausnahmefall) zwar von Nachteil sein, doch weder untergräbt oder beleidigt er den Sprecher noch verweigert er ihm den gebotenen Respekt als Wissenssubjekt. Daher stellt ein Glaubwürdigkeitsüberschuss an sich kein epistemisches Unrecht und erst recht kein Zeugnisunrecht dar. Vielmehr genießen die Professorin und der Hausarzt aus unseren Beispielen eine übermäßige Wertschätzung in ihrer Eigenschaft als Wissende.

Sind jedoch Umstände denkbar (wir sollten diese Frage ausdrücklich stellen), unter denen jemandem die übermäßige Wertschätzung als Wissender dermaßen schadet, dass es zu Zeugnisungerechtigkeit kommt? Stellen wir uns einen Heranwachsenden vor, der aufgrund verschiedener gesellschaftlicher Vorurteile, die in den allermeisten Fällen zu seinen Gunsten wirken, von den Menschen in seinem Umfeld permanent epistemisch überhöht wird. Sagen wir, er gehört einer gesellschaftlichen Elite an, und seine Ausbildung und seine gesamte Erziehung sind auf subtile Weise darauf ausgerichtet, diese Botschaft fest in seiner Persönlichkeit zu verankern. Möglicherweise haben die Jugendlichen, die mit ihm zur Schule gehen, eine charakteristische Sprechweise entwickelt und sicherlich ein selbstbewusstes Auftreten, wodurch sie eine bestimmte epistemische Autorität ausstrahlen. Zweifellos ist in einer solchen Klassengesellschaft der Glaubwürdigkeitsüberschuss, den die meisten Gesprächspartner diesem Mann entgegenbringen, für ihn von Vorteil: Er findet wahrscheinlich eine lukrative Anstellung, genießt in vielen Unterhaltungen automatisch ein hohes Ansehen und so weiter und so fort. Aber was, wenn er dadurch eine derartige epistemische Überheblichkeit entwickelt, dass ihm diverse epistemische Tugenden nicht mehr zugänglich sind und er infolgedessen engstirnig, rechthaberisch und unempfänglich für Kritik wird? Wird so jemand nicht buchstäblich zum Deppen gemacht? Und wenn ja, spricht dann nicht einiges dafür, dass die zahlreichen Fälle von Glaubwürdigkeitsüberschuss, die seinen epistemischen Charakter deformiert haben, eine Art von Zeugnisungerechtigkeit darstellen? Wurde ihm nicht genau in seiner Eigenschaft als Wissender Unrecht getan? Ich denke, die Antwort muss wohl Ja lauten, und womöglich haben wir es hier mit einem interessanten Sonderfall von Zeugnisungerechtigkeit zu tun. Dabei ist zu beachten, dass dieses Beispiel einen *kumulativen* Fall darstellt, während wir bisher einzelne Vorkommnisse von Ungerechtigkeit berücksichtigt haben. Ich halte es für falsch, die einzelnen Zuschreibungen von übermäßiger Glaubwürdigkeit hier als Fälle von Zeugnisungerechtigkeit zu bezeichnen, da keine für sich genommen ein ausreichendes Unrecht darstellt. Erst wenn sich genügend Vorkommnisse in der von mir vorgestellten Weise häufen – wie plausibel auch immer das sein mag –, wird jeder Glaubwürdigkeitsexzess zu etwas, das dem Betreffenden auf lange Sicht in epistemischer Hinsicht schadet. Das Beispiel verdeutlicht somit, dass manche Menschen, die sich dauerhaft in einer privilegierten gesellschaftlichen Machtposition befinden, durchaus einer Spielart von Zeugnisungerechtigkeit ausgesetzt sein können: nämlich Zeugnisungerechtigkeit in kumulativer Form. Allerdings ist dies kein Beweis dafür, dass irgendwelche einzelnen Vorkommnisse von Glaubwürdigkeitsüberschuss eine Zeugnisungerechtigkeit darstellen. Das wichtigste Kriterium für Zeugnisungerechtigkeit ist also das Vorliegen eines Glaubwürdigkeits*defizits*, und nicht das eines Glaubwürdigkeits*überschusses*.

Befassen wir uns nun näher mit der Zeugnisungerechtigkeit, die wir als eine Form von Glaubwürdigkeitsdefizit begreifen können. Zunächst ist zu beachten, dass Vorurteile nicht die einzige Ursache von Glaubwürdigkeitsdefiziten sind. Mithin stellt nicht jedes Glaubwürdigkeitsdefizit einen Fall von Zeugnisunrecht dar. Ein Glaubwürdigkeitsdefizit kann schlichtweg die Folge eines *unschuldigen Irrtums* sein: eines Irrtums, aufgrund dessen man sowohl in ethischer als auch in epistemischer Hinsicht keinen Vorwurf machen kann. Dass es immer wieder zu unbeabsichtigten Irrtümern kommt, liegt unter anderem daran, dass das menschliche Urteilsvermögen fehlbar ist und daher selbst die versiertesten und aufmerksamsten Zuhörer:innen die Glaubwürdigkeit eines Sprechers gelegentlich falsch einschätzen. Genauer: Eine Zuhörerin hat möglicherweise einfach eine falsche Vorstellung von der Kompetenz oder den Motiven des Sprechers, sodass sie ihn als weniger glaubwürdig einstuft, als sie es andernfalls getan hätte. Solange man ihr wegen ihrer falschen Überzeugung ethisch und epistemisch keinen Vorwurf machen kann (der Überzeugung liegt keine unmoralische Gehässigkeit oder erkenntnisbezogene Nachlässigkeit zugrunde), ist ihre Fehleinschätzung seiner Glaubwürdigkeit nicht tadelnswert. Es handelt sich einfach um einen bedauerlichen Wahrnehmungsfehler der einen oder anderen Art.

Ein Beispiel: Die Zuhörerin – sagen wir, sie ist eine auf Ethik spezialisierte Philosophin – weiß, dass ihr Gesprächspartner an einer bestimmten Einrichtung wissenschaftlich tätig ist, und aufgrund einer kleinen Internetrecherche hält sie ihn für einen Mediziner, da sein Name bei der medizinischen Fakultät aufgetaucht war. Als das Gespräch auf eine aktuelle Debatte ihres eigenen Forschungsgebiets kommt, bei der es um moralischen Fiktionalismus geht, und ihr Gegenüber zu ihrer Überraschung unverblümte Kritik am fiktionalistischen Ansatz äußert, misst sie seiner Äußerung weniger Gewicht bei, als wenn sie ihn für einen Fachkollegen hielte. Was sie jedoch nicht weiß, ist, dass er ein Ethiker ist, der sich auf Medizinethik spezialisiert hat und an der medizinischen Fakultät tätig ist. So kommt es, dass ihre falsche Annahme über seine berufliche Identität ihm bis zur Klärung des Missverständnisses ein Glaubwürdigkeitsdefizit beschert hat. Dennoch würde ich nicht sagen, dass ihre Fehleinschätzung den Mann einer echten Zeugnisungerechtigkeit aussetzt, sondern es handelte sich einfach um einen unschuldigen Irrtum. Natürlich wäre es denkbar, dass unsere imaginäre Zuhörerin, nachdem sie erfahren hat, was ihr Gesprächspartner tatsächlich beruflich macht, sagt, sie fühle sich schlecht, weil sie ihm «Unrecht» getan habe. Allerdings entspräche das einem sehr schwachen Verständnis von Ungerechtigkeit, dem die üblichen Implikationen moralischen Übels abgehen; es wäre bloß der Schatten unserer gewöhnlichen ethischen und politischen Lesart des Wortes. Dies ist aber hauptsächlich ein terminologischer Punkt. Wenn also jemand anderer Meinung ist, steht es ihm frei, Fälle, in denen es zu einem unbeabsichtigten Irrtum kommt, als schwache Form von Zeugnisungerechtigkeit zu betrachten. Ich werde den Begriff jedoch nur auf Fälle anwenden, in denen die Fehleinschätzung der Zuhörerin in ethischer Hinsicht problematisch ist.

Wie steht es nun mit einem Glaubwürdigkeitsdefizit, das durch ethisch unbedenkliches, aber in epistemischer Hinsicht schuldhaftes Fehlverhalten entstanden ist? Wenn wir das Beispiel dahingehend abändern, dass die Philosophin ihren Fehler infolge einer ziemlich nachlässigen Internetrecherche begeht, stellt das Glaubwürdigkeitsdefizit, das sie ihrem Gesprächspartner zuschreibt, meines Erachtens immer noch keinen Fall von Zeugnisungerechtigkeit dar. Weder beleidigt ihre unangemessene Einschätzung den Mann, noch setzt sie ihn als Wissenssubjekt herab, denn sie hat einfach einen dummen Fehler gemacht. Zwar ist ihr Irrtum epistemisch zu tadeln, aber da er in ethischer Hinsicht kein Verschulden darstellt, entspricht das daraus folgende Glaubwürdigkeitsdefizit nach wie vor keiner Zeugnisungerechtigkeit. Ein Fehler, der ethisch nicht verwerflich ist, kann den Sprecher nicht beeinträchtigen oder ihm anderweitig Unrecht tun. Es sieht so aus, als ob das ethische Übel der Zeugnisungerechtigkeit von irgendeinem ethischen Übel in der Beurteilung der Zuhörerin herrühren muss, und ein solches Übel gibt es nicht, wenn der Irrtum der Hörerin ethisch nicht zu verurteilen ist. Mein Vorschlag lautet, dass das betreffende ethische Übel das *Vorurteil* ist. Die Geschichte steckt voller bedrückender Beispiele für Vorurteile, die bei Beurteilungen von Glaubwürdigkeit ganz offensichtlich eine Rolle gespielt haben: etwa die Vorstellung, dass Frauen irrational sind, People of Color Weißen intellektuell unterlegen sind, die Arbeiterklasse der Oberschicht in moralischer Hinsicht nachsteht, Juden hinterlistig sind, Asiaten verschlagen und so weiter – eine abstoßende Aneinanderreihung von

Klischees, die sich zu unterschiedlichen historischen Zeiten mit relativ großer Wahrscheinlichkeit in die Glaubwürdigkeitsurteile eingeschlichen haben. Um aber der philosophischen Vorstellungskraft ein etwas weniger holzschnittartiges Anschauungsmaterial zu präsentieren, wenden wir uns nun einem Beispiel aus der Literatur zu, das uns eine wahrheitsgetreue historische Fiktion liefert.

Das Beispiel stammt aus Harper Lees Roman *Wer die Nachtigall stört*. Man schreibt das Jahr 1935, der Schauplatz ist ein Gerichtssaal in Maycomb County, Alabama. Angeklagt ist ein junger Schwarzer namens Tom Robinson. Ihm wird vorgeworfen, ein weißes Mädchen, Mayella Ewell, vergewaltigt zu haben, an deren heruntergekommenem Haus er jeden Tag auf dem Weg zur Arbeit vorbeikommt; das Haus liegt am Rande der Stadt in einer Gegend, die die Viertel von Weißen und PoCs trennt. Für den Leser und jeden einigermaßen unvoreingenommenen Anwesenden im Gerichtssaal ist offenkundig, dass Tom Robinson vollkommen unschuldig ist. Denn Atticus Finch, der höfliche Strafverteidiger, hat unwiderlegbar bewiesen, dass Robinson dem Ewell-Girl nicht jene Schnittwunden und Prellungen zugefügt haben kann, die sie an jenem Tag erlitt. Wer auch immer sie malträtiert hat, schlug mit der linken Faust zu; Tom Robinson kann jedoch den linken Arm aufgrund eines Maschinenunfalls in seiner Kindheit nicht gebrauchen. Die Gerichtsverhandlung ist in gewisser Weise ein Kampf zwischen der Macht der Beweise und der Macht rassistischer Vorurteile, wobei sich das Urteil der ausschließlich weißen Geschworenen letztendlich den Vorurteilen beugt. Doch die psychologischen Zusammenhänge sind subtil, und es spielen viele und vielschichtige soziale Bedeutungen mit hinein, die bestimmen, wie die Geschworenen die Äußerungen von Tom wahrnehmen.

Als es zum Showdown zwischen der Aussage eines schwarzen Mannes und der eines mittellosen weißen Mädchens kommt, sind die rassenpolitischen Gebote und Verbote im Gerichtssaal quasi mit Händen zu greifen. Die Wahrheit zu berichten ist für Tom Robinson extrem heikel, denn wenn er das weiße Mädchen verunglimpft, wird er als anmaßender, verlogener N**** gelten; doch wenn er nicht publik macht, dass Mayella Ewell versucht hat, ihn zu küssen (so wie es in Wirklichkeit geschehen war), ist seine Verurteilung fast noch sicherer. In diesem diskursiven Dilemma spiegelt sich das praktische Dilemma, mit dem er an jenem schicksalhaften Tag im Haus der Ewells konfrontiert war, als Mayella ihn sich schnappte: Schiebt er sie weg, wird man ihn beschuldigen, über sie hergefallen zu sein; verhält er sich passiv, wird man ihm ebenfalls vorwerfen, über sie hergefallen zu sein. Also tut er das Neutralste, was er machen kann, und läuft weg, obwohl er weiß, dass man auch diese Handlung als Indiz seiner Schuld werten wird. In Mr. Gilmers Fragen an Tom schwingt deutlich die Annahme mit, dass sein Weglaufen darauf hindeute, dass er schuldig sei.

> «Warum sind Sie weggelaufen?»
> «Ich hab Angst gehabt, Sir.»
> «Aber wenn Sie doch ein reines Gewissen hatten, warum hatten Sie Angst?»[16]

Weglaufen, so scheint es, ist etwas, das ein Schwarzer in Maycomb County nicht tun kann, ohne sich dadurch selbst zu belasten. Ebenso gibt es viele Dinge, die, wenn ein Schwarzer sie vor Gericht sagt, keinerlei Chance haben, für wahr gehalten zu werden. So begeht Tom Robinson in einem entscheidenden Moment während seiner Vernehmung durch die Anklage den Fehler, offen zu erzählen, warum er so oft bei Mayella Ewell vorbeigeschaut und ihr bei irgendwelchen kleinen Arbeiten geholfen hat. Wie die gesamte Geschichte ist auch diese Szene aus der Sicht von Scout erzählt, der kleinen Tochter von Atticus Finch, die das Geschehen zusammen mit ihrem Bruder Jem von der «N****-Galerie» aus verfolgt. Mr. Gilmer, der Staatsanwalt, führt Tom vor:

> «Warum lag Ihnen so viel daran, dieser Frau die Arbeit abzunehmen?»
> Tom zögerte, suchte nach einer Antwort. «Sah so aus, als ob ihr keiner hilft, und da …»
> […] Mr. Gilmore lächelte den Geschworenen grimmig zu. «Sie scheinen ein ungewöhnlich gutmütiger Kerl zu sein. Und für all das haben Sie kein Geld verlangt?»
> «Nein Sir, weil sie mir leidgetan hat. Ich glaube, sie hat's schwer gehabt zu Hause …»

> «Sie tat *Ihnen* leid? Sie tat Ihnen *leid*?» Mr. Gilmer war nahe daran, in die Luft zu gehen.
> Der Zeuge erkannte, dass er einen Fehler gemacht hatte und rückte unbehaglich auf der Bank hin und her. Aber das Unheil war geschehen. Keinem im Saal gefiel Robinsons Antwort. Mr. Gilmer wartete eine Weile, um sie ins Bewusstsein der Geschworenen einsickern zu lassen.[17]

Das fragliche «Unheil» betrifft das epistemische Vertrauen, das die weißen Geschworenen dem Angeklagten bisher aus bloßer Menschlichkeit entgegengebracht haben. Denn *Mitleid zu haben* ist für eine Person of Colour ein Tabu, sofern ihr Mitgefühl einem weißen Menschen gilt. Im Kontext einer rassistischen Ideologie, die von der Überlegenheit der Weißen überzeugt ist, wird die grundlegende ethische Empfindung menschlichen Mitgefühls in der Wahrnehmung der Weißen verzerrt; sie scheint lediglich der Hinweis für einen vermeintlichen Nutzen seitens der PoC zu sein. Eine PoC darf keine Gefühle haben, die darauf hindeuten, dass sie einem weißen Menschen in irgendeiner Weise überlegen ist, ganz gleich, wie schwer und einsam dessen Leben auch sein mag. Weil Tom Robinson diese Gefühle öffentlich benennt, verschärft sich die Situation in einer Weise, die für ein gerechtes Verfahren und die ihm zugrunde liegende epistemische Gerechtigkeit fatal ist. Der Prozess ist ein Nullsummenwettkampf zwischen dem Wort eines Schwarzen und dem eines weißen Mädchens (beziehungsweise dem ihres Vaters, der den Fall vor Gericht gebracht hat), und für manche in der Jury ist die Vorstellung, dem Schwarzen zu glauben und dem weißen Mädchen nicht, geradezu ein Ding psychologischer Unmöglichkeit. Robinsons ausdrückliches Mitleid mit einem weißen Mädchen bekräftigt diese Unmöglichkeit bloß.

Am Ende bleiben die Geschworenen bei ihrer voreingenommenen Wahrnehmung des Angeklagten, die vor allem auf den rassistischen Stereotypen der damaligen Zeit beruht. Atticus Finch appelliert an die Geschworenen, sich von diesen Vorurteilen zu lösen und sich von der «Annahme [zu verabschieden] – der bösartigen Annahme: *Alle* N**** lügen, *alle* N**** sind von Grund auf verderbt, *alle* N**** sind lüstern nach unseren Frauen.»[18] Doch bei der Urteilsfindung folgen die Geschworenen ihrem natürlichen Misstrauen, das von den Vorurteilen herrührt, die darüber bestimmen, wie sie den Angeklagten wahrnehmen. Sie erklären ihn für schuldig. Und es ist wichtig, dass wir die Geschichte so lesen, dass die Geschworenen ihn tatsächlich für schuldig halten. Sie halten ihn also nicht insgeheim für unschuldig und erklären ihn zynischerweise dennoch für schuldig. Auch wenn die psychologische Dimension hier bis zu einem gewissen Grad unklar sein mag, ist es von entscheidender Bedeutung, dass sie *nicht* das tun, was Atticus Finch in seinem Schlussplädoyer als ihre «Pflicht» bezeichnet:

> «Im Namen Gottes, tun Sie Ihre Pflicht.»
> Seine Stimme war leiser geworden, und als er sich abwandte, entgingen mir einige Worte, die er mehr zu sich selbst als zu den Geschworenen sprach. Ich stieß Jem an.
> «Was hat er gesagt?»
> «‹Im Namen Gottes, glauben Sie ihm.› So habe ich's jedenfalls verstanden.»[19]

Finch versucht, den Geschworenen klarzumachen, dass sie die *Pflicht haben, Tom Robinson zu glauben*, und das bestätigt meine Deutung der mentalen Situation der Geschworenen. Finch glaubt offenkundig, dass die Geschworenen dazu angehalten werden müssen, das richtige Urteil zu fällen – nämlich in epistemischer Hinsicht das Richtige zu tun. Er appelliert nicht an sie, sich auf ihre moralische und juristische Pflicht zu konzentrieren und nur dann einen Schuldspruch zu fällen, wenn sie den Angeklagten wirklich für schuldig halten. Denn er weiß, dass ihre Voreingenommenheit psychologisch wesentlich tiefer reicht und letztendlich ihre ureigene Urteilskraft betrifft. Ihr Schuldurteil bezeugt, dass sie in Anbetracht der Beweise ihrer Pflicht nicht nachgekommen sind, die Zeugenaussage richtig zu beurteilen. Wie Atticus Finch befürchtet hatte, scheitern sie in der Erfüllung ihrer Pflicht, Tom Robinson zu glauben. Angesichts der ihnen vorgelegten Beweise bedeutet die unerschütterlich voreingenommene soziale Wahrnehmung von Robinson als Zeugen ein schwerwiegendes epistemisches und erschreckendes ethisches Versagen mit gravierenden praktischen Folgen. Letzten Endes wird Tom Robinson nicht lange genug leben, um Berufung einlegen zu können: Er wird rücklings erschossen, als er versucht zu fliehen und direkt vor den Augen der Wachen über den Gefängniszaun klettert.

Vielleicht lohnt der Hinweis, dass selbst die schlimmsten ideologischen Vorurteile nicht nur durch explizit hasserfüllte Gedanken und Äußerungen aufrechterhalten werden, sondern auch durch vertrautere Stereotype, die sich vergleichsweise harmlos ausnehmen. Immer wieder tritt im Buch ein eher leichtfertiges Motiv mangelnder epistemischer Glaubwürdigkeit auf, das die fatale Aberkennung epistemischen Vertrauens anklingen lässt, die am Ende zum Tod von Tom Robinson führt. Dies zeigt sich beispielsweise, als Scout mit der Nachbarin und Freundin ihrer Familie, Miss Maudie, über den verschlossenen, rätselhaften jungen Boo Radley (alias Mr. Arthur) spricht, über den viele unheimliche Geschichten kursieren und der die Kinder immer wieder in seinen Bann zieht. Scout befragt Miss Maudie über ihn:

> «Ob das wohl wahr ist, was die Leute alles über B … über Mr. Arthur reden?»
> «Was denn?»
> Ich erzählte es ihr.
> «Das stammt zu Drei Vierteln von Farbigen und zu einem Viertel von Stephanie Crawford», sagte Miss Maudie grimmig.[20]

In einer Gesellschaft, in der es für Weiße selbstverständlich ist, «Farbige» mit verantwortungslosem Geschwätz in Verbindung zu bringen (selbst wenn, wie bei Miss Maudies Antwort an Scout, eine unabhängige Meinung geäußert wird), kann man sich leicht vorstellen, dass diese vergleichsweise harmlose ideologische Spielart die weitaus heftigeren und eindeutig ungerechten Vorstellungen fördert, die die epistemische Vertrauenswürdigkeit von PoCs untergraben. Diese sorglose Variante birgt vielleicht keinen Hass, dennoch kann sie maßgeblich zu menschenverachtendem Denken generell beitragen.

Tom Robinsons Fall ist ein extremes Beispiel für die Art von Zeugnisungerechtigkeit, die ich philosophisch beleuchten möchte. Eine erste Einschätzung könnte lauten, dass hier ein *vorurteilsbehaftetes Glaubwürdigkeitsdefizit* vorliegt. Das mag als allgemeine Definition von Zeugnisungerechtigkeit herhalten, dennoch lässt dies ein entscheidendes Merkmal der Art von Zeugnisungerechtigkeit außer Acht, die Tom widerfährt. Es gibt alle möglichen Vorurteile, die zu einem Glaubwürdigkeitsdefizit führen können, aber bei vielen ist die daraus resultierende Zeugnisungerechtigkeit sehr begrenzt und hat nicht jene grundlegende gesellschaftliche Bedeutung, wie es in Fällen wie dem von Tom Robinson offensichtlich der Fall ist.

Nehmen wir das Gutachtergremium einer Fachzeitschrift (ich greife auf ein Beispiel zurück, das mir ein Wissenschaftler genannt hat), dessen Mitglieder gegenüber einer bestimmten Forschungsmethode deutliche Vorbehalte haben. Eine potenzielle Autorin könnte sich zu Recht beschweren, dass das Gremium Ergebnisse von Autor:innen, die mittels der missbilligten Methode erzielt wurden, als weniger glaubwürdig einstuft. Die Benachteiligung ist erheblich und führt zu einer genuinen Zeugnisungerechtigkeit (Texte sind eine Form von Zeugnis). Obgleich eine solche Zeugnisungerechtigkeit für die Karrieren der potenziellen Autor:innen und vielleicht sogar für den Fortschritt der Wissenschaft schmerzlich sein kann, sind die Auswirkungen auf das Leben der Betroffenen doch vermutlich begrenzt. Mit anderen Worten: Die Voreingenommenheit gegenüber einer bestimmten wissenschaftlichen Methode führt nicht dazu, dass die betroffene Person anderen Arten von Ungerechtigkeit – etwa rechtlicher, wirtschaftlicher oder politischer Ungerechtigkeit – ausgesetzt wird. Wir können sagen, dass die Zeugnisungerechtigkeit hier *zufällig* ist.

Im Gegensatz dazu gibt es Fälle von Zeugnisungerechtigkeit, die wir als *systematisch* bezeichnen können; diese Fälle sind über ein gängiges Vorurteil mit anderen Formen von Ungerechtigkeit verbunden. Systematische Zeugnisungerechtigkeit entsteht also nicht durch Vorurteile an sich, sondern durch jene Vorurteile, die eine Person durch die verschiedenen Dimensionen gesellschaftlichen Handelns «verfolgen»: Wirtschaft, Ausbildung, Beruf, Sexualität, Recht, Politik, Religion und so weiter. Wenn jemand von einem solchen verfolgenden Vorurteil [*tracker prejudice*] betroffen ist, ist er nicht nur anfällig für Zeugnisungerechtigkeit, sondern auch für viele weitere Arten von Ungerechtigkeit. Mit anderen Worten: Wenn ein solches Vorurteil zu Zeugnisungerechtigkeit führt, ist diese Ungerechtigkeit systematisch mit anderen Arten von tatsächlichem oder potenziellem Unrecht verknüpft. Die Zeugnisungerechtigkeit, die Tom Robinson widerfährt, ist eindeutig systematischer Natur, denn die rassistischen Vorurteile setzen ihn neben der Zeugnisungerechtigkeit noch zahlreichen weiteren Ungerechtigkeiten aus. Systematisches Zeugnisunrecht bildet für unsere Analyse den zentralen Fall – und zwar vor dem Hintergrund eines Interesses daran, wie epistemische Ungerechtigkeit im allgemeineren Muster von sozialer Gerechtigkeit zu verorten ist.

Die gängigste Art von Vorurteilen (vielleicht die einzige?), die Menschen auf diese Weise verfolgen, sind Vorurteile, die ihre soziale Identität betreffen. Nennen wir sie also *Identitätsvorurteile*. Sie treten in positiver oder negativer Form auf: Ein bestimmter Aspekt der sozialen Identität kann eine positive oder eine negative Voreingenommenheit auslösen. Da wir uns jedoch mehr für Fälle interessieren, in denen es ein Glaubwürdigkeitsdefizit gibt, und weniger für Fälle mit Glaubwürdigkeitsüberschuss, beschäftigen wir uns hier nur mit negativen Identitätsvorurteilen. (Und ich werde «Identitätsvorurteil» oft als Kurzbezeichnung für «negatives Identitätsvorurteil» verwenden.) Wenn sich Identitätsvorurteile darauf auswirken, wie ein Zuhörer die Glaubwürdigkeit einer Sprecherin beurteilt, ist Identitätsmacht am Werk. Denn in einem solchen Fall besteht der Einfluss der Identitätsvorurteile darin, dass eine Partei oder mehrere Parteien effektiv das Handeln einer anderen Partei bestimmen. Beispielsweise wird letztere daran gehindert, Wissen zu teilen, und zwar auf eine Weise, die auf gemeinsamen Vorstellungen von den beteiligten sozialen Identitäten beruht. In dem Beispiel aus dem Roman *Wer die Nachtigall stört* üben die Geschworenen auf genau diese Weise rassistische Identitätsmacht aus: Sie halten Tom Robinson für unglaubwürdig, sodass er nicht in der Lage ist, ihnen zu vermitteln, was er über die Geschehnisse im Haus der Ewells weiß. Es ist diese Ausübung von Identitätsmacht im Gerichtssaal, die Toms Schicksal besiegelt, wenngleich das natürlich noch nicht alles ist. Ihr Wirken wird maßgeblich von Mr. Gilmers einfacher, aber höchst wirksamer Strategie als Ankläger unterstützt, gängige Negativvorstellungen von N***** wachzurufen. Gilmer übt bewusst Einfluss auf die Geschworenen aus, und diese wiederum beeinflussen Tom Robinsons Verhalten, indem sie ihn daran hindern, ihnen zu vermitteln, was er weiß.

Da wir nun über die Begriffe «Identitätsvorurteil» und «Systemhaftigkeit» verfügen, können wir den zentralen Fall von Zeugnisungerechtigkeit – nämlich systematische Ungerechtigkeit – genauer bestimmen. Eine Sprecherin erleidet eine solche Zeugnisungerechtigkeit dann und nur dann, wenn ihr aufgrund von Identitätsvorurteilen seitens des Hörers ein Glaubwürdigkeitsdefizit widerfährt; der zentrale Fall von Ungerechtigkeit im Hinblick auf Zeugenaussagen ist also ein *durch Identitätsvorurteile bedingtes Glaubwürdigkeitsdefizit.* Allerdings sind Ausnahmen denkbar: Es gibt Fälle von identitätsbedingten Glaubwürdigkeitsdefiziten, die keine systematische Zeugnisungerechtigkeit darstellen und deshalb nicht unserem zentralen Fall entsprechen.

Nehmen wir folgendes Beispiel (von dem mir ein Wissenschaftsphilosoph erzählt hat): An einer großen internationalen Konferenz nehmen überwiegend Naturwissenschaftler, einige Wissenschaftshistoriker und nur ganz wenige Wissenschaftsphilosophen teil. Die Wissenschaftsphilosophen werden von den meisten anderen Teilnehmern als realitätsfremd angesehen, sodass sie mit einer gewissen intellektuellen Geringschätzung behandelt werden. In diesem Zusammenhang dürfte die bloße Zugehörigkeit zur Gruppe der Wissenschaftsphilosophen dazu führen, dass der eigene Beitrag als leere Mutmaßung eines abgehobenen Gelehrten abgetan wird. Es handelt sich also um ein echtes identitätsbedingtes Glaubwürdigkeitsdefizit. Allerdings exemplifiziert diese Zeugnisungerechtigkeit nicht unseren zentralen Fall, denn sie ist nicht systematischer Natur. Obwohl die Voreingenommenheit ein Identitätsvorurteil darstellt, betrifft sie nicht jene umfassende Identitätskategorie, die für ein «verfolgendes Vorurteil» wesentlich ist. Vielmehr beschränkt sich die soziale Bedeutung des Vorurteils weitgehend auf die Konferenz. Daher kann hier nur von einer zufälligen Zeugnisungerechtigkeit die Rede sein.

Eine Zeugnisungerechtigkeit als zufällig einzustufen heißt nicht, sie in ethischer Hinsicht zu bagatellisieren. Lokal begrenzte Vorurteile und die daraus resultierenden Ungerechtigkeiten können für die betroffene Person katastrophale Folgen haben, vor allem wenn sie sich regelmäßig wiederholen, sodass die Ungerechtigkeit *anhaltend* ist. Erfolgt die Ungerechtigkeit beispielsweise im Rahmen eines – beruflichen oder sonstigen – Projekts, das für die Lebensqualität der betreffenden Person von entscheidender Bedeutung ist, kann eine Häufung von zufälligen Ungerechtigkeiten ihr Leben ruinieren. Der systematische Charakter ist deshalb so wichtig, weil eine Zeugnisungerechtigkeit, die nicht systematisch ist, für die Frage nach einem übergreifenden Muster sozialer Gerechtigkeit von nachgeordneter Bedeutung ist. «Anhaltend» bezeichnet die diachrone Dimension der Schwere und Bedeutung von Zeugnisungerechtigkeit, während «systematisch» die synchrone Dimension betrifft. Die schwerwiegendsten Formen von Zeugnisungerechtigkeit sind sowohl anhaltend als auch systematisch. Dies gilt etwa für Tom Robinson, der in einer Gesellschaft lebt, in der die gleichen Vorurteile, durch die seine Aussage diskreditiert wird, seine Handlungen im Alltag immer wieder und in allen Bereichen des gesellschaftlichen Lebens beeinträchtigen. Im Gegensatz dazu führen Fälle von Zeugnisungerechtigkeit, die weder anhaltend noch systematisch sind, im Großen und Ganzen vermutlich zu keinem großen Nachteil. Systematische Ungerechtigkeit ist allgemein anhaltend, weil die Vorstellungen von sozialer Identität, die sich in den entsprechenden «verfolgenden Vorurteilen» widerspiegeln, im Denken der Allgemeinheit meistens dauerhaft verankert sind.

Nachdem ich unseren zentralen Fall als systematische Zeugnisungerechtigkeit bestimmt habe, geht es als nächstes darum, wie Identitätsvorurteile im diskursiven Austausch zum Tragen kommen. Dafür müssen wir untersuchen, welche Rolle Stereotype spielen, wenn Zuhörer:innen die Glaubwürdigkeit von Sprecher:innen beurteilen.

2

Vorurteile in der Glaubwürdigkeitsökonomie

2.1 Stereotype und vorurteilsbehaftete Stereotype

Wie kommt es, dass Vorurteile seitens Zuhörer:innen die Glaubwürdigkeit einer Sprecherin beeinträchtigen? Welcher grundlegende Mechanismus ist dabei am Werk? Vorurteile können sich auf vielfältige Weise einschleichen. Ich werde mich hier auf die Überlegung konzentrieren, dass sie in erster Linie auf Stereotype zurückgehen, die uns bei unseren Glaubwürdigkeitsurteilen als heuristische Entscheidungshilfen dienen. Dabei verwende ich den Begriff des Stereotyps wie bisher in einem neutralen Sinne, das heißt Stereotype können verlässlich sein oder auch nicht. Zwar gehören verlässliche Stereotype zu jenen Mitteln des Verstandes, mithilfe derer eine Zuhörerin Glaubwürdigkeit beurteilt, doch wird sich zeigen, dass wir als Zuhörer:innen dazu neigen, uns auf Stereotype zu berufen, die ein Vorurteil darstellen.

Lassen Sie uns zunächst klären, was hier genau mit «Stereotyp» gemeint ist. In der sozialpsychologischen Forschung gibt es dazu unterschiedliche Auffassungen.[1] Da ich den Begriff neutral verwende, dem zufolge es sowohl empirisch verlässliche als auch unverlässliche und verzerrende Stereotype geben kann, empfiehlt es sich, den Begriff recht weit zu fassen. Ich werde später etwas näher auf Stereotype eingehen, wenn ich sie als Bilder betrachte. Aber vorerst sei festgehalten, dass Stereotype *weit verbreitete Assoziationen zwischen einer bestimmten sozialen Gruppe und einer oder mehrerer Eigenschaften* sind. Diese Konzeption ist in dreierlei Hinsicht weit gefasst. Erstens ist sie neutral in Bezug darauf, ob die vom Stereotyp verkörperte Verallgemeinerung verlässlich ist oder nicht. Zweitens lässt sie Raum dafür, dass wir Stereotypen nicht nur in Form von Überzeugungen anhängen, sondern sie auch in anderen Bereichen kognitiven Engagements hegen: insbesondere solchen, die möglicherweise eine affektive Komponente haben wie zum Beispiel Festlegungen, die sich aus kollektiven Imaginationen ergeben und die eventuell weniger transparent sind als Überzeugungen.[2] Und drittens trägt sie dem Umstand Rechnung, dass Stereotype eine positive oder eine negative Wertigkeit haben können (oder auch gar keine) – je nachdem ob das Attribut abwertend, schmeichelhaft oder indifferent ist, gut, schlecht oder neutral.[3] Einige Stereotype entziehen sich möglicherweise einer eindeutigen Kategorisierung, weil sie – abhängig vom Kontext – sowohl eine positive als auch eine negative Valenz haben können. Das Stereotyp, dem zufolge Frauen intuitiv sind, ist dafür ein typisches Beispiel. In Kontexten, in denen davon ausgegangen wird, dass «intuitiv» Irrationalität suggeriert, ist das Stereotyp abwertend; in Kontexten, in denen Intuition als kognitiver Vorteil angesehen wird, ist das Stereotyp hingegen schmeichelhaft. Dann wieder kann es Situationen geben, in denen sowohl die positive als auch die negative Wertigkeit zum Tragen kommen – etwa wenn das Stereotyp ein zweifelhaftes Kompliment zum Ausdruck bringt.

Wenn Stereotype weit verbreitete Assoziationen zwischen einer Personengruppe und einem bestimmten Merkmal sind, dann beinhaltet die Stereotypisierung eine kognitive Festlegung auf eine empirische Verallgemeinerung hinsichtlich einer bestimmten sozialen Gruppe (zum Beispiel «Frauen sind intuitiv»). Natürlich kann eine Verallgemeinerung unterschiedlich stark ausfallen. Entsprechend könnte jemand, der Stereotype verwendet, so weit gehen, die Verallgemeinerung als universell zu betrachten («alle Frauen sind intuitiv»), oder – am anderen Ende des Spektrums – einer ziemlich abgeschwächten Form anhängen («viele Frauen sind intuitiv») oder irgendwo dazwischen liegen («die meisten Frauen sind intuitiv»).

Die Annahme, dass wir uns bei unseren Glaubwürdigkeitsurteilen auf Stereotype stützen, deckt sich mit aktuellen Entwicklungen in der Sozialpsychologie:

> In den letzten Jahrzehnten hat sich ein Wandel vollzogen: weg von einer Sichtweise, die Urteile als Ergebnis rationaler, logischer Entscheidungsprozesse betrachtet, die durch gelegentlich auftretende irrationale Bedürfnisse und Beweggründe beeinträchtigt werden, hin zu einer Sichtweise, die den Menschen als Nutzer von Heuristiken konzipiert. Untersuchungen von nicht-sozialen Urteilen zeigen, dass die Wahrnehmenden abkürzende Verfahren oder Heuristiken anwenden, um Kapazitäten freizusetzen und Informationen so schnell wie möglich zu übermitteln; neuere sozialpsychologische Forschungen legen nahe, dass diese Prozesse auch für die Ausbildung von und den Umgang mit gesellschaftlichen Urteilen gelten.[4]

Wir stellen uns also vor, dass die Zuhörer:innen mit der unmittelbaren Aufgabe konfrontiert sind einzuschätzen, wie wahrscheinlich es ist, dass die Äußerung einer Sprecherin wahr ist. Solange man die Sprecherin nicht persönlich sehr gut kennt, muss ein solches Glaubwürdigkeitsurteil eine Art soziale Verallgemeinerung hinsichtlich der epistemischen Vertrauenswürdigkeit – der Kompetenz und der Aufrichtigkeit – eines Menschen vom sozialen Typus der Sprechenden widerspiegeln. Somit ist es unvermeidlich (und wünschenswert), dass der Hörer spontan auf die passenden Verallgemeinerungen in Form von (verlässlichen) Stereotypen zugreift. Ohne eine solche Entscheidungshilfe wird er nicht in der Lage sein, auf jene spontane Weise Glaubwürdigkeitsurteile zu fällen, wie es dem gewöhnlichen Austausch von Bezeugungen entspricht. Nehmen wir das Stereotyp des gewissenhaften Hausarztes. Insofern die mit diesem Stereotyp verbundene Assoziation bedeutet, dass es eine empirisch zuverlässige Verallgemeinerung über Hausärzte verkörpert, ist es in epistemischer Hinsicht wünschenswert, dass das Stereotyp einen Beitrag zu den Glaubwürdigkeitsurteilen leistet, die wir fällen, wenn solche Ärzte uns allgemeine medizinische Ratschläge erteilen. Ein Großteil alltäglicher Bezeugungen erfordert vom Hörer eine soziale Kategorisierung der Sprecher:innen, und auf diese Weise erleichtern Stereotype die Praxis der Bezeugung.

Was aber, wenn hinter dem Stereotyp ein Identitätsvorurteil steckt? Viele Stereotype über Gruppen, die in der Vergangenheit machtlos waren – wie zum Beispiel Frauen, People of Colour oder Angehörige der

Arbeiterklasse – beziehen sich auf Eigenschaften, die das Gegenteil von Kompetenz und Aufrichtigkeit (oder von beidem) sind: übermäßige Emotionalität, unlogisches Denken, geringe Intelligenz, evolutionsbedingte Unterlegenheit, Unmäßigkeit, mangelnde Erziehung, fehlende Charakterstärke, Aufsteigertum und so weiter. Zu solchen vorurteilsbehafteten Stereotypen ist zunächst zu sagen, dass das jeweilige Stereotyp, sofern die Assoziation falsch ist, eine *un*zuverlässige empirische Verallgemeinerung über die betreffende soziale Gruppe verkörpert. Dies allein reicht jedoch nicht aus, um ein Stereotyp als vorurteilsbehaftet einzustufen. Denn ein Stereotyp, das eine unverlässliche empirische Verallgemeinerung verkörpert, könnte auch einen völlig unverschuldeten Irrtum darstellen – vielleicht als Ergebnis eines geteilten epistemischen Missgeschicks, etwa weil die verfügbaren Belege irreführend waren. Grundsätzlich handelt es sich bei einem Vorurteil um eine *Vorverurteilung*, die sich aus der Warte des Internalismus am ehesten als ein Urteil fassen lässt, das ohne angemessene Berücksichtigung der Beweise gefällt oder aufrechterhalten wird. Aus diesem Grund sollten wir Vorurteile generell als etwas betrachten, das in epistemischer Hinsicht schuldhaft ist.[5] Einschränkend ist jedoch anzumerken, dass es seltene Ausnahmen von dieser allgemeinen Regel epistemischen Verschuldens geben kann. Beispielsweise sind mildernde Umstände denkbar, wenn die Urteilsmuster des Betroffenen von den Vorurteilen seiner Zeit geprägt sind, und dies in einem Rahmen geschieht, in dem es eines wirklich außergewöhnlichen Urteilsvermögens bedürfte, um diese Vorurteile zu durchbrechen. Denkbar ist eine Situation, in der es vom Betroffenen zu viel verlangt wäre zu bemerken, dass ein bestimmtes Vorurteil sein soziales Bewusstsein steuert, geschweige denn, dass er seine Gewohnheiten der Glaubwürdigkeitsbeurteilung entsprechend umstellen könnte. In einer solchen Situation unterliegt die Person, die die vorurteilsbedingte Fehlleistung begeht, einer epistemischen Kontingenz «der äußeren Umstände» – dem epistemischen Gegenstück zu dem, was Thomas Nagel als moralische Kontingenz «der äußeren Umstände» bezeichnet.[6] Wir werden uns in Kapitel 4 mit einem Beispiel für diese Art von entlastenden Umständen befassen, wenn wir auf Herbert Greenleaf und die Zeugnisungerechtigkeit zurückkommen, die er Marge Sherwood zufügt.

Nomy Arpaly konstruiert ein interessantes Beispiel, das den Unterschied zwischen einem unverschuldeten Fehler (einem «ehrlichen Fehler») und einem Vorurteil verdeutlichen soll. Nehmen wir Solomon. Er ist «ein Junge, der in einem kleinen, abgelegenen Bauerndorf in einem armen Land lebt» und «glaubt, dass Frauen nicht halb so kompetent wie Männer sind, wenn es um abstraktes Denken geht, oder dass sie zumindest nicht zu solchem Denken neigen».[7] Er hat noch nie eine Frau getroffen, die sich für abstraktes Denken interessierte. In der Gemeindebücherei stammen die entsprechenden Bücher alle von Männern; er hat viele Männer getroffen, die abstrakte Denker waren, und unter diesen Männern schien es einen Konsens zu geben, dass Frauen zu einem solchen Denken nicht wirklich in der Lage sind. Bislang, so Arpaly, könne man Salomon nicht vorwerfen, besonders irrational zu sein. Als nächstes sollen wir uns jedoch vorstellen, dass Solomon an die Universität kommt, wo er auf begabte Kommilitoninnen trifft, die mit ihm zusammen studieren. Wenn dieser Gegenbeweis seiner bisherigen Sichtweise dazu führt, dass er seine Überzeugung revidiert, entpuppt sie sich als ehrlicher Irrtum. Wenn der Gegenbeweis seine Überzeugung jedoch nicht ins Wanken bringt, erweist sie sich als irrational und darüber hinaus als Vorurteil: Solomons Sturheit angesichts des offensichtlichen Gegenbeweises würde bei ihm sowohl epistemische als auch ethische Defizite aufdecken. Der ethische Makel rührt daher, dass Solomons Beharren auf seiner Überzeugung im Angesicht des Gegenbeweises nicht bloß irrational wäre, sondern als motivierte Irrationalität, also als Irrationalität mit einem Grund, betrachtet werden muss, wobei der Grund (vermutlich irgendeine Form von Frauenverachtung) moralisch zu verabscheuen ist.

Bis hierher kann ich der intendierten Botschaft zustimmen, denn ich gehe davon aus, dass Arpalys Beispiel zeigen soll, dass ein voreingenommenes Urteil (typischerweise) gegenüber der Beweislage auf schuldhafte Weise resistent und damit irrational ist. Ich stimme auch zu, dass Solomons Vorurteil ihn als jemanden entlarven würde, der in ethischer Hinsicht unzulänglich ist, und dass dieser ethische Makel in der ethisch verwerflichen Motivation besteht, die sich hinter seiner Irrationalität verbirgt. Arpaly scheint jedoch darüber hinaus zu meinen, dass ein solcher ethischer Makel auf der Seite des Subjekts ein bestimmendes Merkmal von Vorurteilen *per se* ist. Ich bin mir nicht sicher, ob sie sich darauf festlegen will, aber es lohnt sich, diesen Punkt anzusprechen.

Zwar ist es sicherlich richtig, Solomons imaginäres Vorurteil als ethisches Versagen zu werten, aber das gilt nicht für Vorurteile im Allgemeinen. Nicht alle Vorurteile gehen mit einem ethischen Makel aufseiten des Subjekts einher. Es gibt verschiedene Arten von Vorurteilen. Solomons Vorurteil gegenüber den intellektuellen Fähigkeiten von Frauen ist meiner Meinung nach ein Beispiel für ein negatives Identitätsvorurteil, und hinter dieser Art von Vorurteilen steckt in der Regel tatsächlich eher eine ethisch verwerfliche Motivation. Negative Identitätsvorurteile sind sicherlich moralisch am problematischsten, und sie sind für uns von besonderem Interesse (denken Sie an die Identitätsvorurteile der weißen Geschworenen gegenüber Tom Robinson, die auf einen oder mehrere ethisch verwerfliche Beweggründe wie Rassismus oder Missachtung zurückgehen). Aber Vorurteile im Allgemeinen bilden einen umfassenderen Begriff.

Er ist in zweierlei Hinsicht weiter gefasst. Erstens ist ein Vorurteil mit Sicherheit die Idee von einem Urteil, das in einer Art und Weise gebildet oder aufrechterhalten wird, die sich der Beweislage widersetzt; und wenn dieser Widerstand auf irgendeinen Beweggrund aufseiten des Subjekts zurückzuführen ist, dann sind ebenfalls Beweggründe denkbar, die nicht als ethisch verwerflich anzusehen sind. Erinnern wir uns an das Beispiel der fiktiven Wissenschaftszeitschrift mit ihrem Gutachtergremium, dessen Mitglieder Vorurteile gegenüber einer bestimmten wissenschaftlichen Methode hegen. Wir müssen den Gutachtern nicht unterstellen, dass sie aus ethisch verwerflichen Gründen handeln, um sie als voreingenommen darzustellen. Es genügt, wenn wir sagen, dass ihr Urteil über eine bestimmte Einsendung an die Zeitschrift aufgrund einer gegenläufigen Motivation negativ ausfällt. Möglicherweise sind die Mitglieder des Gremiums aufgrund einer tief verinnerlichten Loyalität gegenüber der methodologischen Tradition nicht hinreichend aufgeschlossen für die Vorteile der neuen wissenschaftlichen Methode oder sie fühlen sich von intellektuellen Neuerungen bedroht. Das sind zwar keine bewundernswerten Beweggründe, aber sie sind auch nicht per se moralisch verwerflich. Zweitens richten sich Vorurteile nicht immer *gegen* jemanden oder etwas, sondern es gibt mitunter auch Vorurteile, die *für* etwas sprechen. Stellen Sie sich ein anderes, gleichermaßen vorurteilsbehaftetes Gutachtergremium vor, dessen Mitglieder nicht gegen, sondern für eine bestimmte wissenschaftliche Methode voreingenommen sind, sodass sie, wann immer eine entsprechende Arbeit eingereicht wird, von ihr sofort übermäßig beeindruckt sind. Vorurteile können somit auch eine positive Valenz haben.

Aufgrund all dieser Überlegungen lässt sich über die allgemeine Konzeption des Vorurteils zusammenfassend sagen:

> *Vorurteile sind Urteile, die eine positive oder negative Wertigkeit haben können und die einen (in der Regel epistemisch verwerflichen) Widerstand gegenüber gegenteiligen Beweisen an den Tag legen, was auf eine bestimmte affektive Einstellung seitens des Subjekts zurückzuführen ist.*

Diese affektive Einstellung kann ethisch bedenklich sein oder auch nicht. Angesichts unseres Kernanliegens, nämlich der Analyse systematischer Zeugnisungerechtigkeit, haben wir ein besonderes Interesse an negativen Identitätsvorurteilen, und diese kommen meines Erachtens immer durch ein moralisch bedenkliches affektives Engagement zustande. Negative Identitätsvorurteile sind Vorurteile mit einer negativen Wertigkeit, die sich gegen Menschen qua ihres sozialen Typus richten. Wenn wir nun die von uns erarbeiteten Begriffe des negativen Identitätsvorurteils und des Stereotyps zusammenbringen, können wir bestimmen, was ein negatives vorurteilsbehaftetes Identitätsstereotyp [*negative identity-prejudicial stereotype*] ist:

> *Eine allgemein verbreitete, herabsetzende Assoziation zwischen einer sozialen Gruppe und einem oder mehreren Merkmalen, wobei diese Zuschreibung eine Verallgemeinerung verkörpert, die eine (in der Regel epistemisch verwerfliche) Resistenz gegenüber Gegenbeweisen zeigt, was auf eine ethisch fragwürdige affektive Einstellung zurückzuführen ist.*

Diese Art von Vorurteil ist bei systematischer Zeugnisungerechtigkeit wirksam.

Nun können wir den Mechanismus, durch den ein solches vorurteilsbehaftetes Stereotyp das Glaubwürdigkeitsurteil einer Zuhörerin tatsächlich prägt, näher untersuchen. Ich habe bereits erwähnt, dass die Hörerin im alltäglichen Austausch von Bezeugungen häufig Stereotype als Heuristiken verwendet, um die Glaubwürdigkeit eines Sprechers leichter einschätzen zu können. Hörerin und Sprecher stehen in einer bestimmten Form der sozialen Interaktion und bringen unweigerlich ihre soziale Wahrnehmung des Gegenübers mit ins Spiel. Im Vorgriff auf meine Ausführungen zu einem wahrnehmungsbezogenen Modell der Beurteilung von Glaubwürdigkeit in Kapitel 3 wollen wir vorübergehend den Gedanken aufgreifen, dass in alltäglichen Gesprächen, in denen die Hörerin nicht bewusst darüber nachdenkt, inwieweit sie dem Sprecher vertrauen soll, sie ihn in Bezug auf das, was er ihr erzählt, als mehr oder weniger glaubwürdig *wahrnimmt*. Sie begegnet ihm vor dem Hintergrund diverser Annahmen darüber, inwieweit Menschen wie er hinsichtlich solcher Dinge und gegenüber Menschen wie ihr vertrauenswürdig sind, und ich habe behauptet, dass verlässliche Stereotypen dabei eine wesentliche Rolle spielen. Dieses Modell der Interaktion zwischen Sprecher und Hörerin hilft uns zu erkennen, welcher Mechanismus am Werk ist, wenn Identitätsvorurteile das Glaubwürdigkeitsurteil der Zuhörerin verzerren: *Die Wahrnehmung des Sprechers durch die Hörerin ist verzerrt.* Wenden wir diesen Aspekt der Wahrnehmung auf unser zentrales Beispiel an, können wir sagen, dass das Urteil der Geschworenen von Maycomb County durch rassistische Stereotype dermaßen verzerrt ist, dass sie Tom Robinson als gar nichts anderes wahrnehmen können als einen N****, der lügt. In diesem Beispiel ist die Wahrnehmung der Geschworenen *unter anderem* durch vorurteilsbehaftete Überzeugungen geprägt; das vorurteilsbehaftete rassistische Stereotyp, das ihre Glaubwürdigkeitsurteile bestimmt, ist zum Teil doxastisch, also durch Meinungen und Überzeugungen vermittelt. Unser Hauptaugenmerk gilt jedoch der Wirkungsweise von Vorurteilen auf der nicht-doxastischen Ebene. Denn wenn wir uns vor allem mit Überzeugungen befassen würden, führte dies dazu, dass wir das Ausmaß der Zeugnisungerechtigkeit unterschätzen. Meiner Meinung nach zeigt eine angemessene Sichtweise epistemischer Beziehungen, dass Zeugnisungerechtigkeit häufig vorkommt. Und während es bereits schwer ist, die eigenen Überzeugungen auf eventuelle Vorurteile hin zu überprüfen, so ist es nochmals deutlich schwieriger, jene vorurteilsbehafteten Stereotype zuverlässig herauszufiltern, die die eigenen sozialen Wahrnehmungen direkt prägen, also ohne doxastische Vermittlung. Zahlreiche Fälle von Zeugnisungerechtigkeit sind ganz anders gelagert als der Fall Tom Robinsons, denn viele von ihnen lassen sich gar nicht auf vorurteilsbehaftete Überzeugungen zurückführen, sondern nur auf heimliche, verborgene Restvorurteile, deren Inhalt mitunter den eigentlichen Überzeugungen der betroffenen Person vollkommen widerspricht. Sicherlich kommt es vor, dass wir eine Zeugnisungerechtigkeit aufgrund unserer Überzeugungen begehen; aber das philosophisch wesentlich interessantere Szenario ist jenes, in dem wir Ungerechtigkeiten sehr häufig *trotz* dieser Überzeugungen begehen.

Um Klarheit darüber zu gewinnen, dass vorurteilsbehaftete Stereotype manchmal deshalb so schwer zu erkennen sind, weil sie unsere Glaubwürdigkeitsurteile direkt, ohne doxastische Vermittlung beeinflussen, ist es vielleicht hilfreich, sich in Erinnerung zu rufen, wie die Idee des sozialen Stereotyps überhaupt aufkam. Gemeinhin gilt der Politikjournalist Walter Lippmann als derjenige, auf den der metaphorische Gebrauch des Begriffs «Stereotyp» im Sinne eines «sozialen Typus» zurückzuführen ist.[8] Die wörtliche Bedeutung dieses Begriffs bezeichnet die beim Druck verwendete Form, und dementsprechend beschrieb Lippmann soziale Stereotype als «Bilder in unseren Köpfen». Das ist wohl eine ebenso gute improvisierte Beschreibung wie jede andere. Wenn wir ein soziales Stereotyp als ein Bild betrachten, das eine Zuordnung zwischen einer sozialen Gruppe und einem oder mehreren Merkmalen ausdrückt und dadurch eine oder mehrere Verallgemeinerungen über die betreffende soziale Gruppe verkörpert, dann wird deutlich, weshalb der Einfluss des Bildes auf das Urteilsvermögen mitunter schwerer zu erkennen ist als der einer Überzeugung desselben Inhalts. Bilder sind imstande, unser Urteilsvermögen ganz unmittelbar zu beeinflussen, sodass sie mitunter unsere Urteile bestimmen, ohne dass wir uns dessen bewusst sind.

Das wird besonders deutlich, wenn vorurteilsbehaftete Bilder aus der sozialen Imagination beharrlich die Beurteilungsmuster einer Hörerin beeinflussen, selbst wenn der Gehalt dieser Bilder *im Widerspruch* zu den Überzeugungen der Hörerin steht. Denken wir uns eine Frau, die sich von sexistischen Ansichten befreit hat – sie ist eine bekennende Feministin, wie man so sagt –, jedoch sorgt ihre psychische Disposition dafür, dass sie in zahlreichen Situationen nach wie vor dem Stereotyp folgt, dass Frauen die nötige Kompetenz und Autorität für ein politisches Amt abgeht. Das führt etwa dazu, dass sie den Äußerungen von Politikerinnen in der Regel weniger Gewicht beimisst als den Äußerungen von Politikern. Ein solcher Widerspruch veranschaulicht das Phänomen einer «residualen» Internalisierung, bei dem ein Angehöriger einer untergeordneten Gruppe in sich die unterdrückerische Ideologie irgendwie noch weiterschleppt, auch wenn er sich in seinen Überzeugungen längst weiterentwickelt hat. Manchmal liegt es einfach daran, dass die Gefühlswelt eines Menschen seinen Überzeugungen etwas hinterherhinkt (das schlechte Gewissen eines Katholiken, der aus der Kirche ausgetreten ist; die Scham eines homosexuellen Gay-Rights-Aktivisten). In anderen Fällen ist es jedoch so, dass kognitive Einstellungen, die mal Teil unserer Imagination waren, weiterhin einen Einfluss darauf haben, wie wir die soziale Welt wahrnehmen, auch wenn die damit verbundenen Überzeugungen bereits verhallt sind. Reste dieser Einstellungen halten sich mitunter in unserer Psyche und hinken der Weiterentwicklung unserer Überzeugungen hinterher, sodass sie noch immer einen Einfluss auf unsere soziale Wahrnehmung ausüben.

Wo vorurteilsbehaftete Bilder neben Überzeugungen fortbestehen, die ihnen widersprechen, lässt sich der Einfluss dieser Bilder in der Regel nur sehr schwer ausmachen. Warum sollte man auch vermuten, dass die eigenen Urteile von Vorstellungen geprägt sein könnten, die den eigenen Überzeugungen zuwiderlaufen? Nehmen wir an, dass die bekennende Feministin ihr politisches Bewusstsein in den 1970er-Jahren erlangt hat und sich damals radikal von allen Gender-bezogenen Ansichten löste, die sie als Mädchen prägten. Warum sollte sie angesichts ihrer frisch erworbenen und intensiv verfochtenen feministischen Überzeugungen den Verdacht hegen, dass ihre soziale Wahrnehmung nach wie vor von sexistischen Stereotypen geprägt sein könnte? Es erfordert ein besonders hohes Maß an Selbstreflexion, um diese Art von Vorurteilen zu bemerken, geschweige denn sie zu bekämpfen. Vielleicht stellt die Frau aber auch irgendwann eine gewisse Diskrepanz zwischen ihren Überzeugungen und ihren Wahrnehmungsurteilen fest und fragt sich, warum sie Politikerinnen nicht die nötige Glaubwürdigkeit und Bedeutung zuspricht. Seien wir optimistisch und nehmen wir an, dass sie ihre Gefühle und ihren leisen Verdacht mit anderen bespricht und allmählich eine bessere Eigenwahrnehmung entwickelt, durch die der Einfluss der überkommenen Vorurteile auf ihre Glaubwürdigkeitsurteile zurückgedrängt wird.

Doch viele Vorurteile sind nicht so kurzlebig. Die soziale Vorstellungskraft ist eine wichtige Triebfeder gesellschaftlicher Veränderungen, was vor allem daran liegt, dass sie das Denken unmittelbar beeinflussen kann, und zwar unabhängig von Überzeugungen, die möglicherweise von aktuellen Vorurteilen geprägt sind. Wenn aber die *Bilder* vorurteilsbeladen sind, kann eben diese Fähigkeit – die Fähigkeit, das Urteilsvermögen direkt und ohne, dass sich das Subjekt dessen bewusst ist, zu beeinflussen – aus der sozialen Imagination eine ethische und epistemische Bürde werden lassen.[9] Die kollektive soziale Imagination enthält unweigerlich allerlei Stereotype, und das ist das soziale Klima, in dem die Zuhörer:innen ihren Gesprächspartner:innen gegenübertreten. Kein Wunder also, dass mitunter die vorurteilsbehafteten Aspekte der sozialen Vorstellungskraft unsere Glaubwürdigkeitsurteile beeinflussen, ohne dass wir dem zustimmen.

Es lassen sich zwei Möglichkeiten unterscheiden, auf die ein vorurteilsbehafteter Überrest aus der kollektiven gesellschaftlichen Imagination möglicherweise im sozialen Bewusstsein eines Subjekts fortbesteht, auch wenn er im Widerspruch zu dessen Überzeugungen steht. Wir können sie jeweils unter einem diachronen und einem synchronen Aspekt erfassen. Den diachronen Fall veranschaulicht die bekennende Feministin. Ihre Ansichten haben sich weiterentwickelt, doch gewisse Inhalte ihrer sozialen Imagination sind unverändert. Somit stellen letztere eine übrig gebliebene vorurteilsbehaftete Kraft dar, die die Urteile und Beweggründe dieser Frau weiterhin unbewusst prägt. Das meine ich nicht in einem strikt psychoanalytischen Sinne, sondern so, dass sie sich dessen nicht wirklich bewusst ist – also ohne ihre Erlaubnis, wie man sagen könnte. Ein Beispiel für den synchronen Fall könnte wiederum jemand sein, der sich lebenslang für den Antirassismus engagiert, dessen soziale Urteilsmuster aber Spuren jener rassistischen Ansichten aufweisen, die in der kollektiven sozialen Imagination vorhanden sind. In einem solchen Fall ist der Einzelne nicht in der Lage, die in der gesellschaftlichen Atmosphäre enthaltenen Vorurteile vollständig herauszufiltern, sodass ein Rest dieser atmosphärischen Vorurteile auf seine eigenen Urteilsmuster abfärbt, wiederum ohne seine Erlaubnis. Egal ob diachron oder synchron – residuale Vorurteile führen zu besonders hinterhältigen und psychologisch sehr subtilen Formen von Zeugnisungerechtigkeit.

Ein Bewusstsein dafür, wie derartige Vorurteile unsere Glaubwürdigkeitsurteile unbemerkt prägen – im Widerspruch zu unseren Überzeugungen –, untermauert meines Erachtens den Gedanken, dass es permanent zu mehr oder weniger massiver Zeugnisungerechtigkeit kommt. Wie Judith Shklar hervorhebt, verleitet uns die Geschichte der Philosophie dazu, Gerechtigkeit fälschlicherweise als die Norm und Ungerechtigkeit als deren Abweichung zu betrachten:

> [E]s gibt eine gewöhnliche Auffassung von Gerechtigkeit, die Aristoteles zwar nicht erfunden, aber sicherlich in ein System gebracht und für immer unserem Denken eingeprägt hat. Dieses gewöhnliche Modell von Gerechtigkeit lässt Ungerechtigkeit nicht außer Acht, aber es neigt dazu, sie auf ein Vorspiel zur oder auf die Zurückweisung und den Zusammenbruch der Gerechtigkeit zu reduzieren, so als sei Ungerechtigkeit eine erstaunliche Anomalie.[10]

Shklar legt überzeugend dar, dass Ungerechtigkeit ein normales soziales Phänomen ist, während empörte Reaktionen und Forderungen nach Wiedergutmachung seltene Ausnahmen darstellen. Ich denke, dass Zeugnisungerechtigkeit zum diskursiven Geschehen einfach dazugehört, auch wenn empörte Reaktionen rar gesät sind. Für Letzteres gibt es verschiedene Erklärungen. Nehmen wir an, Sie beschweren sich darüber, dass Ihr Chef Ihnen nicht die gebührende Wertschätzung entgegenbringt, weil Sie, sagen wir, neurodivers [*disabled*] sind. Zum einen lässt sich ein solcher Vorwurf nur schwer überprüfen, zum anderen könnte er erhebliche Nachteile mit sich bringen (möglicherweise gelten Sie fortan als Unruhestifter:in oder Sie werden nicht mehr befördert). Ich glaube jedoch, dass es noch einen anderen Grund gibt: In unserem normalen moralischen Diskurs gibt es kein etabliertes Verständnis für die Art von Unrecht, die jemand erleidet, der so behandelt wird. Es wird kaum anerkannt, dass die (von mir als solche bezeichnete) Zeugnisungerechtigkeit ein ethisches Unrecht darstellt, welches keineswegs trivial ist, sondern verheerende Wirkungen haben kann und systematisch mit anderen Formen von Ungerechtigkeit in der Gesellschaft verbunden ist. Wenn dies stärker berücksichtig würde, wären wir möglicherweise eher bereit, unseren Ärger oder unsere Feindseligkeiten auszusprechen und uns mit ihnen argumentativ auseinanderzusetzen, bis vielleicht eine Art Korrektur gelänge. Vielleicht käme es zu einem gesellschaftlichen Wandel, durch den wir eine angemessenere Sprache entwickeln und eine Bühne schaffen könnten, um solche Vorwürfe zu äußern und einen angemessenen Umgang mit ihnen zu finden. Vielleicht wären wir dann auch eher bereit und in der Lage, die Muster unserer Glaubwürdigkeitsurteile zu ändern, und wir würden anderen nicht so leicht Zeugnisungerechtigkeit zufügen.

In diesem Abschnitt habe ich gezeigt, dass Vorurteile am ehesten unbemerkt bleiben, wenn sie über stereotype Bilder transportiert werden, die in der kollektiven sozialen Vorstellungskraft verankert sind. Denn Bilder können auch unterhalb des Radars der gewöhnlichen doxastischen Selbstprüfung aktiv sein, manchmal sogar im Widerspruch zu den Überzeugungen der betroffenen Person. Wenn sich ein Vorurteil tatsächlich unmittelbar auf die Wahrnehmung der Sprecher:innen durch die Zuhörer:innen auswirkt, ist zu hoffen, dass die Überzeugungen der Zuhörer:innen irgendwann als Korrektiv wirken (wie in dem Beispiel der überzeugten Feministin, die ihre voreingenommene Sicht auf Politikerinnen revidiert). Ich möchte jedoch darauf hinweisen, dass die umgekehrte Möglichkeit – dass sich vorurteilsbehaftete Überzeugungen durch unvoreingenommene gesellschaftliche Wahrnehmungen revidieren lassen – ebenfalls Anlass zur Hoffnung gibt; davon hängt im Übrigen auch die Überlegung ab, dass die soziale Imagination eine wichtige positive Triebkraft für sozialen Wandel sein kann.

Ein von Arpaly erörtertes Beispiel verdeutlicht diese Möglichkeit. Arpaly interpretiert Mark Twains Roman *Huckleberry Finn* so, dass

Huckleberry fest davon überzeugt ist, aus moralischen Gründen dazu verpflichtet zu sein, den entlaufenen Sklaven Jim den Behörden auszuhändigen, damit dieser wieder seinem rechtmäßigen Besitzer übergegeben werden kann. Huckleberrys Handlungen offenbaren allerdings einen Konflikt zwischen dieser Überzeugung und seinem Wahrnehmungsvermögen: Als er die Gelegenheit dazu hat, liefert er Jim nicht aus. Arpaly beschreibt Huckleberry als jemanden, der trotz seiner konventionellen, eindeutig rassistisch gefärbten Überzeugungen Jim vorurteilsfrei begegnet und ihn als vollwertigen Menschen wahrnimmt, und sie legt überzeugend dar, dass er dafür moralische Anerkennung verdient. Man könnte sagen, dass sich Huckleberry dadurch, dass er Jim nicht ausliefert, als unvoreingenommen und in der Tat als moralisch gut erweist, und zwar trotz der vorurteilsbehafteten Überzeugungen, die er eigentlich vertritt.

Ich denke, dass diese Möglichkeit der unvoreingenommenen Wahrnehmung eines anderen Menschen entgegen den eigenen vorurteilsbehafteten Überzeugungen von entscheidender Bedeutung ist, um zu verstehen, inwiefern sozialer Wandel möglich ist; dazu gehört auch jener soziale Wandel, der stattfindet, wenn wir unsere Gewohnheiten bei Glaubwürdigkeitsurteilen prüfen und korrigieren. Egal ob man in einem bestimmten Fall hofft, dass die erfolgreiche Selbstkritik einer Hörerin darauf beruht, dass ihre Überzeugungen ihre Wahrnehmungen positiv beeinflussen oder dass umgekehrt ihre Wahrnehmungen ihre Überzeugungen positiv beeinflussen – entscheidend ist, dass die Möglichkeit einer Dissonanz zwischen diesen beiden Formen kognitiven Engagements eine entscheidende epistemische und ethische Ressource für all jene ist, die gegen Vorurteile in ihren Glaubwürdigkeitsurteilen vorgehen wollen.

2.2 Gibt es vorurteilslose Zeugnisungerechtigkeit?

Wir haben uns mit Vorurteilen und ihrem Einfluss auf Glaubwürdigkeitsurteile beschäftigt, weil wir an einer Definition von Zeugnisungerechtigkeit arbeiten, die notwendigerweise mit Vorurteilen verbunden ist, wobei der zentrale Fall ein Identitätsvorurteil enthält. Nun könnte man einwenden, dass in bestimmten unglückseligen epistemischen Situationen ein Zuhörer dem Anschein nach eine Zeugnisungerechtigkeit begeht, ohne dass er irgendwelche Vorurteile hegt. Die Art von epistemischem Missgeschick, um die es im folgenden Beispiel geht, ergibt sich daraus, dass selbst die verlässlichsten, nicht vorurteilsbehafteten Stereotype Ausnahmen zulassen. Nehmen wir an, eine Zuhörerin hält einen Sprecher für nicht vertrauenswürdig. Sie glaubt, er sei unaufrichtig, weil er ihr nicht in die Augen sieht, häufig misstrauisch um sich blickt und beim Sprechen wiederholt innehält, so als müsste er sich erst noch zurechtlegen, was er sagen will.[11] Das Verhalten des Sprechers rechtfertigt das Urteil der Hörerin insofern, als es einem durch die Erfahrung bestätigten Stereotyp von Unaufrichtigkeit entspricht. Doch in Wirklichkeit redet dieser Mensch ganz offen und ehrlich; sein zwielichtiges Benehmen rührt einfach daher, dass er extrem schüchtern ist, was sich auf recht eigenwillige Weise äußert. Wir können uns vermutlich darauf einigen, dass dieser Sprecher die Ausnahme einer erfahrungsgemäß verlässlichen Regel darstellt; daher geht die Zeugnisungerechtigkeit, die ihm widerfährt, nicht auf Vorurteile zurück, sondern ist einfach auf eine unglückselige Konstellation zurückzuführen. Was kann man zu einem solchen Beispiel sagen?

Wenn wir dieses Schüchternheitsbeispiel als einen Fall von Zeugnisungerechtigkeit betrachten würden, dann wäre es ein Fall von nichtschuldhafter Zeugnisungerechtigkeit: Die Zuhörerin hat nichts getan, was man ihr in epistemischer oder ethischer Hinsicht vorwerfen könnte. Zwar ist denkbar, dass eine außergewöhnlich aufmerksame Zuhörerin erkannt hätte, dass das merkwürdige Betragen ihres Gesprächspartners nicht auf Unaufrichtigkeit, sondern auf Schüchternheit zurückzuführen war; aber wir messen normale Zuhörer:innen nicht an außergewöhnlich hohen Standards, genauso wenig wie wir bei ethischen Urteilen außergewöhnlich hohe Standards an normale Akteure anlegen. Wenn eine Zuhörerin nicht verantwortlich gemacht werden kann für die Gründe ihres fehlerhaften Glaubwürdigkeitsurteils (egal, ob diese Gründe auf eine Heuristik oder auf ein wohl überlegtes Argument zurückzuführen sind), kann sie auch nicht für den Schaden verantwortlich gemacht werden, der daraus möglicherweise entsteht. Im vorliegenden Beispiel ist das fehlerhafte Glaubwürdigkeitsurteil der Zuhörerin einfach ein durch die Umstände bedingtes epistemisches Missgeschick: Sie beruft sich auf ein verlässliches Stereotyp für Unaufrichtigkeit in einer Situation, in der dieses Stereotyp bedauerlicherweise in die Irre führt.

Allerdings bin ich der Ansicht, dass wir dieses Beispiel nicht als einen Fall von Zeugnisungerechtigkeit werten sollten. Denn wenn wir sagen, dass dem schüchternen Menschen Unrecht getan wurde, scheint es allzu leicht möglich zu sein, ohne eigenes Verschulden jemand anderem epistemisch Unrecht zu tun; Zeugnisungerechtigkeit wird dann zu einem ziemlich unklaren ethischen Konzept. Wenn wir meinen, dem schüchternen Mann sei Unrecht geschehen, wie sieht es dann mit einem ehrlichen Gebrauchtwagenhändler aus? Da auch er die Ausnahme eines verlässlichen Stereotyps darstellt, müssten wir dann nicht sagen, dass auch ihm aufgrund des Misstrauens, das ihm eine Hörerin entgegenbringt, Unrecht geschieht? Und weiter geht's mit Matilda, die so fürchterliche Lügen verbreitet hat, dass es vollkommen gerechtfertigt ist, wenn ein Zuhörer ihr nicht glaubt, als Matilda vom Fenster aus wahrheitsgemäß ruft, dass es im Haus brennt. Wurde ihr ebenfalls Unrecht getan, wenngleich unverschuldeterweise? Natürlich nicht, denn es ist Matildas eigene Schuld, dass ihr niemand glaubt. Auch dem Gebrauchtwagenhändler wurde kein Unrecht zugefügt, obwohl sein Fall weniger krass ist; hier handelt es sich eher um Pech (er hat sozusagen das Pech, in diesem Beruf gelandet zu sein). Der schüchterne Mensch hat noch mehr Pech als der ehrliche Gebrauchtwagenhändler, da wir im Allgemeinen wenig Einfluss auf das Ausmaß unserer Schüchternheit haben oder darauf, wie sie sich in unserem Verhalten äußert. Die Ähnlichkeit mit den beiden anderen Beispielen sollte jedoch zu dem Schluss führen, dass auch im Fall des schüchternen Menschen keine Zeugnisungerechtigkeit gegeben ist. Denn allen drei Fällen ist gemeinsam, dass die Zuhörerin nichts falsch gemacht hat: Sie hat ein Glaubwürdigkeitsurteil gefällt, das zur Beweislage passt, doch wie es der Zufall so will, war sie jeweils mit Ausnahmen von der Regel konfrontiert. Bei allen drei Beispielen handelt es sich um einen unbeabsichtigten Irrtum aufseiten der Hörerin und nicht um ein epistemisches oder ethisches Verschulden. Es liegt keine Zeugnisungerechtigkeit vor; unsere Definition ist also weiterhin gültig.

2.3 Welches Unrecht bewirkt Zeugnisungerechtigkeit?

An einigen Stellen habe ich ein Bild von den zwischenmenschlichen diskursiven Beziehungen gezeichnet, wonach Zeugnisungerechtigkeit ein ganz normaler Aspekt von Situationen ist, in denen etwas bezeugt wird. Manchmal hat diese Art von Ungerechtigkeit harmlose Auswirkungen und richtet kaum Schaden an, doch manchmal kann sie eine schwerwiegende Schädigung bewirken, vor allem wenn die Ungerechtigkeit anhaltend und systematisch ist. Lässt sich Näheres über die Natur der Schädigung sagen? Wenn vorurteilsbehaftete Stereotype Glaubwürdigkeitsurteile verzerren, gibt es natürlich einen klaren erkenntnisbezogenen Schaden: Informationen, die an einen Zuhörer weitergegeben werden sollten, werden nicht aufgenommen. Dies stellt einen epistemischen Nachteil für den einzelnen Hörer und eine punktuelle Funktionsstörung der gesamten epistemischen Praxis beziehungsweise des Systems dar. Dass Zeugnisungerechtigkeit unser gesamtes Erkenntnisleben schädigt, wirkt sich unmittelbar auf soziale Erkenntnistheorien wie Alvin Goldmans «Veritismus» aus.[12] Denn Vorurteile behindern die Wahrheitsfindung entweder direkt, indem der Hörer ihretwegen eine bestimmte Wahrheit nicht mitbekommt, oder indirekt, indem sie die Weitergabe von wichtigen Gedanken behindern. Die Tatsache, dass Vorurteile eine Sprecherin daran hindern können, ihr Wissen der Öffentlichkeit zugänglich zu machen, zeigt darüber hinaus, dass Zeugnisungerechtigkeit in unserer kollektiven Sprechsituation eine schwerwiegende Form von Unfreiheit darstellt – und nach kantischer Auffassung ist eine freie Sprechsituation grundlegend für die Autorität des Gemeinwesens, ja, sogar für die der Vernunft an sich.[13] Dies ist ein weites Feld, und ich glaube, dass der Begriff der Zeugnisungerechtigkeit einiges dazu beitragen kann, die politische Bedeutung von gerechten und gut funktionierenden Praktiken epistemischen Vertrauens besser zu verstehen. Für den vorliegenden Zweck müssen wir uns jedoch auf die ethische Bedeutung konzentrieren. Der Schaden, um den es hier geht, ist nicht der epistemische Schaden, den der Hörer oder das System unseres kognitiven Lebens erleidet, und auch nicht der implizite Schaden, der den Fundamenten des Gemeinwesens und seinen Institutionen zugefügt wird, sondern vielmehr das unmittelbare Unrecht, das ein Hörer einer Sprecherin zufügt, die Opfer von Zeugnisungerechtigkeit wird.

Wir sollten zwischen einem primären und einem sekundären Aspekt der Schädigung unterscheiden. Der primäre Schaden ist eine Form von jener grundlegenden Schädigung, die epistemische Ungerechtigkeit im weiteren Sinne ausmacht. Bei sämtlichen Ungerechtigkeiten dieser Art wird dem Subjekt in seiner Eigenschaft als Wissender Unrecht zugefügt. In seiner Eigenschaft als Wissender verletzt zu werden bedeutet, in einer für den menschlichen Wert wesentlichen Eigenschaft verletzt zu werden. Wenn man in einer für den menschlichen Wert wesentlichen Eigenschaft missachtet oder anderweitig benachteiligt wird, erleidet man eine intrinsische Ungerechtigkeit. Gerade bei Zeugnisungerechtigkeit zeigt sich diese Form von intrinsischer Ungerechtigkeit so, dass dem Subjekt in seiner Eigenschaft als jemand, der Wissen vermittelt, Unrecht widerfährt. Die Fähigkeit, anderen Menschen Wissen zu vermitteln, ist ein Aspekt jenes facettenreichen Vermögens, das für den Menschen so bedeutsam ist: der Vernunft. Schon lange begleitet uns die Vorstellung – sie wurde in der Geschichte der Philosophie in den unterschiedlichsten Variationen zum Ausdruck gebracht –, dass es die Vernunft ist, die uns Menschen auszeichnet. Kein Wunder also, dass es einen zutiefst treffen kann, wenn man in seiner Eigenschaft als jemand, der Wissen vermittelt, beleidigt, missachtet oder anderweitig verletzt wird. Ebenso wenig ist es verwunderlich, dass in einem Umfeld der Unterdrückung die Mächtigen die

Machtlosen in genau dieser Eigenschaft herabsetzen, denn dadurch untergraben sie deren Menschsein im Kern.

Da die primäre Ungerechtigkeit darin besteht, jemanden hinsichtlich einer für seinen Wert als Mensch wesentlichen Fähigkeit zu beleidigen, erhalten selbst die harmlosesten Vorkommnisse eine symbolische Kraft, die eine weitere Schadensdimension erzeugt: Das epistemische Unrecht trägt eine soziale *Bedeutung*, der zufolge der Betroffene nicht als vollwertiger Mensch gilt. Wenn jemandem also Zeugnisungerechtigkeit widerfährt, wird er als Wissender herabgesetzt und als Mensch symbolisch entwürdigt. In allen Fällen von Zeugnisungerechtigkeit leidet die betroffene Person nicht nur unter dem epistemischen Unrecht an sich, sondern auch unter der Bedeutung dessen, dass sie so behandelt wird. Eine derartig entmenschlichende Behandlung, insbesondere wenn sie vor anderen geschieht, kann zutiefst demütigend sein, selbst wenn das Unrecht ansonsten eher geringfügig ist. Aber in den Fällen, in denen das vorurteilsbehaftete Stereotyp explizit die Vorstellung beinhaltet, dass die betreffende soziale Gruppe menschlich minderwertig ist (man denke nur an die Art von Rassismus, die Tom Robinson entgegenschlägt – «*alle* N**** lügen»),[14] ist die Herabwürdigung als Mensch nicht bloß symbolischer Art, sondern ein wesentlicher Teil der eigentlichen epistemischen Beleidigung.

Epistemische Vertrauenswürdigkeit zeichnet sich durch zwei wesentliche Komponenten aus: Kompetenz [*competence*] und Aufrichtigkeit [*sincerity*]. Bei Zeugnisungerechtigkeit ist es oft so, dass beide Komponenten durch die Voreingenommenheit des Zuhörers infrage gestellt werden. Die Erfahrung der Ungerechtigkeit hat dann in gewisser Weise einen zusammengesetzten Charakter. Genauso gibt es aber auch Fälle, in denen das Vorurteil nur auf eine der beiden Komponenten abzielt. In solchen Fällen kann sich die Ungerechtigkeit sehr unterschiedlich anfühlen, je nachdem, ob die eigene Kompetenz oder die eigene Aufrichtigkeit untergraben wird. Elisabeth Young-Bruehl beschreibt drei unterschiedliche Arten von Vorurteilen, von denen zwei für uns von Bedeutung sind: obsessive und hysterische. Die Halter von obsessiven Vorurteilen konzipieren oder imaginieren ihre Zielgruppe oft als «Nachfahren vergangener Hochkulturen – sie werden also für sehr gebildet gehalten»; zudem gelten sie «als äußerst intelligent beziehungsweise geistig ausgerichtet [...] und als äußerst materialistisch. Dies wird nicht als Widerspruch empfunden, da sie in ihrem Streben nach Kontrolle totalitär sind.» Demgegenüber konzipieren die Vertreter hysterischer Vorurteile ihre Zielgruppe so, dass sie «von Natur aus Leibeigene oder Sklaven sind, die ihren Lebensunterhalt nur durch Körperkraft bestreiten können. Sie sind unbegabt und unintelligent, haben keinerlei geistige Begabungen und können lediglich schriftlose Künste wie die Musik ausüben.»[15] Wie man sieht, beziehen sich diese beiden vorurteilsbehafteten Stereotype in ihrer Herabsetzung jeweils auf eine der beiden Komponenten von epistemischer Vertrauenswürdigkeit: Aufrichtigkeit im ersten Fall, Kompetenz im zweiten Fall.

Aber trotz der Möglichkeit, dass ein Vorurteil die beiden Komponenten epistemischer Vertrauenswürdigkeit trennen könnte, bin ich der Auffassung, dass die Erfahrung von Zeugnisungerechtigkeit hinreichend einheitlich ist, um eine einheitliche ethische Charakterisierung zu rechtfertigen, der zufolge den Betroffenen *in ihrer Eigenschaft* als Vermittler von Wissen Unrecht widerfährt. Da epistemische Vertrauenswürdigkeit sowohl Kompetenz als auch Aufrichtigkeit voraussetzt, sorgt bereits ein unrechtmäßiger Angriff auf eine der beiden Komponenten dafür, dass dem Betroffenen in dieser Hinsicht Unrecht geschieht. Der Schaden kann unterschiedliche Formen annehmen, aber in beiden Fällen wird jemand aufgrund identitätsbezogener Vorurteile aus der epistemischen Vertrauensgemeinschaft ausgeschlossen, sodass beide in die gleiche Kategorie von Ungerechtigkeit fallen. (Man denke nur daran, dass Menschenrechtsverletzungen eine einzige ethische Kategorie bilden, obwohl sie vollkommen unterschiedliche Aspekte des Menschseins betreffen können.)

Hobbes hat ganz klar gesagt, dass es bei Glaubwürdigkeitsurteilen (wie ich es nenne) um die Beurteilung von zwei unterschiedlichen Dingen geht: «So enthält also der Glauben zwei Überzeugungen: einmal von der Behauptung des Menschen und sodann von seiner Tugend.» Gleichzeitig enthalten seine Ausführungen zu Zeugnissen einen spiegelbildlichen Präzedenzfall für die vorgeschlagene einheitliche Konzeption jenes Unrechts, das ausgeübt wird, wenn jemandem aufgrund von Vorurteilen das Vertrauen entzogen wird. Er schreibt über die *Ehre*, die wir einem Gesprächspartner erweisen, indem wir ihm glauben:

> Wenn wir irgendeine Behauptung auf Grund von Argumenten für wahr halten, die nicht der Sache selbst oder den Prinzipien der natürlichen Vernunft entnommen sind, sondern der Autorität und guten Meinung, die wir von dem Behauptenden haben, so ist der Sprecher oder die Person, an die wir glauben oder der wir vertrauen und deren Wort wir hinnehmen, Gegenstand unseres Glaubens, und die Ehre, die wir ihr durch unseren Glauben erweisen, gilt nur ihr.[16]

Wenn einem Menschen zu Unrecht misstraut wird, unabhängig davon, ob es seine Kompetenz oder seine Aufrichtigkeit sind, die in Zweifel gezogen werden, dann wird er *entehrt* – ein Ausdruck, der mir im Zusammenhang mit dem durch Zeugnisungerechtigkeit angerichteten primären Schaden nicht unangebracht erscheint.

Was nun den sekundären Schaden anbelangt, so besteht er aus einer Reihe möglicher weiterer Nachteile, die von der primären Ungerechtigkeit losgelöst sind, insofern sie durch diese verursacht werden, statt unmittelbar zu ihr zu gehören. Sie fallen offenbar in zwei allgemeinere Kategorien: eine *praktische* und eine *epistemische* Dimension der Schädigung. Wenden wir uns zuerst der praktischen Dimension zu: Wenn jemand vor Gericht ausnahmsweise Zeugnisungerechtigkeit erleidet, indem man ihn für schuldig erklärt, statt ihn freizusprechen, droht ihm möglicherweise eine Geldstrafe oder Schlimmeres. Ein anderes Szenario: Wenn eine Person immer wieder Zeugnisungerechtigkeit ausgesetzt ist, führt das in ihrem Berufsleben möglicherweise dazu, dass man glaubt, es fehle ihr an dem für eine Führungsposition erforderlichen Urteilsvermögen und Durchsetzungskraft. Auf diese Weise entsteht der Eindruck, sie habe nicht das Zeug zum Manager (und in einem Umfeld, in dem der Eindruck zählt, kann die Sache für diese Person dadurch tatsächlich gelaufen sein). Zweimal habe ich vor Mitarbeiterinnen eines internationalen, von Männern dominierten Unternehmens Vorträge über Vorurteile und Glaubwürdigkeit gehalten. Im Zuge dessen berichteten die Teilnehmerinnen von den erheblichen beruflichen Benachteiligungen, die ihnen aufgrund alltäglicher Zeugnisungerechtigkeit widerfuhren.[17] Eine Ägypterin, die in Kairo arbeitete, erzählte Folgendes: Wenn sie in einer Sitzung einen Vorschlag zur Geschäftsstrategie machen wollte, schrieb sie ihren Vorschlag auf einen kleinen Zettel, schob diesen heimlich einem sympathischen männlichen Kollegen zu, ließ ihn den Vorschlag machen, beobachtete, wie die Idee gut aufgenommen wurde, und beteiligte sich erst dann an der Diskussion. Das hatte sie sich angewöhnt, weil sie es immer frustrierender fand, dass die männlichen Kollegen ihren Ideen in der Regel mit großer Skepsis begegneten, wenn sie diese als ihre eigenen präsentierte. Ich denke, man kann ihre Haltung zu Recht als kämpferische Resignation bezeichnen; auf diese Weise setzte sie Dinge durch, und wahrscheinlich bekam sie im Laufe dieses Prozederes mehr Anerkennung, als man nach außen hin zeigen durfte. Gleichwohl sagte sie deutlich, dass sie aufgrund der Vorurteile, die ihren Äußerungen als Frau entgegengebracht wurden, erhebliche Nachteile erlitt.

Eine andere Frau, die für das Unternehmen in den USA arbeitete, erzählte mir, dass sie nicht allzu viele Gedanken darauf verwende, wer die Anerkennung für Anregungen erhielt, die von ihr stammten – Hauptsache, sie würden umgesetzt. Wenn sie einen Vorschlag machte und dieser erst aufgegriffen wurde, nachdem ein männliches Teammitglied ihn formuliert hatte, war ihr das egal. Für sie war es wichtig, Dinge voranzutreiben, das verschaffte ihr Zufriedenheit im Job. Sie meinte jedoch, dass dies für ihre Karriere wahrscheinlich von Nachteil gewesen sei, da ihr Vorgesetzter in ihrem Jahresgespräch wiederholt bemerkt habe, wie viel Glück sie mit den Teams hätte, denen sie angehörte – alle lieferten so gute Ergebnisse! Würden Unternehmen und ihre Einrichtungen Chancengleichheit so verstehen, dass sich eine Mitarbeiterin darüber beschweren kann, dass sie aufgrund von Vorurteilen am Arbeitsplatz nicht die gebührende Wertschätzung erhält und dass dieser Umstand ihre Karriere beeinträchtigt, hätten diese Frauen einiges zu melden. Ihre Erfahrungen scheinen Beispiele für die praktische Spielart des sekundären Schadens zu sein, den Zeugnisungerechtigkeit erzeugt.

Die zweite Art von sekundärem Schaden, der durch Zeugnisungerechtigkeit verursacht wird, ist eher rein epistemischer Art: Wenn jemandem ausnahmsweise Zeugnisungerechtigkeit widerfährt, verliert er möglicherweise das Vertrauen in seine Überzeugung oder in die Gründe, die er für sie hat, sodass die Voraussetzungen, die für Wissen notwendig sind, nicht mehr bestehen. Oder denken wir uns jemanden, der immer wieder Zeugnisungerechtigkeit erlebt hat und dessen Vertrauen in seine intellektuellen Fähigkeiten dadurch dermaßen gemindert ist, dass er in seiner schulischen oder anderweitigen geistigen Entwicklung klar beeinträchtigt ist. Einem Sprecher kann wegen einer bestimmten Sache, die er gesagt hat, oder in Bezug auf seine Autorität in einer bestimmten sozialen Rolle oder ganz allgemein Unrecht getan werden. Doch bei Fällen von systematischer Zeugnisungerechtigkeit, die auf einem *Identitätsvorurteil* beruhen, kommen diese drei Formen von Übergriff tendenziell zusammen, sodass eine auf Identitätsvorurteilen beruhende Aufnahme der Äußerung eines Sprechers zugleich einen Angriff auf dessen epistemische Kompetenz im Allgemeinen darstellt.

Linda Martín Alcoff berichtet von einer befreundeten Philosophieprofessorin, die Amerikanerin mexikanischer Abstammung ist und sich den rufschädigenden Beschwerden eines weißen studentischen Lehrassistenten ausgesetzt sah. Sie war der Ansicht – und den Geschehnissen zufolge hatte sie dafür allen Grund –, dass seine Beschwerden vollkommen unbegründet waren. Dennoch erzählt Alcoff, dass die Kolleg:innen den Darstellungen dieser jungen Professorin herzlich wenig Glauben schenkten – bis ein älterer weißer Professor von dem Studenten mit den gleichen Beschwerden konfrontiert wurde: «Dieser erfahrene Professor kam dann zu dem Schluss, dass der Student nicht wirklich ein Problem mit meiner Freundin hatte, sondern mit Autorität im Allgemeinen. Daraufhin revidierten die anderen Kolleg:innen ihre Meinung über sie und bemühten sich, sie wieder zu integrieren [...]. *Zwei Jahre lang quälte sie sich wegen dieser Behinderung ihrer beruflichen Karriere und litt unter starken Selbstzweifeln.*»[18] Das Beispiel zeigt, wie jemand eine zweifache Zeugnisungerechtigkeit erleiden kann: zunächst durch den Lehrassistenten in Bezug auf das, was die Professorin den Studierenden über Philosophie erzählt hat,[19] und dann durch die Kolleg:innen in Bezug auf ihre Darstellung dieser Angelegenheit. So wird sie als Vermittlerin von Wissen auf doppelte Weise untergraben und leidet in der Folge unter anhaltenden Selbstzweifeln und mangelndem intellektuellen Selbstwertgefühl.

Diese Beispiele machen deutlich, was für praktische und epistemische Sekundärschäden durch Zeugnisungerechtigkeit entstehen und welch weitreichende negative Auswirkungen sie auf das Leben eines Menschen haben können. Da es sich bei diesen Benachteiligungen jedoch um Folgen der intrinsischen Ungerechtigkeit handelt, sollten sie streng genommen als extrinsisch betrachtet werden. (Dies hindert solche Folgen nicht daran, ungerecht zu sein, da sie normalerweise ihren ungerechten Charakter von ihrem kausalen Ursprung übernehmen. Mitunter begründen sie auch eine eigene Form von Ungerechtigkeit, wie im Falle Tom Robinsons, bei dem das faktische Ergebnis der Zeugnisungerechtigkeit selbst eine juristische Ungerechtigkeit darstellt). Die sekundären Wirkungen verzweigen sich in der Regel im Leben eines Menschen und erlangen mitunter ein erschreckendes Ausmaß. Auch können sie viel tiefer reichen, als man vermuten würde – wie wir sehen werden, wenn wir die epistemische Dimension der Schädigung etwas näher betrachten.

Viele Definitionen und Auffassungen von Wissen gehen davon aus, dass die Voraussetzung für Wissen epistemisches Selbstvertrauen ist; mal wird sie als Teil der Glaubensbedingung, dann wieder als Teil der Rechtfertigungsbedingung konzipiert. Wenn wir in diesem Zusammenhang eine einflussreiche erkenntnistheoretische Position nennen sollten, dann ist das sicherlich die von Descartes, die besagt, dass absolutes Vertrauen in die eigene Überzeugung – ein Zustand der Gewissheit – für Wissen erforderlich ist; schließlich hat die internalistische These in der Folge Eingang in zahlreiche Wissenskonzeptionen gefunden. Geht man also davon aus, dass Vertrauen im Hinblick auf Wissen eine Rolle spielt, so bedeutet dies für unsere Fragestellung, dass es für jemanden, dem anhaltend Zeugnisungerechtigkeit widerfährt, düster aussieht: Nicht nur ist er wiederholt der intrinsischen epistemischen Beleidigung ausgesetzt, die die primäre Ungerechtigkeit ausmacht, sondern wenn er aufgrund anhaltender intellektueller Zersetzung das Vertrauen in seine Überzeugungen und/oder seine Begründungen verliert, dann *verliert er auch buchstäblich sein Wissen*. Vielleicht werden Teile seines Wissens in einer großen Woge mangelnden Selbstvertrauens weggespült. Oder sein epistemisches Vertrauen erodiert über einen längeren Zeitraum hinweg, sodass er permanent benachteiligt ist und es ihm wiederholt nicht gelingt, sich Wissen anzueignen, das er andernfalls hätte erlangen können.[20]

Eine weniger direkte Möglichkeit, wie ein allgemeiner Verlust epistemischen Vertrauens zu einem anhaltenden Versagen beim Wissenserwerb führen kann, ist die, dass eine Person daran gehindert wird, bestimmte geistige Tugenden zu entwickeln. Insbesondere der Verlust von epistemischem Vertrauen beeinträchtigt aller Wahrscheinlichkeit nach die Ausbildung von geistigem Mut, also jener Tugend, die dafür sorgt, dass man die eigenen Überzeugungen nicht zu schnell aufgibt, wenn sie infrage gestellt werden. Dies ist ein wichtiges Merkmal geistiger Fähigkeiten. James Montmarquet unterteilt die erkenntnisbezogenen Tugenden in drei Kategorien: «Unparteilichkeit», «geistige Besonnenheit» und «geistiger Mut». Letztere beinhaltet «am deutlichsten die Bereitschaft, Alternativen zu weit verbreiteten Überzeugungen zu entwickeln und zu prüfen; Beharrlichkeit angesichts der Einwände anderer Menschen (bis man überzeugt ist, dass man sich geirrt hat); sowie jene Entschlossenheit, die erforderlich ist, um ein solches Vorhaben zum Abschluss zu bringen.»[21] Diese verschiedenen, mit intellektuellem Mut verbundenen Tugenden erfordern epistemisches Vertrauen und können offensichtlich durch anhaltende Zeugnisungerechtigkeit ausgehöhlt werden. Wenn also wiederholt Ungerechtigkeiten dieser Art am intellektuellen Selbstvertrauen eines Menschen nagen oder es gar nicht erst entstehen lassen, schadet dies seiner Erkenntnisfähigkeit ganz allgemein. Ein Mensch, der zu wenig Selbstvertrauen hat, neigt dazu, angesichts einer Herausforderung oder gar bei der bloßen Aussicht auf eine solche einen Rückzieher zu machen, wodurch ihm unter Umständen Kenntnisse entgehen, die er sonst gewonnen hätte. Das führt zu konkreten Wissensverlusten – Überzeugungen oder Annahmen werden allzu schnell verworfen –, wobei einige dieser epistemischen Einbußen möglicherweise erhebliche Verluste darstellen. Abgesehen von der offensichtlichen Tatsache, dass das Gefühl mangelnden Vertrauens für sich genommen unangenehm ist, bedeutet es auch einen epistemischen Verlust für das Individuum in Bezug auf seine geistige Persönlichkeit. Der Wert einer intellektuellen Tugend ist nicht auf den Wert der einzelnen Erkenntnisse begrenzt, die sie vermitteln mag, sondern ergibt sich auch aus ihrer Stellung im Gesamtgefüge der geistigen Persönlichkeit eines Menschen.

Dieses Gesamtgefüge ist ein harmonisches Ganzes, das beeinträchtigt wird durch den Verlust jenes intellektuellen Selbstvertrauens, zu dem anhaltende Zeugnisungerechtigkeit möglicherweise führt.

In manchen Fällen wird man schwer sagen können, ob eine Situation mangelnden epistemischen Vertrauens eine Ausnahme oder eher Teil eines fortlaufenden Aushöhlungsprozesses ist. Ein eindrucksvolles Beispiel findet sich in Simone de Beauvoirs *Memoiren einer Tochter aus gutem Hause*. Das Buch enthält die Schilderung eines philosophischen Scharmützels mit ihrem Freund und Kommilitonen Jean-Paul, bei dem man (trotz Beauvoirs neutraler Erzählhaltung) nicht umhin kommt, zwischen den Zeilen herauszulesen, dass Sartre ihr Zeugnisungerechtigkeit zufügt.[22] Es hat wirklich etwas Dramatisches, wie selbst die reife Beauvoir in offensichtlicher Ahnungslosigkeit Sartres ungerechtes und herabsetzendes Auftreten ihr gegenüber schildert, ganz zu schweigen von seiner ermüdenden Überheblichkeit. Sie schildert diese Erfahrung folgendermaßen:

> Mit Sartre aber maß ich mich täglich und ganze Tage hindurch, und in unseren Diskussionen hielt ich ihm nicht die Waage. Im Luxembourggarten setzte ich ihm eines Tages in der Nähe des Medicibrunnens jene pluralistische Moral auseinander, die ich mir zurechtgelegt hatte, um die Leute, die ich liebte, denen ich aber dennoch nicht hätte gleichen mögen, vor mir zu rechtfertigen; er zerpflückte sie mir ganz und gar. Ich legte auf sie Wert, weil sie mir das Recht gab, mein Herz darüber entscheiden zu lassen, was Gut und Böse sei; drei Stunden lang kämpfte ich um sie. Dann musste ich zugeben, dass ich geschlagen war: im Übrigen hatte ich im Laufe der Debatte bemerkt, dass viele meiner Meinungen nur auf Vorurteilen und Unaufrichtigkeit oder Oberflächlichkeit beruhten, dass meine Beweisführungen hinkten und meine Ideen verworren waren. «Ich bin dessen, was ich denke, nicht mehr sicher, ja, nicht einmal mehr sicher, überhaupt zu denken», schrieb ich völlig entwaffnet in mein Heft.[23]

Eine (überaus erfolgreiche) Philosophiestudentin ist durch eine Erfahrung der Zeugnisungerechtigkeit offenbar am Boden zerstört – sie ist sich nicht mehr sicher, ob sie überhaupt denkt. Glücklicherweise verfügt sie über genug Widerstandskraft und geistige Disziplin, um wieder auf die Beine zu kommen. Allerdings markiert diese Erfahrung – zumindest wird es in diesen Memoiren so dargestellt – den Wendepunkt ihrer intellektuellen Entwicklung, an dem sie beschließt, dass Philosophie doch nichts für sie ist und sie stattdessen für ein Leben als Schriftstellerin bestimmt ist. Vielleicht war dies letztendlich die richtige Entscheidung, doch wenn dem so ist, dann nicht, weil ihre Vorstellungen von Gut und Böse bloß auf «Vorurteilen und Unaufrichtigkeit oder Oberflächlichkeit» beruhten, ihre Beweisführungen «hinkten» und ihre Ideen «verworren» waren.[24] Zeugnisungerechtigkeit und der durch sie erfolgte Angriff auf das Selbstvertrauen können den intellektuellen Werdegang eines Menschen auf einen Schlag verändern, sei es aufgrund eines einmaligen Ereignisses oder, was wahrscheinlicher ist, weil nach einer anhaltenden Folge geringfügiger intellektueller Herabsetzungen das Fass zum Überlaufen gebracht wurde. Wie auch immer man die Dinge beurteilen mag, es liegt auf der Hand, dass Beauvoirs damalige Erfahrung eine unrechtmäßige epistemische Demütigung war, die erhebliche persönliche und berufliche Folgen hatte.

Dies sind die sekundären praktischen und epistemischen Auswirkungen von Zeugnisungerechtigkeit. Ich habe gezeigt, dass diese Nachteile umfassend sein können und das Leben eines Menschen mitunter tiefgreifend prägen. Doch nun möchte ich auf den primären Aspekt der Zeugnisungerechtigkeit zurückkommen, um herauszufinden, ob sich die Erfahrung epistemischer Herabsetzung stärker auf die Psychologie eines Menschen auswirkt, als wir bisher angenommen haben. Bei Bernard Williams findet sich ein Modell von demjenigen psychischen Mechanismus, durch den die verschiedenen Inhalte unseres Denkens (grob) in Überzeugungen [*beliefs*] einerseits und Bestrebungen [*desires*] andererseits eingeteilt werden. Diesem Modell zufolge enthält der Geist eine Gruppe von Inhalten, die noch mit keiner bestimmten Einstellung verbunden sind: «Wünsche» [*wishes*]. Wünsche sind Überzeugungen oder Bestrebungen im Wartestand, sodass jeder Wunsch möglicherweise im Begriff ist, zu einem dieser beiden Inhalte zu werden. Und den Vorgang, durch den die Wünsche in die eine oder andere Kategorie einsortiert werden (was natürlich keine bewusste Aktivität des Subjekts, sondern vielmehr ein innerpsychischer Prozess ist), nennt Williams «Festigung des Geistes»:

> Der Grundmechanismus beruht darauf, dass es andere Personen gibt, die sich auf unsere Dispositionen verlassen müssen, während wir unsererseits wünschen, dass sie sich auf unsere Dispositionen verlassen können, weil wir uns wiederum bis zu einem bestimmten Grad auf ihre verlassen können wollen. Wir lernen es, uns anderen und infolgedessen auch uns selbst als Personen mit einigermaßen gefestigten Einstellungen oder Überzeugungen zu präsentieren.[25]

Ein mentaler Zustand kann nur dann als Überzeugung gelten, wenn er eine angemessene Lebensdauer hat. Er muss so beschaffen sein, dass man ihn nicht nur jetzt, sondern auch in Zukunft vertritt. Williams' Vorschlag lautet, dass die Beteiligung an einem auf Gegenseitigkeit beruhenden und somit vertrauensvollen Dialog mit anderen den entscheidenden Anstoß für diesen Prozess gibt, durch den sich der Geist stabilisiert. Denn wenn meine Gesprächspartnerin mir eine Frage stellt und ich als jemand in diesen Austausch gehe, der ein Interesse an einer vertrauensvollen Beziehung zu einer solchen Gesprächspartnerin hat (vielleicht erzählt sie mir zu gegebener Zeit etwas, das ich wissen muss), dann fordert mich ihre Frage auf, mich damit auseinanderzusetzen, wie die Welt beschaffen ist, um wahrheitsgemäß antworten zu können. So bin ich genötigt, luftige Gedankenspiele zu vermeiden (insbesondere um zu verhindern, dass sich Bestrebungen als Überzeugungen durchmogeln und auf diese Weise Wunschdenken produzieren) und ihr lieber etwas zu erzählen, das ich für wahr halte, was dann wiederum zur Festigung meines Geistes beiträgt. Man könnte also sagen, dass das vertrauensvolle Gespräch mit anderen den grundlegenden Mechanismus bildet, durch den sich der Geist festigt. Ein solcher Austausch drängt das Subjekt dazu, nur solchen Propositionen Glauben zu schenken, die das verdienen. Er lenkt das Individuum weg von assertorischer Willkür und hin zu doxastischer Stabilität:

> [Jemand unterhält sich] vertrauensvoll mit einer anderen Person […], die sich auf ihn verlässt, wobei nun die Frage auftaucht, ob es angeht, diese Person zum Glauben an diese Proposition zu bewegen. In einem solchen Fall kann es vorkommen, dass er, indem er den anderen überzeugt, sich selbst ebenfalls zum Glauben an diese Proposition bewegt. Es sind die Ge-

> genwart und die Bedürfnisse anderer Personen, die sogar im Hinblick auf faktenbezogene Meinungen dazu beitragen, dass wir uns solche Überzeugungen zurechtlegen.[26]

Aber jetzt müssen wir dieser Vorstellung von der Rolle, die ein vertrauensvolles Gespräch für unsere psychologische Entwicklung hat, noch etwas hinzufügen. Williams meint, dass dieser Prozess der Stabilisierung des Geistes der grundlegendste Mechanismus ist, durch den wir überhaupt zu dem Menschen werden, der wir sind. Er stabilisiert nicht nur den Geist, sondern auf diese Weise auch die eigene Identität (beziehungsweise einige ihrer grundlegenden Aspekte). Da sich nicht nur unsere Überzeugungen und Bestrebungen, sondern auch unsere Meinungen und Wertvorstellungen durch den sozialen Austausch in mehr oder weniger stabilen Zuständen einrichten, nimmt auf diese Weise eine wichtige Dimension unserer Identität Gestalt an: «Wenn ich mich dazu hingezogen fühle, mich an die gemeinsamen Werte der anderen zu binden und meine eigenen Überzeugungen und Gefühle zu festigen [...], werde ich zu dem, was ich mit zunehmender Gefestigtheit aufrichtig bekennen kann. Ich werde zu dem, was ich gegenüber den anderen aufrichtig bekundet habe.»[27] Der Identitätsbegriff, um den es dabei geht, betrifft den wichtigsten Aspekt der sozialen Identität eines Individuums: die von ihm bestätigte Zugehörigkeit zu einer (ethnisch, politisch, sexuell oder religiös gefassten) Gruppenidentität; zumindest in unserer Kultur wird diese Zugehörigkeit vom Individuum in der Regel als wesentlich für die eigene Identität erlebt. Möglicherweise stellen wir irgendwann fest, dass wir oder andere uns hinsichtlich dieser Zugehörigkeit geirrt haben, was die These stärkt, dass wir unsere Identität nicht nur erschaffen, sondern auch entdecken. Der Prozess, der den Geist festigt, ist also der gleiche, durch den wir zu dem Menschen werden, der wir zutiefst, vielleicht sogar wesensmäßig sind.

Vielleicht wird nun die enorme Bedeutung ersichtlich, die laut dieser Auffassung von unserer Psychologie und unserer sozialen Identität dem Phänomen der Zeugnisungerechtigkeit zukommt. Zeugnisungerechtigkeit schließt einen Menschen vom vertrauensvollen Gespräch aus. Dadurch wird er in genau jener Aktivität marginalisiert, die den Geist festigt und einen entscheidenden Aspekt der Identität formt; beides sind Prozesse, die für das Individuum von fundamentaler psychologischer Bedeutung sind. Zudem ist Zeugnisungerechtigkeit nicht bloß ein punktueller Ausschluss eines Menschen von dieser in psychologischer Hinsicht doppelt wertvollen Aktivität, sondern sie ist ein Ausschluss aufgrund von Vorurteilen. Weiter oben habe ich dargelegt, dass manche Vorurteile eher begrenzter Art sind und zu nebensächlichen Formen von Zeugnisungerechtigkeit führen, während andere (nämlich die Identitätsvorurteile) eine grundlegendere soziale Bedeutung haben, sodass die von ihnen verursachten Ungerechtigkeiten systematischer Natur sind. Williams' Konzeption von Identität zeigt nun, inwiefern das Vorurteil, das einem Sprecher in einem bestimmten Gespräch entgegenschlägt, möglicherweise eine Kategorie der sozialen Identität betrifft, die für seine Identität, also für die Person, die er ist, *wesentlich* ist. (Das Vorurteil kann sich beispielsweise auf seine ethnische, politische, sexuelle oder religiöse Identität beziehen.) Wenn dem so ist, können wir nun dank Williams besser verstehen, inwiefern die Ungerechtigkeit den Sprecher bis ins Mark trifft: Sie benachteiligt ihn in einer Eigenschaft, die für seinen Wert als Mensch wesentlich ist (seiner Erkenntnisfähigkeit), und zwar aus Gründen, die ihn in Bezug auf ein wesentliches Merkmal diskriminieren, das ihn als soziales Wesen auszeichnet. Man braucht sehr viel Mut, um angesichts eines solchen doppelten Angriffs auf die eigene Person seine Würde zu bewahren – insbesondere, wenn die Angriffe immer wieder vorkommen und systematischer Art sind. Jemand wie Tom Robinson ist dazu vielleicht nur in der Lage, weil sich soziale Identität zum Glück aus mehreren Komponenten zusammensetzt. Aufgrund seiner Zugehörigkeit zu seiner eigenen ethnischen Gemeinschaft verdankt sich eine wichtige Dimension seiner Identität den vertrauensvollen Gesprächen und anderen Handlungen innerhalb dieser Gemeinschaft, die auf gegenseitigem Vertrauen und Respekt beruhen und die ihm Solidarität und Unterstützung für psychologischen Widerstand bieten.

Nun wäre es melodramatisch zu behaupten, dass jedes Mal, wenn einer Person Zeugnisungerechtigkeit widerfährt, die Entfaltung ihrer Identität zumindest ein kleines bisschen (was auch immer das heißen mag) beeinträchtigt wird. Aber ich finde es nicht übertrieben zu sagen, dass anhaltende Fälle eines solchen ungerechten epistemischen Ausschlusses – insbesondere, wenn sie systematischer Natur sind – einen Menschen tatsächlich in der Entwicklung eines wesentlichen Aspekts seiner Identität beeinträchtigen. Jemand, der dieser Art von Ungerechtigkeit ausgesetzt ist, *hat* möglicherweise keine Gemeinschaft, aus der er Ressourcen ziehen kann, um sich zu behaupten; die Bildung einer solchen Gemeinschaft ist selbst eine soziale Errungenschaft und keineswegs selbstverständlich. Die bloße Tatsache, dass um einen herum andere Menschen in der gleichen Situation sind, heißt noch nicht, dass man in einer Gemeinschaft im relevanten Sinne lebt. Denken wir uns eine Frau des 19. Jahrhunderts aus der Mittelschicht, die sich sehr für Politik interessiert. Sie lebt jedoch in einem Umfeld, in dem Frauen nicht wählen dürfen und ihre Teilnahme am öffentlichen Leben unerwünscht ist, weil man der Auffassung ist, dass sie aufgrund ihres Intellekts und ihrer Veranlagung nur eingeschränkt zur politischen Urteilsbildung fähig sind. Wenn diese Frau ihre Überzeugungen und Ansichten bei Tisch äußert und bei ihren erhofften Gesprächspartner:innen bloß auf eine Mauer aus Zweifeln und Unglauben stößt – ist es dann nicht wahrscheinlich, dass dies mit der Zeit die Entfaltung eines wesentlichen Aspekts ihrer Persönlichkeit hemmt? Wird sie nicht durch den Ausschluss aus dem vertrauensvollen Gespräch derjenigen, denen es offenbar erlaubt ist, über Politik zu sprechen, daran gehindert, in einer wesentlichen Hinsicht zu dem Menschen zu werden, der sie ist? Und solange sie nicht den risikoreichen Sprung wagt, eine Frauenrechtlerin der einen oder anderen Strömung zu werden – fehlt ihr dann nicht genau die Art von Gemeinschaft, die Ressourcen für Solidarität und Widerstand bereitstellen könnte? Die Antwort darauf lautet mit Sicherheit: «Ja». Und so können wir dank der wichtigen Rolle, die das vertrauensvolle Gespräch bei der Festigung des Geistes und der Herausbildung einer eigenen Identität spielt, besser verstehen, wie tief die Erfahrung anhaltender Zeugnisungerechtigkeit in die Psyche eines Menschen eingreifen kann; und wie lähmend diese Erfahrung in Situationen sein kann, in denen psychischer Widerstand eine soziale Leistung wäre, die dem Betroffenen mehr oder weniger unmöglich ist. Anhaltende Zeugnisungerechtigkeit kann die Ausbildung eines Selbst definitiv beeinträchtigen.

Ein letzter Aspekt betrifft den Umstand, dass das Vorurteil, das sich gegen die Sprecherin richtet, in manchen Kontexten eine sich selbst erfüllende Kraft hat: Die Person, die die Ungerechtigkeit erleidet, wird gesellschaftlich so *konstituiert*, wie es dem Stereotyp entspricht (als was sie sozial gilt); und möglicherweise wird sie sogar *dazu gebracht*, dem Stereotyp, das sich gegen sie richtet, zu ähneln (in gewissem Maße wird sie zu einer Exemplifizierung dieses Vorurteils). Kommt es zu einer solchen konstitutiven oder kausalen Konstruktion, haben wir es mit einem Fall von Identitätsmacht zu tun, der «produktiv» wirkt, wie Foucault sagen würde.[28] Die Formulierung klingt einleuchtend, aber wir sollten sie für den vorliegenden Fall besser nicht übernehmen. Denn für den hier behandelten Zusammenhang ist es wichtig, dass Identitätsmacht die eigentliche Identität des Subjekts zugleich hervorbringt und *verzerrt*. Und das ist eine Vorstellung, die bei Foucault keinen Platz hat. Kommen wir nochmal zurück auf die politisch interessierte Frau, die in Zeiten lebt, als Frauen noch nicht wählen dürfen. Da sie in politischen Belangen anhaltender Zeugnisungerechtigkeit ausgesetzt ist, ohne einer Gemeinschaft anzugehören, könnten sich an ihr nicht nur jene sozialen Züge verfestigen, die ihr zugestanden werden, sondern möglicherweise führt dies sogar dazu, dass sie sich dem vorurteilsbehafteten Stereotyp stärker annähert, das gegen sie gerichtet ist: Sie wird zu einem Menschen (und verwirklicht einen sozialen Typus), der sich intellektuell und charakterlich nicht für die politische Auseinandersetzung eignet. So funktioniert Genderkonstruktion; und deshalb vermag Identitätsmacht, diejenigen Menschen zu formen, die sie unterdrückt.[29]

Ein solch konstitutiver Wirkzusammenhang lässt sich nicht ohne Weiteres empirisch überprüfen. Es gibt jedoch Studien über die selbsterfüllende Kraft von Stereotypen, die den Mechanismus der kausalen Konstruktion abbilden. Stereotype treten in Form von Erwartungen in Erscheinung, und Erwartungen wirken sich gegebenenfalls stark auf das Verhalten und die Leistung von Menschen aus. Das gilt für zahlreiche Situationen, in denen es um geistige und sprachliche Leistungen geht. Es gibt Belege aus der Bildungsforschung, wonach Schüler:innen darauf reagieren, welche Erwartungen Lehrer:innen an sie haben. Robert Rosenthal und Lenore Jacobson fassen in einer viel diskutierten[30] Studie die Ergebnisse einer Versuchsanordnung wie folgt zusammen:

> In einer Grundschule wurde den Lehrer:innen gesagt, dass 20 Prozent der Kinder ein außergewöhnlich hohes intellektuelles Entwicklungspotenzial hätten. Die Namen der betreffenden Kinder stammten von einer Zufallstabelle, das heißt ihre Namen waren aus einem Hut gezogen worden. Nach acht Monaten verzeichneten diese «Wunder»-Kinder einen signifikant höheren IQ-Zuwachs als ihre Mitschüler:innen, die keine besondere Aufmerksamkeit seitens der Lehrer:innen erfahren hatten. Die veränderte Erwartungshaltung der Lehrer:innen hinsichtlich der geistigen Leistungsfähigkeit dieser vermeintlich «besonderen» Kinder hatte zu einer tatsächlichen Veränderung der intellektuellen Leistung dieser Kinder geführt, die bloß nach dem Zufallsprinzip ausgewählt worden waren.[31]

In dieser Studie ging es nicht um den Einfluss vorurteilsbehafteter Stereotype auf die Erwartungshaltung von Lehrer:innen, denn die beteiligten Lehrer:innen erhielten lediglich falsche Informationen über die Fähigkeiten der Schüler:innen im Vergleich zu ihren Mitschüler:innen. Aber man kann sich unschwer vorstellen, inwiefern vorurteilsbehaftete Stereotype die Erwartungen von Lehrer:innen generell auf negative, ungerechte Weise beeinflussen (alles andere hieße, dass sich Lehrer:innen auf unglaubhafte Weise von anderen Menschen unterscheiden). Nehmen wir eine Unterrichtssituation, in der ein Lehrer sachbezogene Antworten bei den Schüler:innen abfragt, sie um Interpretationen bittet und ihre Ansichten und Meinungen wissen will, dann können wir uns sehr gut vorstellen, dass ein negatives vorurteilsbehaftetes Stereotyp zweierlei bewirkt: Erstens hält der Lehrer die vom Schüler geäußerte Ansicht für weniger glaubwürdig. So weit, so offensichtlich: Vorurteilsbehaftete Stereotype führen zu Zeugnisungerechtigkeit. Doch darüber hinaus kann das Stereotyp auch eine kausale Kraft entfalten, die dazu führt, dass es sich selbst bestätigt – so wie in der oben beschriebenen Versuchsanordnung. Ganz wie unser Fahrverhalten möglicherweise auf die negativen Erwartungen eines nörgelnden Beifahrers reagiert, sodass wir in Gegenwart eines solchen Menschen tatsächlich schlecht Auto fahren, ist es absolut plausibel, dass dies auch auf geistige Leistungen in einem Bildungskontext zutrifft; im Grunde genommen gilt das für alle möglichen Situationen. Kürzlich wollte man zum Beispiel herausfinden, ob sich negative Stereotype gegenüber Afroamerikaner:innen hinsichtlich ihrer Intelligenz ursächlich auf ihre akademischen Leistungen auswirken. Tatsächlich zeigte sich, dass Studierende of Colour schlechtere Leistungen erbrachten als weiße Schüler:innen, wenn ihnen vorab gesagt wurde, dass im Test die akademischen Fähigkeiten abgefragt würden – was jedoch nicht der Fall war, wenn der Test nicht als Intelligenztest deklariert wurde. Dieses Ergebnis wird als Beweis für die «Bedrohung durch Stereotype» [*stereotype threat*] gewertet. Diese besagt, dass ein Mitglied einer Gruppe, welches einem negativen Stereotyp unterliegt (also dem, was ich als negatives, vorurteilsbehaftetes Identitätsstereotyp bezeichne), dazu neigt, sein Verhalten an das Stereotyp anzupassen. Eine «Bedrohung durch Stereotype» bezeichnet also ein soziales Dilemma: die Anfälligkeit für eine kausale Konstruktion, die sich nachteilig auf die eigene Situation auswirkt.[32]

Anhaltende Zeugnisungerechtigkeit führt dazu, dass die intellektuelle Leistung der betroffenen Person langfristig beeinträchtigt, ihr Selbstvertrauen geschwächt und ihre Entwicklung gehemmt wird. Inwiefern und auf wen dies zutrifft, sind natürlich empirische Fragen, aber die sozialpsychologische Forschung ist diesbezüglich sehr aussagekräftig. Der Gedanke, dass sich vorurteilsbehaftete Stereotype in Bezug auf die Vertrauenswürdigkeit oft selbst bewahrheiten, bieten reichlich Stoff für die Diskussion dessen, welche Auswirkungen anhaltende Zeugnisungerechtigkeit auf das Leben einer Person und auf den sozialen Werdegang einer Gruppe haben kann. Zeugnisungerechtigkeit hat je nach Kontext die Macht, soziale Identitäten und Verhältnisse zu gestalten, und wo ein solcher Mechanismus am Werk ist, nimmt der primäre Schaden der Ungerechtigkeit auf üble Weise zu; eine epistemische Beleidigung ist auch ein Teil des Prozesses jener sozialen Konstruktion, die einen Menschen in dem einschränkt, wer er sein kann. Zusammengenommen zeichnen der primäre Schaden und die weitreichenden sekundären Schäden, die aus ihm eventuell folgen, ein Bild der Ungerechtigkeit, das zeigt, wie tiefgreifend und umfassend sie sich möglicherweise auf die Persönlichkeit und den Alltag eines Menschen auswirkt. Ist sie nicht nur anhaltend, sondern auch systematisch, stellt Zeugnisungerechtigkeit eine Form von Unterdrückung dar.

Die Unterdrückung kann ganz offenkundig repressiv sein (wie im Fall von Tom Robinson) oder das stille Nebenprodukt von Restvorurteilen in einer liberalen Gesellschaft. Iris Marion Young beschreibt Letzteres als «jene Benachteiligung und Ungerechtigkeit, die manche Menschen nicht deshalb erleiden, weil eine tyrannische Macht sie klein halten will, sondern aufgrund der ganz alltäglichen Praktiken einer wohlmeinenden liberalen Gesellschaft».[33] In diesem Kapitel haben wir uns mit den alltäglichen Praktiken von wohlmeinenden Zuhörer:innen befasst, die in einem sozial-imaginativen Klima voller Restvorurteile agieren. Denn dies ist der soziale Kontext, in dem wir auf die hinterhältigsten und philosophisch anspruchsvollsten Formen von Zeugnisungerechtigkeit stoßen. Im Zuge ihrer Erörterung des Wesens der Unterdrückung zitiert Sandra Lee Bartky die Idee der «psychischen Entfremdung» von Frantz Fanon, wobei die fragliche Entfremdung darin besteht, «einen Menschen von einigen der grundlegendsten Merkmale des Menschseins zu trennen».[34] Meines Erachtens ist es ganz offensichtlich ein grundlegendes Merkmal des Menschseins, an der Verbreitung von Wissen durch Bezeugungen teilhaben zu können und den Respekt zu erfahren, der die Vertrauensbeziehungen kennzeichnet, die dafür die Voraussetzung sind. Eine Kultur, in der einigen Gruppen diese Dimension des Menschseins nicht zugänglich ist, weil sie wiederholt die Erfahrung machen, dass sie von der Weitergabe von Wissen ausgeschlossen sind, weist sowohl in ethischer als auch in epistemischer Hinsicht schwerwiegende Mängel auf. Was sie an Wissen und sonstigem geistigen Input zu bieten haben, wird von anderen übersehen und geht manchmal auch den Betroffenen selbst buchstäblich verloren; zudem erleiden sie fortwährend Angriffe auf eine entscheidende menschliche Fähigkeit, die ein wesentliches Merkmal ihrer Persönlichkeit betrifft. Eine solche Kultur wäre in der Tat eine Kultur, in der eine Variante der epistemischen Ungerechtigkeit die Ausmaße einer Unterdrückung angenommen hat.

3

Bezeugungen im Licht der Tugend-Epistemologie

3.1 Eine kurze Darstellung der dialektischen Position

Das Phänomen, das ich als Zeugnisungerechtigkeit bezeichne, beschränkt sich nicht auf Gespräche, die Bezeugungen oder Zeugenaussagen beinhalten, selbst wenn man Zeugnisse so weit fasst, dass sie alle Arten des Erzählens [*telling*] einschließen. Schließlich kann ein vorurteilsbehaftetes Glaubwürdigkeitsdefizit auch auftreten, wenn eine Sprecherin gegenüber einem Zuhörer eine persönliche Meinung äußert, ein Werturteil abgibt oder eine neue Idee oder Hypothese vor anderen Zuhörer:innen ausprobiert. Doch Erzählen ist der ursprüngliche Fall von Zeugnisungerechtigkeit, denn das grundsätzliche Unrecht von Zeugnisungerechtigkeit besteht darin, einen Sprecher *in seiner Eigenschaft als Wissender* zu untergraben. Während andere Arten von Äußerungen manchmal Wissen vermitteln, geht es beim Erzählen ganz zentral und unmittelbar darum, Wissen zu vermitteln; man könnte dies als seinen illokutionären Zweck bezeichnen.[1] (Ich hoffe, dass diese Behauptung für sich genommen einleuchtend ist, doch im fünften Kapitel werde ich sie noch durch eine genealogische Betrachtung des Wissensbegriffs untermauern.) Aus diesem Grund bildet die Erkenntnistheorie der Zeugenschaft den geeigneten Rahmen für die Betrachtung sämtlicher Fälle von vorurteilsbehafteten Glaubwürdigkeitsdefiziten.

Ausführungen zur Erkenntnistheorie der Zeugenschaft fallen in zwei große Kategorien: inferentialistische und nicht-inferentialistische. Natürlich gibt es zahlreiche Auffassungen, aber ein wichtiges Motiv ist bei allen Autor:innen die Haltung gegenüber den inferentialistischen und nicht-inferentialistischen Vorstellungen davon, welche Anforderungen eine Hörerin erfüllen muss, wenn sie von ihrem Gesprächspartner etwas Wissenswertes erfahren soll. Vielleicht stützt man sich auf ein gewohntes Begründungsmodell und sagt: Um von jemandem, der *p* behauptet, die Erkenntnis, dass *p*, zu erlangen, muss die Hörerin auf irgendeine Weise (vielleicht sehr schnell, vielleicht sogar unbewusst) ein Argument durchspielen, dessen Schlussfolgerung *p* lautet.[2] Oder man stellt phänomenologische Überlegungen in den Vordergrund und sagt, dass wir durch die Weise, wie wir im Alltag spontan die Äußerungen anderer aufnehmen, durchaus Erkenntnisse gewinnen können, ohne ein solches Argument durchzuspielen. Diejenigen, die zu diesem nicht-inferentialistischen Ansatz neigen, behaupten in der Regel, dass es *standardmäßig* eine Akzeptanz oder Glauben dessen gibt, was andere uns erzählen. Möglicherweise wird dieser Standard damit begründet, dass wir von Natur aus sowohl zu Wahrhaftigkeit neigen (nämlich als Sprecher:innen) als auch zu Leichtgläubigkeit (als Hörer:innen), sodass Ersteres im Allgemeinen eine empirische Rechtfertigung für Letzteres liefert.[3] Oder der Standard wird als a priori gerechtfertigt dargestellt, sodass wir a priori legitimiert sind, unkritisch zu akzeptieren, was andere uns erzählen.[4] Wie auch immer, wir sehen, dass zum Nicht-Inferentialismus eine Voreinstellung zugunsten einer unkritischen Rezeption seitens der Hörerin gehört, da dies die Epistemologie mit der Phänomenologie (also der Weise, wie wir die Dinge erfahren) in Einklang zu bringen scheint. Es scheint also, vereinfacht gesagt, so zu sein, dass wir uns in der Erkenntnistheorie der Zeugenschaft für eines von zwei epistemologischen Narrativen entscheiden müssen. Dem einen zufolge erlangt ein Hörer nur dann Wissen, wenn er die passende Herleitung vornimmt. Das andere Narrativ scheint dem Hörer eine Art voreingestellte unkritische Empfänglichkeit zuzuschreiben, sodass er berechtigt ist zu glauben, was man ihm erzählt, ohne es einer kritischen Überprüfung zu unterziehen.

Die Schwäche des einen Narrativs macht den Reiz des anderen aus. Der Inferentialismus besagt laut Coady, «dass alles aus Zeugnissen gewonnene Wissen indirekt oder inferentiell ist. Wir wissen, dass *p*, wenn uns verlässlich gesagt wird, dass *p*, weil wir einen Schluss über die Verlässlichkeit und Aufrichtigkeit des Zeugen ziehen.»[5] Laut John McDowell basiert das inferentialistische Modell auf folgender Annahme:

> Wenn im Raum der Gründe ein epistemisch zufriedenstellender Standpunkt gegenüber einer Proposition nicht unmittelbar, sondern vermittelt ist, bedeutet dies, dass dieser Standpunkt auf der Stichhaltigkeit eines *Beweises* beruht, der demjenigen, der ihn vornimmt, zugänglich ist und dessen Schlussfolgerung die infrage stehende Proposition ist.[6]

Wie auch immer die jeweilige Formulierung ausfällt, das inferentialistische Modell ist offensichtlich gut geeignet, um Ängste zu zerstreuen hinsichtlich der Frage, ob es gerechtfertigt ist zu glauben, was einem erzählt wird: Denn es verlangt, dass sich die Hörerin auf einen Beweis einlässt, der eine solche Rechtfertigung liefert. In der Regel wird dies ein induktiver Beweis sein: zum Beispiel, dass der jeweilige Sprecher in der Vergangenheit hinsichtlich solcher Fragen sehr verlässlich war, oder dass auf Leute wie ihn in einer solchen Angelegenheit generell Verlass ist. Aber das Problem ist, dass eine solche Beweisführung intellektuell sehr aufwendig ist, sodass sie eine zu große Anforderung an den Hörer zu stellen scheint. Es entspricht einfach nicht der Art, wie wir den informellen Austausch von Bezeugungen im Alltag erleben: Der Wissenserwerb durch Erzählungen erfolgt auf ausgesprochen *mühelose* und spontane Weise. Eine Erkenntnispraxis, die für das menschliche Leben so grundlegend ist wie diejenige, Dinge von Leuten zu erfahren, die etwas wissen, kann doch keine dermaßen große gedankliche Anstrengung erfordern? Angenommen, die Hörerin ist (auf welch kursorische Weise auch immer) tatsächlich in der Lage, darauf zu achten, wie wahrscheinlich es ist, dass ihr etwas Wahres erzählt wird, dann müsste sie einen Moment lang sehr nüchtern darüber nachdenken; und das passt einfach nicht zu der lockeren Selbstverständlichkeit, die einen Großteil unseres alltäglichen Austauschs von Bezeugungen kennzeichnet. Der Verfechter des inferentiellen Ansatzes wird natürlich entgegnen, dass die reife Hörerin ihre Beweisführung in der Regel sehr schnell und mühelos vornehmen kann. Aber je mehr er sich bemüht zu betonen, dass eine derartige rechtfertigende Begründung so schnell vonstattengehen kann, dass man sie kaum bemerkt oder sie sich sogar vollkommen unbewusst vollzieht, desto mehr hat man den Eindruck, dass es sich bei dieser Position um einen Intellektualismus handelt, der in eine Sackgasse geraten ist.

Diese Problematik des inferentialistischen Modells führt uns zum Nicht-Inferentialismus als möglicher Alternative. Und hier stoßen wir auf ein Bild, dem zufolge die Hörerin standardmäßig über eine unkritische Empfänglichkeit für das verfügt, was man ihr erzählt. Das passt zweifellos besser zur Phänomenologie unserer Gespräche im Alltag. Solange es keinen Grund zum Zweifeln gibt, akzeptieren wir sicherlich den Großteil dessen, was uns erzählt wird, ohne dass wir es aktiv kritisch bewerten. Und so scheinen wir als Zuhörer:innen dem Erzählten so lange Vertrauen zu schenken, bis wir Anlass zum Zweifel haben. Eine Auffassung wie die von Thomas Reid, der zufolge wir so veranlagt sind, dass wir für die Worte eines anderen aufgeschlossen sind, kann dies gut erklären. Ein einfaches Beispiel könnte lauten, dass ich in Eile auf dem Weg zum Bahnhof bin und einen Unbekannten nach der Uhrzeit frage. Er antwortet mir, dass es 14 Uhr ist, und ich glaube ihm, ohne groß darüber nachzudenken. Dieser Mangel an Reflexion wird durch die Tatsache unterstrichen, dass ich, wenn ich plötzlich Grund zum Zweifeln habe – etwa weil der andere sagt, es sei 14 Uhr, ich aber weiß, dass es später sein muss, weil es bereits dunkel wird –, mental umschalte: Ich trete aus dem unreflektierten Modus heraus und in einen reflektierenden Modus aktiver kritischer Bewertung ein, der mich mehr Anstrengung kostet. Erst nach einem solchen Umschalten kann ich mich mit der Vertrauenswürdigkeit meines Gesprächspartners bewusst auseinandersetzen.

Aber jetzt haben wir vielleicht das Gefühl, dass für unser Verständnis des gewöhnlichen, unreflektierten Falls etwas verloren gegangen ist: nämlich die intuitive Relevanz der Beweiskraft vergangener Erfahrungen für die Art und Weise, wie wir konditioniert sind, die Äußerungen anderer aufzunehmen. Nicht nur unser Gewahrsein dessen, ob es beispielsweise draußen hell oder dunkel ist, bestimmt unsere Reaktionen als Hörer:innen, sondern auch eventuelle Hintergrundannahmen darüber, wie wahrscheinlich es ist, dass ein solcher Sprecher die Wahrheit über ein solches Thema sagt. Derartige Annahmen leisten doch sicher einen Beitrag zur Begründung oder Rechtfertigung? Wenn solche im Großen und Ganzen induktiven Überlegungen im von uns nicht eigens reflektierten Austausch vollkommen fehlen und es keinerlei Einschränkungen dafür gibt, was eine Hörerin zu Recht glaubt, dann bewegen sich unsere normalen, unreflektierten Gespräche in einem inakzeptablen kognitiven Vakuum. Diese Befürchtung gilt sicherlich für Ansätze, die davon ausgehen, dass die Standardeinstellung aus empirischen Gründen gerechtfertigt ist. Denn der Gedanke, dass es aufgrund einer im Menschen angelegten Neigung, die Wahrheit zu sagen, gerechtfertigt ist, die Aussagen anderer generell unkritisch zu glauben, wirkt, gelinde gesagt, allzu blauäugig. Eine natürliche Veranlagung ist das eine, aber das diskursive Geschehen birgt zu viele Faktoren, die dem entgegenwirken, als dass man sich auf eine solche zugrundeliegende Tendenz verlassen könnte. Natürlich gibt es begrenzte Kontexte, in denen ein solches Vorgehen gut funktionieren würde, aber generelle Leichtgläubigkeit wäre nicht zielführend. Erstens: Menschen irren sich – wir machen Fehler, wir haben Pech und manchmal bilden wir uns vielleicht ein, etwas zu wissen, obwohl das nicht der Fall ist; und zweitens gibt es Menschen, die andere absichtlich in die Irre führen oder ihnen Informationen vorenthalten, weil dies in ihrem eigenen Interesse ist. Ein genereller Standard, die Äußerungen anderer unhinterfragt zu akzeptieren, wäre unter dem Gesichtspunkt der Rechtfertigung allzu nachlässig. Der Austausch von Bezeugungen wird immer irgendwelchen Unwägbarkeiten unterliegen, aber gäbe es eine solche Voreinstellung, dann wären wir den ganz normalen Tücken von Bezeugungen auf geradezu absurde Weise ausgeliefert.

Behauptet man jedoch wie Tyler Burge, dass diese Voreinstellung a priori gerechtfertigt ist, stellt sich das Problem eines übersteigerten Optimismus nicht unbedingt. Es lässt sich vermeiden, indem man wie Burge hervorhebt, dass die Rechtfertigung gerade nicht davon abhängt, wie wahrscheinlich die Aufrichtigkeit des Sprechers in Wirklichkeit ist.[7] Die Rechtfertigung findet sich an anderer Stelle, nämlich im begrifflichen Zusammenhang von Intelligibilität, Vernunft und Wahrhaftigkeit (wobei der letzte Punkt höchst problematisch ist, denn, wie Burge weiß, kann die begriffliche Verknüpfung von Vernunft und Wahrheit genauso gut zu einer rationalen Lüge wie zu einer wahrheitsgemäßen Aussage führen[8]). Ein apriorischer Standard, demzufolge man berechtigt ist zu glauben, was einem erzählt wird, würde sogar dann gelten, wenn man in einem bestimmten Kontext den Sprecher:innen in der Regel nicht trauen kann. Auch in einem Umfeld, in dem man den Sprecher:innen eher misstrauen statt vertrauen sollte, würde der apriorische Anspruch auf die Standardeinstellung bestehen bleiben, nur wäre sie dann in den allermeisten Fällen eben hinfällig. Das Problem eines überzogenen Optimismus gilt also nur für die erfahrungsbezogene Variante der Überlegung, dass wir von vornherein zu leichtgläubig sind. Aber es gibt ein Problem, das damit eng verbunden ist und beide Erklärungen für den Standard betrifft: Beide tun so, als befinde sich die Kritikfähigkeit der Zuhörerin in dem Moment, da sie von ihrem Gegenüber Informationen aufnimmt, im Schlummermodus. Das ist letzten Endes unbefriedigend. Denn obwohl dieser Aspekt der Erklärungen des Standards auf den ersten Blick mit der Phänomenologie der Hörer:innen hinsichtlich der Weise übereinzustimmen scheint, in der wir normalerweise die Aussagen anderer spontan und unkritisch aufnehmen, passt er in zwei anderen wichtigen Aspekten nicht zur Phänomenologie unserer Erfahrungen.

Erstens stellt die Idee einer unkritischen Grundeinstellung aufseiten der Hörerin jenes geistige «Umschalten» falsch dar, das stattfindet, wenn man merkt, dass man Grund zum Zweifel hat. Jedes Modell einer Voreinstellung – ob in Form der beiden angeborenen Prinzipien der Leichtgläubigkeit und Wahrhaftigkeit (Reid) oder als apriorisch gerechtfertigtes Prinzip der Akzeptanz (Burge) – unterstellt dem Hörer, dass seine kritischen Fähigkeiten im Schlummermodus sind, bis er auf etwas stößt, das ihm Anlass zum Zweifel gibt, wodurch sich ein Schalter umlegt und sein kritisches Bewusstsein aktiviert wird. Beide Darstellungen präsentieren das Umschalten als einen Wechsel von einem unkritischen zu einem kritischen Umgang mit dem, was einem erzählt wird. Ich glaube jedoch, dass es zutreffender ist (und diese Beschreibung ist mit Sicherheit genauso zutreffend wie ihre Alternative), das Umschalten als einen Wechsel der Hörerin vom unreflektierenden in den reflektierenden Modus zu fassen, wobei sie in *beiden* Fällen in der Lage ist, die Äußerung ihres Gesprächspartners kritisch zu rezipieren.

Deshalb bin ich, zweitens, der Ansicht, dass unser unreflektiertes Aufnehmen dessen, was man uns erzählt, nicht dadurch am treffendsten beschrieben wird, dass man behauptet, unsere kritischen Fähigkeiten seien vollkommen inaktiv; sondern wir brauchen eine Darstellung, der zufolge unsere kritischen Fähigkeiten ständig aktiv sind – niederschwellig und eher im Autopilot. Selbst wenn sie nicht aktiv die Vertrauenswürdigkeit ihres Gesprächspartners beurteilt oder darüber nachdenkt, bleibt die mündige Hörerin auf unreflektierende Weise wachsam gegenüber der Fülle an Zeichen, Hinweisen und Anhaltspunkten, die wichtig dafür sind, wie viel Vertrauen sie haben sollte. Meines Erachtens ist dies eine angemessene Beschreibung der Phänomenologie, und ich werde im Folgenden eine Sichtweise entwickeln, die erkenntnistheoretisch Sinn ergibt. Wir werden die im vorigen Kapitel geäußerte Überlegung aufgreifen, dass ein Glaubwürdigkeitsurteil eine Wahrnehmung sein kann. Genauer gesagt: Solche Urteile sind «theoriegesättigte» Wahrnehmungen, wobei es sich bei der fraglichen «Theorie» um diverse Verallgemeinerungen über die kognitiven Fähigkeiten und motivationalen Zustände von Menschen hinsichtlich der beiden Aspekte von Vertrauenswürdigkeit handelt, nämlich Kompetenz und Aufrichtigkeit. Durch die Überlegung, dass Glaubwürdigkeitsurteile Wahrnehmungen von Sprecher:innen sind, können wir die Haltung der mündigen Hörerin als eine Haltung *kritischer Offenheit* gegenüber den Äußerungen anderer beschreiben, die es ihr ermöglicht, sich Erkenntnisse so mühelos anzueignen, wie es der Phänomenologie entspricht. Sowohl die empirische als auch die apriorische Erklärung der Standardeinstellung scheinen von Folgendem auszugehen: Sofern die Hörerin keine Schlussfolgerung zieht, nimmt sie die Äußerung ihres Gesprächspartners zwangsläufig kritiklos auf; daher die Notwendigkeit, die Begründung irgendwo anders zu suchen, sei es in einer natürlichen Neigung, sei es in etwas Apriorischem. Tatsächlich teilen sie diese Annahme mit ihren inferentialistischen Gegnern, die wiederum verlangen, dass die Hörerin irgendeine Art von Schlussfolgerung vornimmt. Allerdings ist die Annahme falsch, wie ich versuchen werde zu zeigen.

3.2 Die verantwortliche Hörerin?

McDowell vertritt die Ansicht, dass eine Hörerin durch eine Bezeugung Wissen erlangt, indem sie «doxastische Verantwortung» ausübt; und was das bedeutet, erklärt er mittels einer für Sellars typischen Begrifflichkeit: einer Sensibilität für die eigene Position im «Raum der Gründe». Die Idee einer «vermittelten Position im Raum der Gründe» ist die Idee eines Zustands – zum Beispiel eines Erkenntniszustands –, der durch eine angemessene Sensibilität für die Gründe, die für und gegen die jeweilige Proposition sprechen, erreicht wurde. Und diese Sensibilität zeigt sich nicht unbedingt dadurch, dass man Schlüsse zieht oder Argumente durchspielt. Ganz und gar nicht. Wie McDowell sagt:

> Was ich vorschlage, ist eine andere Konzeption dessen, was es heißt, dass ein Standpunkt im Raum der Gründe vermittelt ist. Ein Standpunkt im Raum der Gründe kann durch die vernünftige Kraft von umgebenden Überlegungen vermittelt sein, insofern als sich der Begriff dieses Standpunkts nicht auf ein Subjekt anwenden lässt, das auf diese vernünftige Kraft nicht anspricht.[9]

Wenn also der Standpunkt im Raum der Gründe darin besteht, «zu wissen, dass *p*», dann – so McDowells Vorschlag – setzt dieses Wissen, dass *p*, voraus, dass der Wissende eine Form von Sensibilität in Bezug auf umgebende Gründe angewendet hat, die für und gegen die Annahme, dass *p*, sprechen.

Akzeptiert man diesen überaus brauchbaren Vorschlag, ist es ganz natürlich, einen Schritt weiterzugehen und zu fragen: Wenn nicht aufgrund unserer üblichen Fähigkeiten des Argumentierens und Schlussfolgerns – durch welche rationale Fähigkeit ist der Hörer dann in der Lage, auf die vernünftige Kraft der ihn umgebenden Gründe zu reagieren? Die Vorstellung, dass die Ausübung doxastischer Verantwortung keinerlei Beweisführung oder Argumentation erfordert, ist sicherlich entscheidend, um zu erklären, inwiefern Zeugniswissen vermittelt und zugleich direkt sein kann (oder, wie ich es formuliere, kritisch und trotzdem nicht-inferentiell). Aber es bedarf noch weiterer Überlegungen, um zu erklären, wie die Hörerin das anstellt. Wenn sie ihre Fähigkeit des Argumentierens und Schlussfolgerns nicht ausübt, welche rationale Fähigkeit übt sie dann aus?

McDowell scheint zu finden, dass es da nichts zu erklären gibt:

> Wir haben von jemandem gehört, dass die Dinge so und so sind: Wenn wir die Tatsache, dass es sich hierbei um einen epistemischen Standpunkt handelt, nicht erklären wollen, indem wir uns auf die Kraft eines Arguments berufen, [...] brauchen wir dann eine andere Beschreibung dafür? Ich wäre geneigt zu sagen, dass wir das nicht tun. Der Gedanke eines durch Bezeugung vermittelten Wissens besagt: Wenn ein Wissender sein Wissen verständlich zum Ausdruck bringt, dann setzt er es in den öffentlichen Raum, wo es jedem zugänglich ist, der es verstehen kann, sofern ihm diese Möglichkeit nicht deshalb verschlossen ist, weil es doxastisch unverantwortlich wäre, dem Sprecher zu glauben.[10]

Angenommen, wir können uns darauf einigen, dass ein solcher Quietismus angebracht ist, wenn es um die Frage des Vorgangs geht, bei dem sich ein Sprecher der Sprache bedient, um eine Erkenntnis öffentlich zu machen, sodass eine andere Sprecherin dieses Wissen aufgreifen kann. Man könnte sagen: Sobald das Problem auf die richtige Art und Weise formuliert ist, frei von irgendwelchen philosophischen Tücken, die einen dazu verleiten, irgendwelche imaginierten Abgründe auszuloten, gibt es keinen Grund mehr für Verwirrung. Einverstanden. Nichtsdestotrotz verlangt die Frage, *wie* wir doxastische Verantwortung ausüben, sicherlich noch etwas anderes. Das stellt nach wie vor eine gedankliche Herausforderung dar, und es handelt sich zweifellos um eine Herausforderung, die Nicht-Inferentialisten angehen müssen. Sicherlich stimmt es, dass eine Hörerin Verantwortung ausüben kann, ohne Schlussfolgerungen zu ziehen; aber dann fragt man sich, *wie* – qua welcher vernünftigen Fähigkeit – sie das tun soll.

Die gleiche Frage, wenn auch in leicht abgewandelter Form, stellt sich bei Burges Erläuterung der Standardeinstellung. Er plädiert für ein Prinzip der Akzeptanz, dem zufolge ein Hörer «a priori berechtigt ist, eine Aussage zu akzeptieren, die als wahr präsentiert wird und die für ihn verständlich ist, es sei denn, es gibt gewichtigere Gründe, die dagegensprechen».[11] Wir sind also berechtigt zu akzeptieren, was ein anderer zu uns sagt, solange der Standard der Akzeptanz gegeben ist; beziehungsweise wir sind, wie Burge es formuliert, «unter sonst gleichen Bedingungen» zur Zustimmung berechtigt. Aber je mehr wir uns auf die Frage des Standards konzentrieren, desto weniger scheint Burges Darstellung hinsichtlich der nicht-inferentialistischen Ambition zu leisten. Die alte Frage, was den Hörer dazu berechtigt zu glauben, was ihm gesagt wird, ohne dass er irgendwelche Überlegungen anstellt, wird dadurch eher verschoben als gelöst; denn wir haben nach wie vor keine Ahnung, wie Zuhörer:innen das Akzeptanzprinzip in der Praxis umsetzen. Was die sonstigen Anforderungen an Zuhörer:innen in Bezug auf ihre bewusst angewandte Sensibilität dafür betrifft, ob der Standard in einem bestimmten Fall wirksam ist oder nicht, sind wir immer noch auf der Suche nach einer Lösung.

Die Frage, wie die Hörerin für die Standardsituation empfänglich sein kann, ohne Schlüsse zu ziehen, ist lediglich eine Spielart des ursprünglichen Problems, das ein nicht-inferentialistischer Ansatz lösen muss: nämlich das Problem, welche Rolle die Empfänglichkeit der Hörerin beim Abwägen der Gründe spielen kann, die dafür oder dagegen sprechen, etwas zu glauben, ohne Schlüsse zu ziehen. Das Akzeptanzprinzip gebietet uns, «zu akzeptieren […], es sei denn, es gibt gewichtigere Gründe, die dagegensprechen». Wenn also die Hörerin im Hinblick auf den Status der standardmäßigen Akzeptanz sensibel ist, kann sie ihre Empfänglichkeit nur im Hinblick auf genau dasjenige ausüben, was das Akzeptanzprinzip ihr gerade ersparen sollte: nämlich die Abwägung der Gründe für und gegen die Annahme dessen, was man ihr erzählt. Natürlich ist bei Burge die Empfänglichkeit der Hörerin nicht die Quelle der Begründung – der ganze Witz seiner Darstellung liegt gerade darin, dass die Begründung als vollkommen unabhängig von der Leistung oder dem Verhalten der Hörerin etabliert wird. Nun fragt man sich aber, wie viel dadurch gewonnen ist, die Begründung irgendwo anders hin zu verschieben, denn von der Hörerin wird *immer noch* die Ausübung einer unerklärlichen, nichtdeduktiven rationalen Sensibilität verlangt, um die Gründe für oder gegen die Akzeptanz einer Äußerung auszutarieren. Der einzige Unterschied besteht darin, dass sie diese in Bezug auf den Standardfall (ist er gegeben?) und nicht in Bezug auf den Status der Bezeugung an sich (soll man sie akzeptieren?) ausüben muss. Es scheint, dass dem Nicht-Inferentialismus geholfen wäre, wenn man sich erneut und direkt mit dem explizit vollzogenen rationalen Empfindungsvermögen einer verantwortlichen Hörerin befassen würde. Deshalb schlage ich Folgendes vor: Wenn wir Klarheit über die Rolle der bewusst ausgeübten rationalen Sensibilität der Hörerin gewinnen, erhalten wir eine nicht-inferentialistische Erklärung ihrer Verantwortlichkeit, die eine apriorische Rechtfertigung überflüssig macht (beziehungsweise Erklärungen, die sich auf irgendwo anders verortete Faktoren stützen).

Bleiben wir bei der kritischen Offenheit der Hörerin gegenüber dem, was ihr erzählt wird. Vielleicht entschlüsselt dieser Gedanke die (von mir so bezeichnete) Phänomenologie einer unreflektierten Wachheit gegenüber den vielen Hinweisen und Anhaltspunkten, die wichtig für die Frage sind, wie sehr man dem Gesagten vertrauen sollte. Gesucht wird eine rationale Empfänglichkeit, die es dem Hörer ermöglicht, das Gesagte kritisch zu prüfen, ohne aktiv darüber nachzudenken oder irgendwelche Schlüsse zu ziehen. Eine kurze Bemerkung von Coady liefert dafür einen guten Ansatzpunkt. Er beschreibt einen «Lernmechanismus», der im Hörer kritisch, aber nicht-inferentiell arbeitet, um das richtige Maß an Vertrauen zu bestimmen. Er schreibt:

> Charakteristisch für die Rezeption von Bezeugungen ist, dass bei den Zuhörer:innen eine Art Lernmechanismus abläuft, der bestimmte kritische Fähigkeiten involviert. Man kann diesen Mechanismus für teilweise angeboren halten, auch wenn er durch Erfahrung modifiziert wird, insbesondere was die kritischen Fähigkeiten betrifft. Das Modell eines Mechanismus ist hier nützlich, da die Rezeption von Bezeugungen normalerweise unreflektiert, aber nicht unkritisch abläuft.[12]

Ich halte das für vollkommen richtig, auch wenn es uns für sich genommen nicht sehr viel weiterbringt. Wir brauchen noch eine umfassendere Erklärung für die Entstehung und Funktionsweise dieses Lernmechanismus in uns, um zu verstehen, inwiefern er spontan funktionieren kann, ohne dass es einer aktiven Reflexion unsererseits bedarf. Außerdem wollen wir wissen, wie es kommt, dass er auf neue diskursive Erfahrungen reagiert und sich entsprechend weiterentwickelt und verändert. Kommen wir noch einmal auf die Phänomenologie zu sprechen, und betrachten wir ein Beispiel von Robert Audi. Er stellt sich vor, dass er in einem Flugzeug sitzt und sich mit seiner Sitznachbarin unterhält. Zu Beginn des Gesprächs nimmt er ihre Äußerungen nicht besonders ernst, doch am Ende findet er sie sehr überzeugend. Audi denkt über die möglichen Erklärungen für einen solchen Sinneswandel nach und sagt:

> Möglich wäre eine unbewusste Folgerung von der Glaubwürdigkeit ihrer Darstellung im Allgemeinen auf den Schluss, dass diese Proposition [...] wahr ist. Aber vielleicht muss der kognitive *Einfluss* meiner bestehenden Überzeugungen – beispielsweise die neu gebildete Überzeugung, dass meine Nachbarin glaubwürdig ist – nicht zwangsläufig das Resultat einer entsprechenden *Folgerung* sein. Eine andere Erklärung fällt moderater aus: Auch abgesehen davon, dass ich Überzeugungen hinsichtlich ihrer Glaubwürdigkeit ausbilde, kann der Umstand, dass sie im Laufe der Zeit in meinen Augen zu einer glaubwürdigen Person geworden ist, in mir auf ziemlich direkte Weise die allgemeine Bereitschaft entstehen lassen, ihr zu glauben.[13]

Wie aber erklärt sich diese «ziemlich direkte Weise», durch die Sprecher:innen in den Augen ihrer Gesprächspartner:innen mehr oder weniger glaubwürdig sind oder werden? Wie Hobbes sagt, beurteilt man bei einer Zeugenaussage in erster Linie die *Person*:

> Beginnt das Denken eines Menschen nicht mit Definitionen, so beginnt es entweder mit anderen eigenen Erwägungen [...] oder aber es beginnt mit einer Behauptung eines anderen, an dessen Fähigkeit, die Wahrheit zu wissen, und Ehrlichkeit man nicht zweifelt. Das Denken betrifft in diesem Falle nicht so sehr die Sache wie die Person, und sein Ergebnis wird Glauben und Vertrauen [*faith*] genannt: *Vertrauen* in den Menschen.[14]

Im letzten Kapitel haben wir uns damit beschäftigt, dass das Glaubwürdigkeitsurteil des Hörers so zu verstehen ist, dass der Hörer die Sprecherin in der betreffenden Angelegenheit als mehr oder weniger vertrauenswürdig *wahrnimmt*. Ein Wahrnehmungsmodell entspricht sicherlich dem von Audi beschriebenen Phänomen, dass ein Hörer während eines Gesprächs möglicherweise seine Meinung über die Glaubwürdigkeit seines Gegenübers «auf ziemlich direkte Weise» ändern kann. Lassen Sie uns also den Gedanken vertiefen, dass die Empfänglichkeit eines Hörers für die vielen Hinweise und Anhaltspunkte, die sich auf das Vertrauen auswirken, ihn zu einer bestimmten Art von sozialer Wahrnehmung befähigt. Was für eine Art von Wahrnehmungsfähigkeit könnte das sein? Damit der Hörer seine Gesprächspartner:innen sozusagen durch die epistemische Brille sehen kann, müsste die Wahrnehmungsfähigkeit auf einer «Hintergrund-Theorie» (einem Korpus von Verallgemeinerungen) beruhen, die nicht nur die menschlichen Fähigkeiten und Motivationen per se umfasst, sondern insbesondere eine sozial situierte «Theorie» der Kompetenzen und Motivationen dieses oder jenes sozialen Typus in diesem oder jenem Kontext. Er muss die Aussage seines Gesprächspartners im Lichte dessen aufnehmen, wie wahrscheinlich es ist, dass jemand wie sein Gegenüber unter Umständen wie diesen zu jemandem wie ihm von einer solchen Sache erzählt (beziehungsweise in der Lage oder willens ist zu erzählen). Das Glaubwürdigkeitsurteil des Zuhörers muss also die wahrscheinlichen Fähigkeiten und Motivationen verschiedener sozialer Typen abwägen; dazu gehört auch die Frage, wie die Art und Weise, in der der Sprecher aller Voraussicht nach den Zuhörer wahrnimmt, sich auf dessen Motivation auswirkt, aufrichtig zu sein. Weil Hörer:innen sich auf diese Weise mit sozialen Typen auseinandersetzen müssen, haben wir im vorangegangenen Kapitel gesagt, dass Stereotype ein fester Bestandteil von Glaubwürdigkeitsurteilen sind – vielmehr noch: ein wesentlicher Bestandteil. Nur wenn Stereotype mit Vorurteilen behaftet sind, kommt etwas Fremdes – ein gegen-rationaler Zug von Identitätsmacht – ins Spiel.

Das ist aus dem letzten Kapitel bekannt. Doch um die Überlegung zu untermauern, dass der verantwortungsvolle Hörer seine Gesprächspartnerin auf eine epistemisch aufgeladene Weise wahrnimmt – er hält also das, was sie ihm erzählt, für mehr oder weniger glaubwürdig –, wollen wir uns in der Ethik nach einer aufschlussreichen Analogie umsehen. In der Tugendethik gibt es eine Variante des moralischen Kognitivismus, die die moralische Wahrnehmung hervorhebt. In dieser neo-aristotelischen Tradition gilt die Empfindungsfähigkeit des tugendhaften Subjekts als «geübt» oder sozial anerzogen, was bedeutet, dass das Subjekt die Welt durch eine moralische Brille betrachtet. Durch die Analogie zu der Annahme, dass ein tugendhafter Akteur über eine ethische Sensibilität verfügt, hoffen wir, eine Erklärung dafür zu finden, wie der verantwortungsvolle Hörer ein vernünftiges Empfindungsvermögen ausübt – und zwar ohne dabei Schussfolgerungen anzustellen –, um auf kritische Weise offen für die Äußerungen von anderen zu sein. Die folgende Darstellung liefert somit den Rahmen für eine tugendepistemologische Betrachtung von Bezeugungen. Wenn eine Hörerin die Aussage ihres Gesprächspartners auf angemessene Weise kritisch aufnimmt, ohne irgendwelche Schlüsse zu ziehen, so tut sie dies aufgrund der Wahrnehmungsleistungen einer gut geschulten *Sensibilität für Bezeugungen* [*testimonial sensibility*] – das ist der Kerngedanke.

3.3 Tugendhafte Wahrnehmung in moralischer und epistemischer Hinsicht

Die von mir angestrebte Analogie zwischen der moralischen Wahrnehmungsfähigkeit eines tugendhaften Akteurs und der Fähigkeit eines tugendhaften Hörers, Bezeugungen wahrzunehmen, beruht auf fünf Aspekten, die eng miteinander verbunden sind. Um es vorwegzunehmen: (1) Bei Bezeugungen ebenso wie im Bereich der Moral ist das Modell für die Urteilsbildung wahrnehmungsbezogen und damit nichtschlussfolgernd; (2) in beiden Bereichen ist ein gutes Urteil nicht kodifizierbar (das heißt, es lässt sich nicht nach festen Regeln vorab festlegen); (3) in beiden Bereichen ist das Urteil intrinsisch motivierend und (4) intrinsisch begründend; (5) und bei beiden enthält das Urteil typischerweise einen emotionalen Aspekt, der Teil der Erkenntnis ist. Lassen Sie mich das näher ausführen.

Gemäß jener Art von Kognitivismus, die aus der Tradition der Tugendethik hervorgegangen ist, zeichnet sich der tugendhafte Akteur durch die Fähigkeit zur moralischen Wahrnehmung aus. Er ist jemand, der dank einer angemessenen moralischen «Erziehung» oder (wie ich lieber sagen würde) einer angemessenen moralischen Sozialisation in der Lage ist, die Welt durch die moralische Brille zu betrachten. Wenn er mit einer Handlung oder einer Situation konfrontiert wird, die einen bestimmten moralischen Charakter hat, muss er nicht erst herausfinden, ob die Handlung grausam, freundlich, wohltätig oder egoistisch ist; er nimmt sie einfach als solche wahr. Diese Art von Wahrnehmungsurteil ist spontan und unreflektiert; es erfordert keinerlei Begründungen oder Schlussfolgerungen seitens des Akteurs. Die Wahrnehmungsfähigkeit des tugendhaften Akteurs erklärt sich aus einer Empfänglichkeit für moralisch relevante Merkmale der jeweiligen Situation. Analog dazu wird bei Bezeugungen die Wahrnehmungsfähigkeit des tugendhaften Hörers im Sinne einer Empfänglichkeit für epistemisch wichtige Merkmale der Situation und für das Verhalten des Sprechers verstanden. Diese epistemisch bedeutsamen Merkmale sind jene sozialen Anhaltspunkte, die die Vertrauenswürdigkeit betreffen. Es handelt sich also um Hinweise, die sich auf die Aufrichtigkeit und Kompetenz des Sprechers in der jeweiligen Angelegenheit beziehen. Diese Empfänglichkeit beruht auf einer Reihe von Hintergrundannahmen über die Vertrauenswürdigkeit verschiedener sozialer Typen in verschiedenen Zusammenhängen; ich bezeichne dies als eine sozial situierte «Theorie» über Vertrauenswürdigkeit. So wie die Wahrnehmung des tugendhaften Subjekts moralisch angereichert ist, so ist die Wahrnehmung des tugendhaften Hörers epistemisch angereichert. Diese Analogie zeigt uns eine Möglichkeit auf, wie wir die Überlegung, dass Glaubwürdigkeitsurteile mitunter auf Wahrnehmungen beruhen, philosophisch untermauern können. Meines Erachtens sind wir hier auf genau das gestoßen, was die Erkenntnistheorie der Zeugenschaft so dringend benötigt: ein Modell für nicht-inferentielle Urteile.

Wir sollten an dieser Stelle jedoch besonders vorsichtig mit den Begriffen «Theorie» und «Theorie-gesättigt» sein, da ihre Verwendung in diesem Kontext zu Missverständnissen führen kann. Denn es ist ein wichtiges Merkmal des moralischen Kognitivismus, mit dem wir uns hier beschäftigen, und zudem das zweite wesentliche Merkmal der Analogie, die wir entwickeln, dass weder die moralisch tugendhafte Akteurin noch die epistemisch tugendhafte Hörerin zu ihrem Wahrnehmungsurteil gelangen (im einen Fall ist es ein moralisches Urteil, im anderen ein Glaubwürdigkeitsurteil), indem sie Verallgemeinerungen auf den jeweiligen Fall anwenden. Es ist nicht so, dass sie eine *Theorie* anwenden, auch *wenden* sie keine Theorie *an*: Es ist keine Theorie, und sie wenden sie nicht an. Im Gegenteil, obwohl sich sicherlich einige relevante Verallgemeinerungen oder Prinzipien formulieren lassen (die in jenen Situationen von unschätzbarem Wert sind, in denen ein reflektierteres Urteilen erforderlich wird), gelangt der tugendhafte Mensch nicht dadurch zu seinem Wahrnehmungsurteil, dass er sich an irgendeinen Katalog jener unglaublich komplexen Normen hält, die in seinem Urteil implizit enthalten sind. Er ist frei von solchen vorgefassten Regeln und daher in der Lage, sein Denken an die unendlich vielfältigen Kontexte, die ihm möglicherweise begegnen, anzupassen und zu verändern. Sich auf Regeln zu verlassen entspricht eher jemandem, der noch nicht wirklich tugendhaft ist, sondern sich noch im Stadium des Nachahmens befindet. Martha Nussbaum zieht einen treffenden Vergleich mit künstlerischer Improvisation:

> Sorgfältiges Überlegen ist wie Improvisieren im Theater oder beim Musizieren: Es kommt auf Flexibilität, Reaktionsfähigkeit und Offenheit gegenüber dem Umfeld an; sich dabei auf einen Algorithmus zu stützen, ist nicht nur unzureichend, sondern zeugt von Unreife und Schwäche. Natürlich kann man ein Jazz-Solo nach einer Partitur spielen und dabei kleine Änderungen vornehmen, die der Besonderheit des eigenen Instruments entsprechen. Die Frage ist nur: Wer würde so etwas tun, und warum?[15]

Natürlich ist es durchaus möglich, viele generelle Vorzüge einer tugendhaften Wahrnehmungsfähigkeit anzugeben, aber das bedeutet nicht, dass eine Kodifizierung als solche verfügbar ist. Kein Regelwerk könnte im Vorhinein die auf Erziehung oder Sozialisation beruhenden Improvisationen eines tugendhaften moralischen Wahrnehmungsvermögens erfassen. Regeln können erst aufgestellt werden, nachdem das tugendhafte

Urteil gefällt wurde. Sie können für diejenigen, die noch keine umfassende Tugendhaftigkeit erlangt haben, eine nützliche Orientierungshilfe sein. Das Gleiche gilt beim Verhalten und den Urteilen der vollständig Tugendhaften mit Blick auf diejenigen, die noch auf dem Weg dahin sind; aber sie können niemals ein Ersatz für Tugendhaftigkeit sein. Die Art von Urteilen, die laut der hier entwickelten Auffassung sowohl bei moralischen Urteilen als auch im Fall von Bezeugungen zum Tragen kommt, ist letztendlich genau das: eine Frage des *Urteils*. Nochmals McDowell:

> Dem unvoreingenommenen Blick dürfte es jedoch keineswegs einleuchten, dass eine einigermaßen reife moralische Sichtweise eine solche Kodifizierung zulässt. Die besten Verallgemeinerungen über gebotenes Verhalten gelten jedoch, wie Aristoteles durchgängig sagt, nur in der Mehrzahl der Fälle. Wollte man versuchen, die eigene Auffassung dessen, was die Tugend verlangt, auf eine Menge von Regeln zu reduzieren, so würden – einerlei wie scharfsinnig und besonnen man bei der Zusammenstellung dieses Regelwerks verführe – unweigerlich Fälle auftauchen, bei denen uns eine mechanische Anwendung der Regeln verfehlt vorkäme, und zwar nicht unbedingt deshalb, weil man seine Gesinnung geändert hätte, sondern weil die eigenen Anschauungen über derlei Dinge es gar nicht zulassen, von irgendeiner allgemeinen Formel erfasst zu werden.[16]

Der Gedanke, dass moralisches Wissen nicht kodifizierbar ist, wird meines Erachtens klarer, wenn man sich vor Augen hält, dass eine tugendhafte moralische Wahrnehmungsfähigkeit eine Empfänglichkeit für Strukturen von moralischer Bedeutung ist, ein Gespür dafür, welche Rolle unterschiedliche Arten von Werten in einer neuen Situation, bei einer neuen Handlung oder auch in Bezug auf einen unbekannten Menschen spielen. Es ist eine Empfänglichkeit, die es der tugendhaften Person ermöglicht, die Welt in Situationen, in denen dies von praktischer Bedeutung ist, in einem bestimmten Licht zu sehen; aber es wäre irreführend zu sagen, die Empfänglichkeit sei nichts anderes als eine Alternative zur Reflexion. Zum ethischen Bewusstsein gehört mehr als zu entscheiden, was zu tun ist.[17] Durch eine tugendhafte Wahrnehmung gewinnen wir ein moralisches Verständnis von Erfahrungen, Menschen,

Situationen und Ereignissen – eine, wie ich es nenne, Sicht auf die Welt durch die moralische Brille –, und laut dieser Sichtweise ist natürlich selbst der in moralischer Hinsicht weiseste Mensch vor Überraschungen nicht gefeit. Oder besser gesagt: Die Tatsache, dass er offen genug ist, um der unredlichen Sicherheit starrer moralischer Vorstellungen zu widerstehen, zeichnet seine moralische Klugheit aus. Dies meint Iris Murdoch, wenn sie sagt: «Moralische Aufgaben sind in der Regel nicht nur deshalb grenzenlos, weil unsere Bemühungen sozusagen ‹im Rahmen› eines gegebenen Begriffs unvollkommen sind, sondern auch, weil sich unsere Begriffe selbst verändern, während wir uns bewegen und um uns schauen.»[18] Versteht man tugendhafte Wahrnehmung auf diese Weise, so wird deutlicher, wie sehr der Gedanke der Kodifizierbarkeit einer tugendhaften moralischen Wahrnehmung zuwiderläuft. Das Streben nach Kodifizierung – nicht zu verwechseln mit dem (durchaus ehrenwerten) Bemühen, alle allgemeinen Prinzipien, die sich aus tugendhafter Empfindungsfähigkeit ableiten lassen, klar zu formulieren – entpuppt sich als Impuls zur Flucht in eine Scheinobjektivität; also als Drang, sich den unerschöpflichen kreativen Anforderungen zu entziehen, die das moralische Leben an uns stellt. Die grundsätzliche Unkodifizierbarkeit ethischen Wissens ist die zweite Parallele zu Zeugenaussagen. Hier ist eine Bemerkung von Coady zu den Anfängen der Parallele:

> In der Mathematik ist viel von Zeugen die Rede, die doppelt so oft die Wahrheit wie etwas Unwahres sagen oder deren Glaubwürdigkeitsquote bei 0,8 oder was auch immer liegt; aber, wie C. S. Peirce schon vor langer Zeit feststellte, grenzen derartige Behauptungen ans Fantastische. Nicht nur, dass wir bei realen Menschen keine Möglichkeit haben, solche Verhältnisse zu berechnen. Sondern die Annahme eines solchen Quotienten fördert zudem die irrige Vorstellung, dass Menschen wie Münzen sind und die Neigung haben, auf die eine oder andere Seite zu fallen – und wenn man ihre Aussagen lange genug beobachtet oder prüft, würde sich die jeweilige Seite schon offenbaren. Aber so sind die Menschen nicht. Sie neigen weder ganz generell, unabhängig vom Kontext oder Thema, zum Lügen, noch dazu, Fehler zu machen, indem sie von bestimmten Umständen abstrahieren.[19]

Dies scheint richtig zu sein, obwohl das Streben nach präzisen Glaubwürdigkeitsquotienten durchaus eine gewisse Empfänglichkeit für den Kontext beinhalten kann. Auch sollten wir berücksichtigen, dass probabilistische Modelle nicht unbedingt voraussetzen, dass reale Sprecher:innen Glaubwürdigkeitsquotienten haben oder dass Zuhörer:innen solche Berechnungen anstellen – vielleicht wollen letztere vielmehr die Logik dessen abbilden, welche Veränderungen in der Beweislage die Glaubwürdigkeit des Gesagten erhöhen oder verringern, und in welchem Umfang.[20] Der Knackpunkt an dieser Stelle ist meines Erachtens, dass die Bandbreite der Kontexte, für die eine normale Hörerin bei ihren Glaubwürdigkeitsurteilen empfänglich sein muss, dermaßen groß ist, und dass die unzähligen Hinweise und Anhaltspunkte für Vertrauenswürdigkeit in verschiedenen sozialen Kontexten zu einer so enormen Ausdifferenzierung der Kontexte führen, dass es schlichtweg unrealistisch ist zu glauben, es stünde eine ausreichend komplexe Kodifizierung zur Verfügung, beziehungsweise dass sie, wenn es sie denn gäbe, überhaupt von Nutzen wäre. Das ist beim moralischen Kognitivismus das eigentliche Argument für die Nicht-Kodifizierbarkeit, und bei der von uns gezogenen Parallele findet sich aufseiten der Bezeugungen eine genaue Entsprechung. Die tugendhafte Zuhörerin gelangt nicht zu ihrem Glaubwürdigkeitsurteil, indem sie irgendwelche vorgegebenen Prinzipien anwendet, denn es gibt keine Prinzipien, die präzise oder umfassend genug wären, um dies zu leisten. Sie «sieht einfach» ihren Gesprächspartner in einem bestimmten Licht und reagiert entsprechend auf dessen Äußerung. Natürlich kann es hilfreich sein, wenn wir im Fall von Bezeugungen ebenso wie bei moralischen Fragen bestimmte allgemeine Grundsätze aufstellen, an denen wir unser Urteil orientieren. Aber solche allgemeinen Grundsätze sind erst nachträglich möglich, sie *folgen* dem tugendhaften Urteil und können Tugendhaftigkeit nicht ersetzen.[21] Nachdem wir den Fall der Moral im Sinne einer Empfänglichkeit für die moralische Bedeutsamkeit [*salience*] von Situationen, Handlungen und Personen erklärt haben, wird deutlich, dass die Hörerin im Fall der Zeugenaussage eine vergleichbare Empfänglichkeit für die erkenntnistheoretische Bedeutsamkeit der zahlreichen Aspekte walten lassen muss, die das Verhalten des Sprechers in dem jeweiligen Kontext betreffen und für die Frage seiner Vertrauenswürdigkeit relevant sind.

Die Unkodifizierbarkeit der moralischen Wahrnehmung eines tugendhaften Akteurs und der epistemischen Wahrnehmung eines Sprechers durch eine tugendhafte Hörerin sind also die zweite Parallele. Aber vielleicht sollte man hier auf eine Verbindung hinweisen, die noch enger ist. Einige der Dinge, für die der tugendhafte Hörer sensibel sein muss, betreffen lediglich die Kompetenz des Sprechers, also die Frage, ob er weiß, wovon er spricht; andere aber betreffen seine Aufrichtigkeit. Da Aufrichtigkeit ein moralischer Begriff ist, handelt es sich bei den gerade genannten epistemischen Qualitäten auch um moralische Qualitäten. Sie bergen Hinweise auf die moralische Haltung des Sprechers gegenüber der Hörerin: ob er dazu neigt, sie zu täuschen; ob er findet, dass sie eine möglichst vollständige Darstellung der Situation verdient hat; oder inwieweit er glaubt, dass sie genauso gut wie er mit unangenehmen Wahrheiten umgehen kann. Epistemisches Vertrauen schließt ethisches Vertrauen ein, weil epistemische Vertrauenswürdigkeit eine bestimmte Art von moralischer Vertrauenswürdigkeit enthält: nämlich Aufrichtigkeit. Dementsprechend beinhaltet die Empfänglichkeit der tugendhaften Hörerin für epistemisch hervorstechende Merkmale auch die Empfänglichkeit für gewisse moralisch hervorstechende Merkmale: Wer einen Sprecher auf eine epistemische Weise wahrnimmt, nimmt ihn auch auf eine bestimmte moralische Weise wahr.

Kommen wir zur dritten und vierten Parallele. Es zeichnet den moralisch tugendhaft Handelnden aus, dass seine Empfänglichkeit für situativ Bedeutsames motivational aufgeladen ist, das heißt moralische Wahrnehmung ist intrinsisch motivierend. Selbst dann, wenn ich moralisch auf etwas reagiere, das mir erzählt wird und das bereits in der Vergangenheit liegt (sodass ich gar nicht eingreifen *kann*), ist meine Wahrnehmung dessen, was gut oder schlecht, ungerecht, freundlich, mutig oder gemein war, so beschaffen, dass sie mich zum Handeln motiviert. Eine Situation durch die moralische Brille zu betrachten heißt, sie so zu sehen, dass sie von den betroffenen Parteien die eine oder andere konkrete Reaktion verlangt. Mehr noch, moralische Wahrnehmungen sind gerechtfertigterweise aufgeladen, weil die damit verbundene Motivation rational ist: Die auf tugendhafte Weise wahrgenommenen Sachverhalte bieten einen Grund für ein bestimmtes Handeln. Entsprechend lässt sich eine Handlung moralisch erklären und rechtfertigen, indem man die betreffenden Umstände, so wie sie der tugendhafte Akteur wahrgenommen hat, angibt. Deshalb sagt McDowell: «Sofern [die Handlungen] die den Tugendhaften auszeichnende Sicht der Dinge bekunden, müssen sie auch durch Bezugnahme auf Anwendungen dieses Wahrnehmungsvermögens erklärbar sein, und dabei bedarf es keiner Ergänzung durch Wünsche, um zu vollständigen Spezifizierungen der Gründe zu gelangen.»[22]

In Bezug auf diese beiden Punkte – Motivation und Rechtfertigung – können wir eine direkte Parallele zum Fall der Bezeugung ziehen. Die epistemisch angereicherte Wahrnehmung einer tugendhaften Zuhörerin von ihrem Gesprächspartner – sagen wir, sie hält ihn in Bezug auf das, was er ihr erzählt, für vertrauenswürdig – liefert eine Motivation, seine Äußerung zu akzeptieren. Klar ist: Wenn Sie den Eindruck haben, dass jemand Ihnen etwas Wissenswertes anbietet, motiviert Sie dies zu glauben, was er Ihnen mitteilt. Des Weiteren: Der Umstand, dass die tugendhafte Zuhörerin ihren Gesprächspartner als vertrauenswürdig wahrnimmt, rechtfertigt, dass sie glaubt, was er sagt – ihre Motivation, ihm zu glauben, ist rational. Dies ist von entscheidender Bedeutung für das allgemeine Verständnis von Bezeugungen, das wir hier erarbeiten wollen. Die Wahrnehmung des Gesprächspartners als vertrauenswürdig in dem, was er ihr sagt, motiviert die tugendhafte Hörerin nicht nur dazu zu akzeptieren, was er sagt, sondern es rechtfertigt sie auch darin. Sollte sie deshalb im Nachhinein zur Rede gestellt werden, kann die Zuhörerin ihre Gründe rekonstruieren (vielleicht auch nicht), aber solange ihr Glaubwürdigkeitsurteil durch eine gut geübte Empfänglichkeit für die epistemisch bedeutsamen Merkmale der bezeugenden Aussage im jeweiligen Kontext zustande kam – das heißt, wenn ihr Urteil aus einer tugendhaften Sensibilität für Bezeugungen resultiert –, dann war es gerechtfertigt. Wenn ihr also eine Erkenntnis angeboten wird, dann empfängt sie auch eine solche. Die tugendhafte Hörerin kann aufnehmen, was ihr gegeben wird, ohne weitere Begründung.

Im moralischen Kontext ist die Frage, wie etwas Kognitives – eine Wahrnehmung – intrinsisch motivierend sein kann, natürlich heikel. Sie ist deshalb heikel, weil der moralische Kognitivist der Ansicht ist, dass der tugendhafte Akteur keines unabhängigen wunschähnlichen Zustands bedarf, um zu handeln; die Wahrnehmung reicht aus. Im Gegensatz dazu hängt die Entsprechung im Fall der Bezeugung nicht unbedingt davon ab, zeigen zu können, dass eine solche Wahrnehmung als Motivation ausreicht. Denn es geht uns nicht darum zu zeigen, dass der tugendhafte Hörer, der vertraut, kein erkennbares eigenständiges Verlangen nach Wahrheit oder Wissen haben muss, um motiviert zu sein, etwas zu akzeptieren. Vielleicht lohnt es sich jedoch, diesen Punkt näher zu untersuchen, da ich glaube, dass sich die Parallele zum moralischen Kognitivismus in diesem Punkt dann bewahrheitet, sofern ein richtiges Verständnis von der konstitutiven Rolle der Emotionen bei bestimmten Arten von Erkenntnis gegeben ist. Geht man vom Leitgedanken der Empiristen aus, dass es auf der einen Seite Erkenntnis und auf der anderen Seite Emotionen gibt, wobei erstere einen intentionalen Gehalt hat und letztere nicht, dann ist es äußerst rätselhaft, inwiefern ein kognitiver Zustand wie eine Wahrnehmung eine Handlung motivieren können soll.[23] Geht man jedoch davon aus, dass Emotionen einen kognitiven Gehalt und Kognitionen einen emotionalen Gehalt haben können, dann erweist sich die Frage der Motivation als unproblematisch.[24] Diesbezüglich ist Martha Nussbaums Interpretation von Aristoteles hilfreich:

> [Aristoteles] ist der Ansicht, dass der wahrhaft gute Mensch nicht nur gut handelt, sondern angesichts seiner Entscheidungen auch die richtigen Gefühle hat […].
>
> Dahinter steht die Auffassung, dass die Leidenschaften reaktionsfähige und selektive, also auswählende Elemente der Persönlichkeit sind. Sie sind keine platonischen Bedürfnisse oder Triebe, sondern besitzen ein hohes Maß an Lernfähigkeit und Unterscheidungsvermögen. Aristoteles zufolge sind selbst Begehrungen intentional und fähig, Unterscheidungen zu treffen; sie können den Akteur über das Vorhandensein eines benötigten Objekts informieren und stehen mit der Wahrnehmung und der Vorstellungskraft in Wechselwirkung. Ihr intentionales Objekt ist «das offenkundig Gute». Emotionen setzen sich aus Überzeugungen und Gefühlen zusammen, sind geprägt durch die Entwicklung des Denkens und sehr differenziert in ihren Gründen […]. Kurz: Aristoteles nimmt keine scharfe Trennung zwischen Kognition und Emotion vor.[25]

Wenn wir Emotionen als intentional und als einen wesentlichen Teil der moralischen Wahrnehmung begreifen, stellt sich nicht mehr die Frage, wie Zustände moralischer Wahrnehmung zum Handeln motivieren können. Die Antwort ist als integraler Bestandteil der moralischen Wahrnehmung bereits gegeben. Ließe man die Emotionen aus der Wahrnehmung heraus, wäre es keine tugendhafte Wahrnehmung mehr.

Wie passt die Feststellung, dass Emotionen ein integraler Bestandteil der moralischen Wahrnehmung sind, zu unserer Konzeption eines tugendhaften Hörers? Die vielen Hinweise und Anhaltspunkte, für die unser tugendhafter Zuhörer während der Ausführungen seiner Gesprächspartnerin empfänglich sein muss, geben ihm Aufschluss über ihre Vertrauenswürdigkeit in Bezug auf das, was sie ihm erzählt. Wenn der Hörer den Eindruck hat, dass die Sprecherin vertrauenswürdig ist, wird er ihr unter ansonsten gleichen Bedingungen tatsächlich vertrauen und glauben, was sie ihm erzählt. Eine solche vertrauensvolle Haltung gegenüber einer anderen Person ist keine rein intellektuelle Haltung; eine solche Haltung des Vertrauens enthält ein *Gefühl* des Vertrauens. Ich denke, dies würde auch dann gelten, wenn es nur um die Kompetenz der Sprecherin ginge, aber dadurch, dass der Hörer auch dafür empfänglich sein muss, ob die Sprecherin ihm gegenüber aufrichtig ist, ist dieser Punkt bestechend. Die Aufrichtigkeit eines Sprechers zählt nicht zu jenen Haltungen, die man registriert, ohne gefühlsmäßig auf sie zu reagieren. Wenn der tugendhafte Hörer seine Gesprächspartnerin als mehr oder weniger vertrauenswürdig wahrnimmt, dann gehört zu dieser kognitiven Leistung zwangsläufig auch eine Emotion: ein Gefühl des Vertrauens. Genau wie das moralische Subjekt fällt der Hörer Urteile, die (zumindest meistens) eine emotionale Komponente haben.

Bestätigt wird diese Parallele dadurch, dass die Hörerin zudem auf eine allgemeine Weise emotional engagiert ist, um die Aufrichtigkeit oder Unaufrichtigkeit ihres Gesprächspartners wahrnehmen zu können: Sie muss sich so weit in ihn hineinversetzen, dass sie in der Lage ist, dies zu beurteilen, und Empathie ist in der Regel mit einer gewissen emotionalen Aufladung verbunden.[26] Eine Hörerin mit sehr geringem Einfühlungsvermögen ist bei der Beurteilung von Glaubwürdigkeit deutlich im Nachteil, da sie das Verhalten des Sprechers oft nicht richtig wahrnimmt.

Wenn sie etwa aufgrund mangelnder Empathiefähigkeit nicht erkennen kann, dass ihr Gesprächspartner Angst vor ihr hat (vielleicht ist er Schüler und sie Schulleiterin), schätzt sie sein Verhalten möglicherweise falsch ein, sodass sie ihn eventuell für unaufrichtig hält, obwohl er das nicht ist. Ich gehe davon aus, dass Empathie eine emotionale kognitive Fähigkeit ist. Und in dieser Hinsicht beinhaltet eine gut geübte Zeugnissensibilität bestimmte gut geübte Emotionen, sodass die Wahrnehmung der Zuhörerin alle emotionalen Reaktionen umfasst, die mit einer bestimmten empathischen Auseinandersetzung verbunden sind (Sympathie oder Misstrauen; das Gefühl, dass es ein gemeinsames Ziel gibt oder dass Konkurrenz herrscht; ein Gefühl von Respekt oder Verachtung usw.). Wenn wir der dualistischen Konzeption von Kognition und Emotion des Empiristen anhingen, wäre dieser Befund hinsichtlich der Wahrnehmung der Hörerin ein Störfaktor, den wir als eine bloß begleitende Gefühlsregung abtun müssten. Folgen wir hingegen eher Aristoteles' Auffassung der Emotionen, können wir das Gefühl des Vertrauens oder Misstrauens seitens der Hörerin – genau wie andere Gefühle, die mit einer bestimmten mitfühlenden Auseinandersetzung verbunden sind – so verstehen, dass sie einen konstruktiven kognitiven Beitrag zu einer epistemisch aufgeladenen Wahrnehmung leisten. Genau wie bei strikt moralischem Vertrauen kann es beim epistemischen Vertrauen ratsam sein, auf die eigenen Gefühle zu hören. Denn die emotionalen Reaktionen eines tugendhaften Zuhörers auf verschiedene Sprecher:innen in unterschiedlichen Kontexten sind durch die Erfahrung geübt und verfeinert: Das Gefühl des Vertrauens eines tugendhaften Zuhörers ist ein anspruchsvoller emotionaler Radar zur Erkennung von Vertrauenswürdigkeit bei Sprecher:innen. Somit lautet die fünfte Parallele: Sowohl bei tugendhaften moralischen Wahrnehmungen als auch tugendhaften Zeugniswahrnehmungen leisten Emotionen einen konstruktiven kognitiven Beitrag.

Was können wir abschließend über unsere Phänomenologie von Zuhörer:innen sagen? Die fünf Parallelen, die wir untersucht haben – dass moralische Urteile und Zeugnisurteile nicht-inferentiell, nicht-kodifizierbar, intrinsisch motivierend sowie intrinsisch begründend sind und typischerweise eine emotionale Komponente haben –, entsprechen alle der spontanen, unreflektierten Phänomenologie des Bezeugens, die dem Nicht-Inferentialismus so viel Auftrieb gegeben hat. Tatsächlich erklären sie, dass unsere Erfahrungswelt als Hörer:innen eine vollkommen unreflektierte und spontane kognitive Aktivität implizieren kann, wenngleich es sich um eine kritische Aktivität handelt. Genauer gesagt: Diese Parallelen passen zu der Beschreibung der Phänomenologie, die ich oben gegeben habe und der zufolge die Hörerin in der Regel die vielen Hinweise und Anhaltspunkte unreflektiert wahrnimmt, die ihr Aufschluss über die Vertrauenswürdigkeit ihres Gesprächspartners geben. Wenn wir davon ausgehen, dass unsere alltäglichen Glaubwürdigkeitsurteile, die wir aus dem Stegreif vornehmen, so sind, wie ich sie beschrieben habe – geübte, sozial situierte Wahrnehmungsurteile, die meistens spontan getroffen werden –, dann überrascht es nicht, dass die Erfahrungsform der Zeugenschaft unreflektiert ist. Dennoch wäre es falsch, wie ich angedeutet habe, wenn man sie als völlig unkritisch charakterisieren würde. Wenn wir die Analogie zum Modell der moralischen Wahrnehmung zulassen, ist es sinnvoll und gerechtfertigt, die Phänomenologie von Hörer:innen als eine unreflektierte und zugleich kritische Wachsamkeit zu interpretieren.

3.4 Die Übung der Sensibilität

Bei meinen Ausführungen zur Fähigkeit der Zeugniswahrnehmung, die der moralischen Wahrnehmungsfähigkeit eines tugendhaften Menschen vergleichbar ist, habe ich mich auf den aristotelischen Begriff der moralischen Erziehung berufen. Ich muss jedoch noch etwas mehr darüber sagen, inwiefern sich dieser Begriff auf die Fähigkeit der Zeugniswahrnehmung anwenden lässt. Bei Aristoteles geschieht die Erziehung eines tugendhaften Menschen durch Gewöhnung mittels Übung und Vorbilder. Aristoteles stellt die Tugenden der Sinneswahrnehmung gegenüber und sagt:

> Die Tugenden aber erwerben wir, indem wir sie zuvor betätigen, wie es ja auch sonst beim praktischen Können der Fall ist. Denn was wir erst machen können, wenn wir es gelernt haben, das lernen wir, indem wir es

> machen; so wird man zum Beispiel Baumeister, indem man Häuser baut, und Kitharaspieler, indem man Kithara spielt; ebenso werden wir auch gerecht, indem wir Gerechtes tun, besonnen, indem wir Besonnenes, und tapfer, indem wir Tapferes tun.[27]

Sein Modell birgt auch das Risiko, dass die Erziehung der Aufgabe nicht gerecht wird, denn Gewöhnung kann in beide Richtungen wirken, in Richtung der Tugend oder in Richtung des Lasters:

> Ferner ist es ein und dasselbe, woraus und wodurch jede Tugend entsteht und wodurch sie vergeht, und genauso auch jedes praktische Können; denn durch das Kitharaspielen entstehen sowohl die guten wie die schlechten Kitharaspieler. Entsprechend ist es auch bei den Baumeistern und allen Übrigen; denn wenn sie gut bauen, werden sie gute Baumeister sein, wenn schlecht, dann schlechte. […] So verhält es sich auch bei den Tugenden.[28]

Dies ist wichtig für das, was ich über die Sensibilität der Hörer:innen für Bezeugungen sagen möchte. Bis jetzt haben wir uns auf die Frage der gut geübten Sensibilität konzentriert, aber wir sollten auch an den Ursprung einer schlechten Ausbildung oder Entwicklung denken: an Vorurteile und insbesondere vorurteilsbehaftete Stereotype. Sie sind für unser Anliegen von zentralem Interesse. Die Wahrnehmung eines Gesprächspartners durch die Hörerin kann tugendhaft sein – oder daran auf die eine oder andere Weise scheitern. Vorurteile hat es immer gegeben (man denke an Aristoteles' Äußerungen über Sklaven und Frauen), doch die Vorurteile, die zu einem bestimmten Zeitpunkt in der Luft liegen, ändern sich im Laufe der Geschichte. Deshalb müssen wir den Menschen als ein Wesen begreifen, das von den Einstellungen seiner Zeit zwar geprägt ist, aber dennoch in der Lage ist, eine kritische Haltung gegenüber diesen Einstellungen einzunehmen. Wir brauchen also eine Konzeption der ethischen Entwicklung, die historischer und reflexiver ist als bei Aristoteles.

Ethische Sensibilität entsteht anfangs dadurch, dass uns die Einstellungen der jeweiligen Zeit eingetrichtert werden. Doch schon bald sind wir in der Lage, diese Einstellungen zu kritisieren, und so kommt es, dass wir uns, wenn es der gesellschaftliche Druck erlaubt, von gewissen Festlegungen distanzieren. Unsere Geschichtlichkeit birgt die Verantwortung für unsere persönliche moralische Lebensweise – eine tief verankerte beziehungsweise intrinsische Verantwortung für das, was wir sind.[29] Entsprechend schlage ich vor, dass wir die Ausbildung des ethischen Empfindungsvermögens als einen Prozess betrachten, bei dem mindestens zwei unterschiedliche Einflüsse zum Tragen kommen: soziale und individuelle Einflüsse – und zwar in dieser Reihenfolge. Man entwickelt ein moralisches Empfinden, indem man in eine bestimmte historische und kulturelle Lebensweise – oder, wie Alasdair MacIntyre es ausdrückt, in eine ethische «Tradition»[30] – eingegliedert wird, wobei dies als eine fortlaufende moralische Sozialisierung zu verstehen ist. Auch hier entsteht eine bestimmte Gefühlsbildung [*sentimental education*] aus einer unhintergehbar individuellen Lebenserfahrung, und in dieser Hinsicht ist die fortlaufende Ausbildung der eigenen Sensibilität etwas ausgesprochen Individuelles. Diese beiden Einflüsse – der kollektive und der individuelle Einfluss – bedingen die kontinuierliche Formung des moralischen Empfindens eines Menschen. Das, was die Sensibilität eines Individuums hervorbringt, ist also durch eine Reihe von Hintergrundinterpretationen und motivierenden Einstellungen geprägt, die seitens des reflexionsfähigen Individuums zunächst passiv von der ethischen Gemeinschaft übernommen werden, später aber aktiv überdacht und auf unterschiedliche Weise gelebt werden. Moralische Verantwortung setzt voraus, dass das Individuum auf angemessene, kritische Weise einen Zusammenhang herstellt zwischen dem hergebrachten Setting, in dem es seine primäre moralische Sozialisation erfährt, und den Erfahrungen, die das Leben ihm bietet. Diese Erfahrungen stehen manchmal in einer gewissen Spannung zu seiner moralischen Sozialisation und lösen so eine kritische Reflexion über das übernommene und weitgehend unhinterfragte Empfindungsvermögen aus.[31]

Ich bin der Meinung, dass die epistemische Sozialisation, durch die tugendhafte Hörer:innen ihre Sensibilität für Bezeugungen erlangen, eine vergleichbare Struktur aufweist. Ähnlich wie im ethischen Fall muss man sich die Empfindungsfähigkeit des tugendhaften Hörers so vorstellen, dass sie sich mittels Teilnahme an und Beobachtung von Praktiken des Austauschs von Bezeugungen entwickelt. Zuallererst gibt es ein passives soziales Erbe und dann einen mal passiven, mal aktiven Input aus der individuellen Erfahrung des Hörers. Zusammengenommen sind diese individuellen und kollektiven Einflüsse der Grund dafür, dass unsere normale, unreflektierte Rezeption dessen, was andere Menschen uns erzählen, durch zahlreiche sonstige Erfahrungen geprägt ist. Diese bilden gewissermaßen unsere informelle «Hintergrund-Theorie» über sozial situierte Vertrauenswürdigkeit. Die Erfahrungen, die für die Ausbildung moralischer Tugenden relevant sind, werden im Gespür des tugendhaften Menschen verinnerlicht, und genauso hat der tugendhafte Hörer auch den Bestand an kollektiven und individuellen Zeugniserfahrungen verinnerlicht, sodass sie zu einem integralen Teil seiner Sensibilität für Bezeugungen geworden sind. Dank des weitgehend induktiven Einflusses dieses Erfahrungsschatzes lernen wir relativ verlässlich, nur dann zu vertrauen, wenn es tatsächlich angebracht ist. Unsere Wahrnehmung von Sprecher:innen und deren Äußerungen wird also durch eine Fülle individueller und kollektiver Erfahrungen geprägt, die die Vertrauenswürdigkeit unterschiedlicher Sprecher:innen in unterschiedlichen Situationen in Bezug auf unterschiedliche Themen betreffen. Die Wahrnehmungen von Gesprächspartner:innen durch Zuhörer:innen stellen somit Urteile dar, die auf einer enormen Fülle an unterschiedlichen – individuellen wie kollektiven – Erfahrungen mit Bezeugungen beruhen.

Wie steht es um unsere Fähigkeit als Zuhörer:innen, ein kritisches Verhältnis zu diesem großen passiven Erbe zu entwickeln, das unsere Glaubwürdigkeitsurteile bedingt? Auch hier gilt es, eine Analogie zur Ethik zu finden. Ich habe gesagt, dass der Einzelne die Sensibilität für Bezeugungen in erster Linie passiv erbt. Aber wenn einer Zuhörerin erst einmal ein Licht aufgegangen ist, wird sie feststellen, dass die Erfahrungen, die sie beim Austausch von Bezeugungen macht, manchmal in einem Spannungsverhältnis zu den Reaktionen des Empfindungsvermögens stehen, das sie passiv übernommen hat; in einem solchen Fall gebietet es die Verantwortung, dass sich ihre Sensibilität anders ausrichtet, um die neue Erfahrung zu integrieren. Vielleicht hat sie in Bezug auf Politiker:innen die Erfahrung gemacht, dass es anteilsmäßig genauso viele Politikerinnen wie Politiker gibt, die sie respektiert. Und vielleicht stellt sie eine gewisse kognitive Dissonanz fest zwischen ihren Überzeugungen auf der einen Seite – ihrer Ansicht, dass Frauen den Männern in der Politik gleichgestellt sind – und den spontanen Reaktionen ihres Empfindungsvermögens auf der anderen Seite – ein Empfindungsvermögen, das dazu führt, dass sie immer wieder Äußerungen von Frauen über Politik nicht ganz so ernst nimmt wie die von Männern. Denkt sie darüber nach, wie sie zu ihren Urteilen kommt, so merkt sie möglicherweise, dass in ihr Überreste eines traditionellen stereotypen Frauenbilds wirken, dem zufolge Frauen nicht für die Politik geeignet sind – und das, obwohl sie aufgrund ihrer eigenen Erfahrungen überzeugt ist, dass dieses Stereotyp bloß ein Vorurteil ist. Wenn der verantwortungsvollen Hörerin eine solche Dissonanz bewusst wird, stellt sie möglicherweise fest, dass sich ihre Zeugnissensibilität ihren Überzeugungen unmittelbar angeglichen hat, und diese Neuausrichtung kann ohne jegliche vermittelnde kritische Reflexion erfolgen. Wahrscheinlicher ist jedoch, dass sie sich aktiv und kritisch mit ihren verinnerlichten Gewohnheiten als Hörerin auseinandersetzen muss: Dann erst werden diese Gewohnheiten so auf den Kopf gestellt, dass eine Anpassung möglich ist.

Geschieht die Anpassung direkt, durchläuft die Hörerin eine Art Gestaltwechsel hinsichtlich der Art und Weise, wie sie politische Rednerinnen wahrnimmt, sodass die Anpassung ihrer Zeugnissensibilität mehr oder weniger unmittelbar erfolgt. Handelt es sich um eine indirekte Anpassung, führt das aktive kritische Nachdenken über die Muster ihrer Glaubwürdigkeitsurteile möglicherweise zunächst zu Korrekturmaßnahmen außerhalb ihres Empfindungsvermögens (vielleicht konzentriert sie sich, wenn sie Frauen zuhört, die sich zur Politik äußern, bewusst darauf, dass Frauen Männern intellektuell ebenbürtig sind; oder sie bemüht sich, nachträglich den Einfluss von Vorurteilen auf ihr Urteil zu revidieren). Mit der Zeit können solche korrigierenden Maßnahmen zu einem integralen Bestandteil ihrer Empfindungsfähigkeit für Bezeugungen werden, sodass sie ein selbstverständlicher Aspekt ihrer frisch erworbenen Fähigkeit werden, Frauen in der Politik wahrzunehmen. Ob direkt oder indirekt, wir sehen also, dass angesichts einer fortwährenden Erfahrung mit Bezeugungen das Empfindungsvermögen der verantwortlichen Hörerin reifen und sich anpassen kann. Durch einen solchen Prozess selbstkritischer Reifung und Anpassung können sich Hörer:innen der Tugend annähern. Die Behauptung, dass die Sensibilität für Bezeugungen ein vernünftiges Vermögen ist, hängt maßgeblich davon ab, dass sie sich auf diese Weise anpassen kann; andernfalls wäre sie kaum mehr als ein Ballast der sozialen Konditionierung, der die Rechtfertigung der Reaktionen eines Hörers eher zu behindern scheint, als eine Quelle für eben diese Rechtfertigung zu sein.

Diese Anpassungsfähigkeit zeigt auch, inwiefern unsere Konzeption der Empfindungsfähigkeit für Bezeugungen Coadys Darstellung des kritischen «Lernmechanismus» entspricht. Wir haben gesehen, dass es seines Erachtens in den Hörer:innen einen Mechanismus gibt, der «durch Erfahrung modifiziert wird, insbesondere was die kritischen Fähigkeiten betrifft», und ich behaupte, dass wir etwas gefunden haben, das damit übereinstimmt: Unsere Idee einer Empfindungsfähigkeit für Bezeugungen beschreibt eine spontane kritische Sensibilität, die sich ständig weiterentwickelt und sich kontinuierlich an die individuelle und kollektive Erfahrung anpasst. Mein Vorschlag dazu, wie induktive Rationalität in die spontanen Wahrnehmungsleistungen der Zeugnissensibilität eingebettet sein kann, zeigt, dass explizite Schlussfolgerungen nicht die einzige Möglichkeit sind, um zu gewährleisten, dass ein Hörer berechtigt ist zu glauben, was man ihm erzählt. Ein entsprechend geübtes Empfindungsvermögen für Bezeugungen ermöglicht es dem Hörer, auf die Äußerung eines anderen mit jener Art von kritischer Offenheit zu reagieren, die für eine unkomplizierte Weitergabe von Wissen erforderlich ist. Diese Idee einer Sensibilität für Bezeugungen liefert uns eine Erklärung dafür, wie es möglich ist, dass Urteile rational, aber unreflektiert sind – kritisch, aber nicht auf Schlüssen basierend. Sie stellt ein rationales Vermögen vor, das Tugenden umfasst, dem Subjekt durch einen Sozialisationsprozess eingeprägt wird und angesichts von Erfahrungen und kritischer Reflexion eine ständige Korrektur und Anpassung zulässt. Somit haben wir es mit einer vernünftigen Fähigkeit zu tun, die sich von allem unterscheidet, was in der Erkenntnistheorie gängig ist, aber in der moralischen Epistemologie eine lange Vorgeschichte hat. Wir können die Sensibilität für Bezeugungen als einen Teil – ja, als einen wesentlichen Teil – unserer epistemischen «zweiten Natur» begreifen.[32]

4

Die Tugend der Zeugnisgerechtigkeit

4.1 Vorurteile korrigieren

Wir haben bisher ein Bild entwickelt, dem zufolge die Hörerin den Sprecher in einer epistemisch aufgeladenen Weise wahrnimmt – sie hält ihn für mehr oder weniger glaubwürdig in dem, was er ihr erzählt. Diese Wahrnehmungsfähigkeit wird in wirklichen, historisch gewachsenen menschlichen Gesellschaften geformt. Somit ist das Vorhandensein von Identitätsvorurteilen in der kollektiven sozialen Imagination eine endemische Gefahr für die fortwährend stattfindende Übung von Zeugnissensibilität. Überall dort, wo es im diskursiven Kontext Identitätsvorurteile gibt, droht also Zeugnisungerechtigkeit im Sinne des zentralen Falls (also eines durch Identitätsvorurteile bedingten Glaubwürdigkeitsdefizits). Das wirft die Frage auf, ob wir eine bestimmte Tugend ausmachen können, die der Hörer haben muss, um der Gefahr entgegenzuwirken, dass solche Vorurteile seine Wahrnehmung anderer Sprecher:innen verzerren. Wir müssen nach jener Komponente Ausschau halten, die spezifisch *gegen Vorurteile gerichtet* ist und Teil der Empfindungsfähigkeit des tugendhaften Hörers sein muss, damit er nicht dazu verleitet wird, eine Zeugnisungerechtigkeit zu begehen, im Zuge derer ihm möglicherweise wertvolle Informationen entgehen. Um den Charakter dieser besonderen Tugend zu ergründen, wollen wir uns intensiver als bisher mit Minghellas Drehbuch zu *Der talentierte Mr. Ripley* befassen, in dem Herbert Greenleaf Marge Sherwood zu Unrecht zum Schweigen bringt.[1] Ich werde mich zunächst auf die Zeugnisungerechtigkeit konzentrieren, die er ihr zufügt, um dann zu fragen, welche epistemische Tugend Greenleaf abgeht und wie es – angesichts des historischen Kontextes – eigentlich um Greenleafs moralischen Status bestellt ist.

Es sind die 1950er-Jahre, und wir befinden uns in Venedig. Herbert Greenleaf, ein reicher amerikanischer Unternehmer, ist in Begleitung eines Privatdetektivs angereist, den er beauftragt hat, herauszufinden, was mit seinem rebellischen Sohn Dickie passiert ist. Dickie Greenleaf hatte sich kurz zuvor mit seiner Freundin Marge Sherwood verlobt. In der Folge war er viel mit ihrem «Freund» Tom Ripley unterwegs – bis Dickie auf mysteriöse Weise verschwand. Marge misstraut Ripley zunehmend, weil er von Dickie besessen und auf verdächtige Weise in dessen seltsames Verschwinden verwickelt zu sein scheint. Außerdem ist sie sich sicher, dass es – auch wenn Dickie unzuverlässig und ein Frauenheld ist – absolut nicht zu ihrem Verlobten passt, sich einfach aus dem Staub zu machen, geschweige denn Selbstmord zu begehen. Das aber ist die Vermutung, die Ripley mit aller Macht zu untermauern sucht. Da sich Ripley von Anfang an erfolgreich bei Greenleaf senior eingeschleimt hat, steht Marge mit ihrem Verdacht – ihrem richtigen Verdacht –, dass Dickie ermordet wurde und Ripley sein Mörder ist, vollkommen allein da.

Herbert Greenleaf hat Ripley gerade gebeten, dem Privatdetektiv MacCarron so gut wie möglich dabei zu helfen, «fehlende Informationen über Dickies Leben zu beschaffen», woraufhin Ripley antwortet:

> Ripley: Ich gebe mein Bestes, Sir. Natürlich werde ich alles tun, um Dickie zu helfen.
> *Marge sieht ihn verächtlich an.*
> Herbert Greenleaf: Diese Vermutung, der Brief, den er Ihnen hinterlassen hat – nach Ansicht der Polizei ist er ein klares Indiz dafür, dass er [...] sich etwas antun wollte.
> Marge: Das glaube ich einfach nicht!
> Herbert Greenleaf: Sie wollen es nicht glauben, meine Liebe. Ich würde gern mit Tom alleine sprechen – vielleicht heute Nachmittag? Würde Ihnen das etwas ausmachen? Marge, was ein Mann seiner Liebsten erzählt und was er einem anderen Mann anvertraut –
> Marge: Wie zum Beispiel?[2]

Hier wird Marge von Greenleaf senior – der ihre Überzeugung, dass Dickie sich nie umbringen würde, als Wunschdenken der Geliebten abstempelt – auf sanfte, freundliche Weise kaltgestellt. Außerdem geht er davon aus – was zumindest bis zu einem gewissen Grad ein Trugschluss ist –, dass Marge über die eher zwielichtigen Seiten von Dickies Leben nichts weiß. So führen seine generelle Haltung ihr gegenüber wie auch «die schlimme Wahrheit über Dickie» dazu, dass er glaubt, sie müsse davor geschützt werden. (Ripley nutzt dies aus und verstärkt es noch. Als Greenleaf und Ripley im Laufe des Tages allein sind, sinniert Greenleaf niedergeschlagen: «Nein, Marge ahnt nicht einmal die Hälfte dessen.» Und Ripley antwortet: «Ich glaube, es täte ihr weh, wenn sie es wüsste.»[3]) Auch wenn Greenleafs küchenpsychologische Theorie darüber, was ein Mann seiner Liebsten erzählen kann und so weiter, eventuell sogar stimmt, so untergräbt sie Marge als Person, die einiges über ihren Partner weiß, mit dem sie seit einiger Zeit zusammenlebt. Greenleaf ist sich nur allzu bewusst, wie wenig er selbst über seinen Sohn weiß, weshalb er umso inbrünstiger hofft, der Privatdetektiv könne dazu beitragen, diesen Mangel zu beheben. Und dennoch sieht er in Marge nicht die Informationsquelle, die sie in Bezug auf Dickie ganz offensichtlich ist.

Diese Haltung führt dazu, dass Greenleaf einen der wichtigsten Gründe ignoriert, die für Marges richtige Annahme sprechen, dass Dickie von Ripley getötet wurde: Sie findet in Ripleys Unterkunft Dickies Ringe. Einen davon hatte sie ihm geschenkt, und Dickie hatte geschworen, ihn niemals abzulegen. Greenleaf übergeht dies: zum Teil, weil er Dickies Bindung an Marge unterschätzt, weshalb er jedes Versprechen, das Dickie Marge gegeben hat, quasi für wertlos hält; vor allem aber, weil es Ripley gelingt, Marge als «hysterisch» darzustellen. Tatsächlich nimmt nicht nur Greenleaf sie so wahr, sondern auch Marges Freund Peter Smith-Kingsley, sodass es zu einem Zusammenschluss von Männern kommt, die Marges Äußerungen nicht ernst nehmen. In den Dialogen tritt die Frage des Wissens immer wieder in den Vordergrund. An einer Stelle hören wir Marge aus dem Off, kurz nachdem sie die Ringe gefunden hat und scheinbar nichts anderes hervorbringen kann als ein selbstwidersprüchliches Mantra. Immer wieder sagt sie mit Nachdruck zu Greenleaf, der skeptisch bleibt: «Ich weiß nicht, ich weiß nicht, ich weiß es einfach.» Dies ist der Moment, in dem Greenleaf die bereits erwähnte, herabsetzende Bemerkung macht: «Marge, es gibt weibliche Intuition, und es gibt Fakten.» Es finden mehrere solcher Wortwechsel statt, bis Marge schließlich nach Amerika zurückkehrt: Sie wird auf ein Boot gebracht, reißt sich aber los, stürzt sich auf Ripley und ruft unterdessen: «Ich weiß, du warst es – ich weiß, du warst es, Tom. Ich weiß, dass du es warst. Ich weiß, dass du Dickie getötet hast. Ich weiß, du warst es.» MacCarron, der Privatdetektiv, eilt aus dem bereitstehenden Boot herbei, um sie mit Gewalt zurückzuhalten, und in der Regieanweisung heißt es: «Ripley sieht ihn an, als wolle er sagen: Was soll man machen, sie ist hysterisch. MacCarron nickt und zerrt sie auf das Boot.»[4]

Wir sehen, wie die arme Marge in gewissem Maße tatsächlich zu derjenigen Person wird, als die man sie dargestellt hat: eine hysterische Frau, die irgendwelche mehr oder weniger widersprüchlichen Behauptungen von sich gibt, die entgegen den Argumenten anderer an ihrer Intuition festhält und ihre Gefühle nicht unter Kontrolle hat. Dies also ist die unheimliche Funktionsweise der kausalen Konstruktion. Hier lässt sich erahnen, inwiefern ein solcher kausaler Wirkmechanismus auf den letzten Drücker eine Rechtfertigung für das ursprüngliche, vorurteilsbehaftete Glaubwürdigkeitsurteil liefert – manche Vorurteile sind so stark, dass sie sich selbst verwirklichen. Das unrechtmäßige Glaubwürdigkeitsurteil von Greenleaf über Marge lässt sich allerdings nicht im Nachhinein rechtfertigen, denn als er es fällte, gab es dafür keine entsprechenden Belege. Dennoch muss man einräumen, dass die nur halbwegs verständliche Weise, in der die frustrierte Marge ihren Verdacht äußert, einen schrecklichen Rechtfertigungskreislauf in Gang setzt, sodass es aus Greenleafs Sicht keineswegs irrational ist, sich durch ihr Verhalten darin bestätigt zu sehen, dass es richtig war, ihr nicht zu glauben. Wie die Zuschauer:innen jedoch wissen, war und ist die Konstruktion absolut ungerecht. Marge hatte Recht. Sie kannte Dickie gut, sie wusste von seiner Untreue und so weiter, und genau diese scharfsinnige Kulanz ihm gegenüber ermöglichte ihr das einsame Wissen, dass Ripley ihn getötet hat. (Sie wusste, dass Dickie mit anderen Frauen schlief, aber sie wusste auch, dass er den Ring nicht hergegeben hätte.) Man hätte auf Marges Verdächtigungen hören sollen; gerade ihr hätte man eine gewisse Glaubwürdigkeit zuerkennen müssen. Doch Ripley macht sich auf zynische Weise die damalige Gender-Wahrnehmung zunutze, und so kommt es, dass sich die freundlichen Männer in Marges Umfeld, die es gut mit ihr meinen, de facto mit ihm verbünden und dafür sorgen, dass sie in epistemischer Hinsicht unglaubwürdig erscheint.

Wie schon zuvor, als wir uns mit der verhängnisvollen Zeugnisungerechtigkeit gegenüber Tom Robinson befasst haben, ist auch dies ein Fall, in dem die Zeugnissensibilität des Hörers eine voreingenommene Wahrnehmung der Sprecherin liefert. Wir haben es also mit einem Fehlurteil auf spontaner, unreflektierter Ebene zu tun. Greenleafs spontan ausgeübte Zeugnissensibilität ist unzulänglich, da sie unter anderem durch die Gender-Vorurteile der damaligen Zeit geprägt ist. Natürlich können auch Fehler auf der Ebene der Reflexion geschehen, je nachdem, inwieweit der Kontext vom Hörer verlangt, in den gedanklichen Modus umzuschalten und die Hervorbringungen der eigenen Zeugnissensibilität aktiv und selbstkritisch zu reflektieren. So sind die Geschworenen im Gerichtssaal verpflichtet, aktiv über die spontanen Hervorbringungen ihrer Zeugnissensibilität nachzudenken, und sie begehen einen schweren Fehler, wenn sie das nicht tun. Beide Beispiele zeigen auf unterschiedliche Weise das *Versäumnis* von einem Hörer oder mehreren Hörer:innen, identitätsbedingte Vorurteile, die ihre Sensibilität für Bezeugungen beeinflussen, *zu korrigieren*. In beiden Fällen fehlt es den Zuhörer:innen an einem kritischen Bewusstsein für ein Vorurteil, das ihre Wahrnehmung des Sprechers verzerrt, sodass das, was ihre Zeugnissensibilität spontan und verzerrt hervorbringt, nicht überprüft wird. Ich werde weiter unten darlegen, dass Greenleafs voreingenommene Wahrnehmung von Marge aufgrund des historischen Kontextes letztlich nicht schuldhaft ist.

Anders verhält es sich mit den Geschworenen im Prozess von Tom Robinson. Sie haben reichlich Gelegenheit, den Konflikt zwischen dem Misstrauen, das ihre korrumpierte Sensibilität spontan auslöst, und dem Vertrauen, das eine angemessene Berücksichtigung der Beweise wecken würde, zu erkennen und beizulegen – eine angemessene Berücksichtigung, zu der andere Anwesende, Weiße wie People of Colour, offensichtlich in der Lage sind. Selbst wenn man den Geschworenen zumindest in Teilen den Umstand nachsieht, dass ihr Urteilsvermögen von den starken rassistischen Vorurteilen der Zeit durchtränkt ist, trifft sie nach wie vor ein schweres Verschulden. Denn sie haben es versäumt, in angemessener Weise auf die zahlreichen Zeugenaussagen des Prozesses zu reagieren. Schließlich gab es überwältigende Beweise, die dafür sprachen, dass Tom die Wahrheit sagt.

Was für ein kritisches Bewusstsein braucht es, damit ein Hörer bei einem bestimmten Glaubwürdigkeitsurteil in der Lage ist, Identitätsvorurteile zu korrigieren? Herbert Greenleaf etwa gelingt es nicht, gegen den Einfluss von sexistischen Gender-Konstruktionen auf seine Reaktionsmuster als Hörer vorzugehen. Das gilt insbesondere für Vorstellungen wie die, dass Frauen gewisse Dinge über Männer nicht wissen und dass man sie vor solchen Wahrheiten schützen muss; dass weibliche Intuition hinderlich ist, wenn es um rationales Urteilen geht; und nicht zuletzt die Annahme, dass Frauen zu Hysterie neigen. Ähnlich verhält es sich mit den Geschworenen von Maycomb County. Sie tun nichts dagegen, dass ihre Reaktionsmuster als Hörer:innen mit rassistischen Konstruktionen des «N*****» durchtränkt sind: «*alle* N**** lügen, *alle* N**** sind von Grund auf verderbt, *alle* N**** sind lüstern nach unseren Frauen».[5] In beiden Beispielen beeinflusst ein vorurteilsbehaftetes Stereotyp die Zeugnissensibilität des Hörers, sodass er gegenüber dem Sprecher korrumpierte Identitätsmacht anwendet. Sozial-imaginative Vorstellungen von «N****» oder «Frau» verzerren das Glaubwürdigkeitsurteil des Hörers, und dieser Gebrauch von Identitätsmacht entscheidet darüber, wer wem Wissen vermitteln kann, und auch, wer von wem Wissen erlangen kann. Je nachdem, welche Aspekte man hervorheben möchte, kann man entweder den Fokus auf die Identitätsmacht legen, die Greenleaf gegenüber Marge und die Geschworenen gegenüber Tom Robinson aktiv ausüben; oder man konzentriert sich auf das rein strukturelle Wirken von Identitätsmacht, dem Greenleaf und die Geschworenen genauso unterliegen wie Marge und Tom Robinson. Diese letztere, rein strukturelle Beschreibung eignet sich dann, wenn man die Tatsache betonen möchte, dass alle Beteiligten bis zu einem gewissen Grad von einer Ideologie beeinflusst sind, die Gender oder Race betrifft. Da es mir aber darum geht, die konkret stattfindende Ungerechtigkeit herauszustellen sowie die Art und Weise, in der die Hörer:innen die Sprecher:innen an der Vermittlung von Wissen hindern, ist es für unsere Zwecke am sinnvollsten, den Fokus auf die von Handlungssubjekten ausgeübte Macht zu legen. Beide Varianten konzipieren den Hörer als jemanden, der nichts gegen die antirationale Wirkungsweise der Identitätsmacht unternimmt, die sein Glaubwürdigkeitsurteil verzerrt.

Damit eine Zuhörerin die Effekte von Identitätsmacht auf ihre Glaubwürdigkeitsurteile erkennen kann, muss ihr nicht nur bewusst sein, dass die soziale Identität des Sprechers eine Rolle spielt, sondern auch, dass ihre *eigene* soziale Identität ihr Glaubwürdigkeitsurteil beeinflusst. Die Geschworenen verkennen, dass es für ihre Wahrnehmung von Tom Robinsons Äußerungen nicht nur eine Rolle spielt, dass er schwarz ist, sondern auch, *dass sie weiß sind.* Und Greenleaf berücksichtigt bei seinen skeptischen Reaktionen auf Marge nicht, wie sehr die Tatsache, dass sie eine Frau ist, einen Unterschied hinsichtlich des Umstandes macht, wie er *als Mann* ihre Bezeugungen wahrnimmt. Unsere beiden Beispiele zeigen also, dass der verantwortungsvolle Umgang mit Bezeugungen [*testimonial responsibility*] ein ausgeprägtes *reflexives* kritisches Bewusstsein von sozialen Beziehungen erfordert. Der Hörer muss bei seiner Beurteilung von Glaubwürdigkeit berücksichtigen, dass sich das identitätsbezogene Machtverhältnis zwischen ihm und der Sprecherin auf seine spontane Wahrnehmung auswirkt. Und wenn möglich sollte er sich bewusst machen, dass dieses Verhältnis ebenfalls Auswirkungen auf das Verhalten der Sprecherin hat. Wäre Marge irgendwie in der Lage gewesen, ihre Anschuldigungen gegenüber *Mrs* Greenleaf zu äußern, hätte man vielleicht anders auf sie gehört. Dass der Prozess von Tom Robinson anders verlaufen wäre, wenn die Geschworenen People of Colour gewesen wären, versteht sich von selbst. Beim Austausch von Bezeugungen ist keiner der Beteiligten neutral, das gilt für die Zuhörer:innen genauso wie für die Sprecher:innen. Jeder Mensch unterliegt einer Zuschreibung von Race und Gender. Was aufseiten des Hörers nötig ist, damit er keine Zeugnisungerechtigkeit begeht – und um seinem Erkenntnisinteresse an der Wahrheit zu genügen –, ist eine korrigierende, gegen Vorverurteilung wirksame Tugend mit eindeutig *reflexiv*er Struktur.

Ein solches reflexives kritisches Bewusstsein dafür, dass wahrscheinlich Vorurteile mit im Spiel sind, ist also eine Voraussetzung dafür, um

Vorurteile bei eigenen Glaubwürdigkeitsurteilen zu korrigieren. Aber was genau ist hier mit «korrigieren» gemeint? Wenn eine Zuhörerin vermutet, dass ihr Glaubwürdigkeitsurteil ein Vorurteil birgt – vielleicht weil sie eine kognitive Dissonanz zwischen ihrer Wahrnehmung, ihren Überzeugungen und ihren emotionalen Reaktionen bemerkt oder weil sie selbstkritisch darüber nachdenkt –, sollte sie vom spontanen, unreflektierenden Modus zu einer aktiven kritischen Reflexion übergehen, um festzustellen, inwieweit das vermutete Vorurteil ihr Urteil beeinflusst hat. Falls sie merkt, dass die geringe Glaubwürdigkeit, die sie einer Sprecherin zugeschrieben hat, teils auf Vorurteile zurückzuführen ist, kann sie das korrigieren, indem sie ihre Einschätzung revidiert und der Sprecherin als Ausgleich eine höhere Glaubwürdigkeit zuspricht. Es gibt keinen Algorithmus, an dem sich die Hörerin orientieren könnte, um zu bestimmen, wie sehr sie die Glaubwürdigkeit nach oben oder nach unten anpassen sollte, aber es gibt ein klares Leitideal. Diesem Leitideal zufolge neutralisiert man alle negativen Auswirkungen von Vorurteilen auf die eigenen Glaubwürdigkeitsurteile, indem man die Glaubwürdigkeit nach oben hin korrigiert. Man strebt also jenen Grad an Glaubwürdigkeit an, den man seinem Gegenüber zugesprochen hätte, wäre da nicht das Vorurteil gewesen. Das ist immerhin ein Prinzip, an dem wir unsere Praxis der Glaubwürdigkeitsbeurteilungen ausrichten können. Möglicherweise führt die Annäherung an dieses Ideal in einem gegebenen Fall dazu, dass wir unser Urteil nun auf der Basis einer erhöhten Glaubwürdigkeitszuschreibung treffen. Es kann aber auch sein, dass wir unser Urteil lediglich etwas vager und zurückhaltender formulieren. In Fällen, in denen die Glaubwürdigkeitsbeurteilung allzu unbestimmt wird, müssen wir das Urteil eventuell ganz aussetzen. Falls wir jedoch verpflichtet sind, irgendein definitives Urteil zu fällen, verfügen wir vielleicht über die Ressourcen, um nach weiteren Belegen zu suchen. Da es nicht immer möglich ist, die Auswirkungen von Vorurteilen durch eine klare kompensatorische Erhöhung der Glaubwürdigkeit zu «korrigieren», wollen wir annehmen, dass die tugendhafte Hörerin *den Einfluss von Vorurteilen auf ihre Glaubwürdigkeitsurteile* auf die eine oder andere Weise *neutralisiert.*

Das ist also die gesuchte Tugend, die gegen eine Vorverurteilung gerichtet ist [*anti-prejudicial virtue*]. Ihr Besitz erfordert, dass die Hörerin ihre Vorurteile bei Glaubwürdigkeitsurteilen verlässlich neutralisiert. Nennen wir sie (wie auch sonst?) die Tugend der *Zeugnisgerechtigkeit* [*virtue of testimonial justice*]. Um Verwirrung zu vermeiden, sollten wir jedoch darauf hinweisen, dass diese Bezeichnung ebenfalls eine sehr viel allgemeinere Vorstellung implizieren kann: einen vollkommen gerechten Austausch von Bezeugungen, bei dem nicht nur unsere spezifisch gegen Vorverurteilungen gerichtete Tugend eine Rolle spielt, sondern alle Tugenden, die wichtig sind, um Äußerungen eines anderen zur Kenntnis zu nehmen – also etwas, das eine vollständige tugendepistemologische Darstellung von Bezeugungen liefern würde. Aristoteles trifft eine solche Unterscheidung im Hinblick auf den Begriff der Gerechtigkeit. Er unterscheidet die «ganze Gerechtigkeit» als Gesamtheit der Tugenden von der «besonderen Gerechtigkeit» als einer spezifischen (distributiven) Tugend.[6] Bleiben wir bei unserer eigenen Terminologie und halten wir fest, dass es einen allgemeinen Begriff der Zeugnisgerechtigkeit gibt, der sämtliche intellektuellen Tugenden umfasst, die notwendig sind, wenn eine Hörerin die Äußerungen eines anderen aufnimmt, und daneben eine spezielle Auslegung von Zeugnisgerechtigkeit, die sich spezifischer (und vor allem) darauf bezieht, dass möglicherweise negative Identitätsvorurteile das eigene Glaubwürdigkeitsurteil prägen. Letztere ist die Tugend, die uns interessiert.

Was können wir also noch über die Art und Weise sagen, in der eine Hörerin unsere spezielle Tugend der Zeugnisgerechtigkeit zum Ausdruck bringt? Wir haben gesagt, dass die Hörerin eine gewisse reflexive und kritische Achtsamkeit aufbieten muss. Aber in welcher Form? Muss dies immer ein bewusstes, abwägendes Nachdenken sein, oder kann die Tugend manchmal auch spontaner zum Ausdruck kommen? Die Tugend besteht im Wesentlichen darin, dass die eigenen Glaubwürdigkeitsurteile vorurteils*frei* sind. Diese Unvoreingenommenheit kann daher rühren, dass die Urteile von vornherein keinerlei Vorurteile bergen, oder daher, dass der Einfluss eventueller Vorurteile auf irgendeine Weise neutralisiert wird. Lassen Sie uns also zunächst einräumen, dass diese Tugend einerseits auf ganz *unbedarfte*, *naive* Weise zum Tragen kommen kann: Die Glaubwürdigkeitsurteile der betroffenen Person sind von vornherein frei von Vorurteilen, es hat keinerlei Selbstkontrolle (ob bewusst oder unbewusst) gegeben, geschweige denn eine Korrektur. Andererseits tritt die Tugend *korrigierend* auf, was bedeutet, dass sich die betroffene Person auf irgendeine Art selbst beobachtet und ihre Urteile gegebenenfalls korrigiert.

Wie könnte jemand auf naive Weise über diese Tugend verfügen? Denkbar ist, dass die Tugend in einer Gesellschaft existiert, die völlig frei von Vorurteilen ist (sofern man sich eine solche Gesellschaft überhaupt vorstellen kann). Realistischer ist es, dass eine Hörerin in einer Gesellschaft oder einer kulturellen Gruppe mit gewissen eigenen atmosphärischen Vorurteilen aufgewachsen ist und deshalb frei ist von zumindest einigen der Vorurteile, die in einer anderen Gesellschaft oder anderen kulturellen Gruppe gelten. So könnte man sich vorstellen, dass Menschen, die im Süden Englands aufgewachsen sind, keine Ahnung von den Identitätsvorurteilen haben, die in Nordirland zwischen Protestanten und Katholiken herrschen, da diese Vorurteile nichts mit ihrem eigenen sozialen Bewusstsein zu tun haben. Natürlich hat es in der gesellschaftlichen Realität, die ihren epistemischen Charakter geprägt hat, diese Kategorien gegeben, doch sie hatten hinsichtlich der Struktur der sozialen Verhältnisse keine Bedeutung, die die Glaubwürdigkeitsurteile beeinflussen könnte. Um diese Tugend für sich in Anspruch nehmen zu können, müssten sie also eine hinreichend gefestigte allgemeine Motivation haben, unvoreingenommene Glaubwürdigkeitsurteile zu fällen – wobei die spezifischen religiösen Vorurteile, um die es hier geht, nie eine Bedrohung darstellen würden. In Bezug auf diese spezifischen Vorurteile würden sie also die Tugend der Zeugnisgerechtigkeit auf naive Weise verkörpern.

Darüber hinaus könnte die Tugend noch wie folgt auf naive Weise in Erscheinung treten: Jemand ist in einer Gesellschaft aufgewachsen, in der die entsprechenden Vorurteile herrschen, doch seine angeborene Fähigkeit zu vorurteilsfreier sozialer Wahrnehmung ist davon hinreichend unbeeinträchtigt. Erinnern wir uns an die Ausführungen zu Vorurteilen und vorurteilsbehafteten Stereotypen im zweiten Kapitel. Überzeugung und Glaubwürdigkeitsurteil können auseinanderklaffen, weil Glaubwürdigkeitsurteile Wahrnehmungen sind, die nicht nur durch Überzeugungen, sondern auch durch emotionale Reaktionen und Inhalte der sozialen

Imagination geformt sind. Jemand, der andere Sprecher:innen relativ unvoreingenommen wahrnehmen kann, obwohl er ihnen gegenüber Vorurteile hegt, die deren Glaubwürdigkeit untergraben, ist jemand, dessen angeborene Wahrnehmungsfähigkeit sich auf irgendeine Weise den gängigen vorurteilsbehafteten Korrumpierungen entzogen hat. Da seine Überzeugungen von dem Vorurteil nicht vollkommen unberührt sind, besteht eine Dissonanz zwischen seinen Überzeugungen auf der einen Seite und seinen Wahrnehmungsurteilen auf der anderen – eine Dissonanz, die ihn im Vergleich zu den meisten Leuten in seinem Umfeld auszeichnet, deren kognitive Fähigkeiten stärker von Vorurteilen geprägt sind. Eine solche Person wäre das epistemische Gegenstück zu Arpalys Huckleberry Finn, dessen moralische Wahrnehmung von Jim sich irgendwie den rassistischen Vorurteilen, die seine Überzeugungen bestimmen, entzogen hat.

Vielleicht könnte ein Kind, das sich in den wechselvollen Anfangsphasen seiner ethischen und epistemischen Sozialisation befindet und in einer Gesellschaft mit den entsprechenden Vorurteilen aufwächst, ein Beispiel für jemanden sein, der (zumindest in Teilen) die Tugend der Zeugnisgerechtigkeit auf mehr oder weniger naive Weise verkörpert. In dem Roman *Wer die Nachtigall stört* befindet sich Scout, Atticus Finchs junge Tochter, die dem Gerichtsprozess beiwohnt und allmählich die Tugend der Zeugnisgerechtigkeit erwirbt, an einem interessanten Punkt. Wie es ihrem Alter entspricht, ist sie hinsichtlich der Tugend noch in einem Stadium der Nachahmung, des aktiven Nachdenkens und des Experimentierens. Bei der Verhandlung fragt Atticus Tom Robinson:

> «Haben Sie irgendwann ohne Erlaubnis das Grundstück der Ewells betreten? Ich meine, waren Sie je auf dem Hof oder im Haus, ohne dass jemand von der Familie Sie ausdrücklich dazu aufgefordert hätte?»
> «Nein, Mr. Finch, niemals, so was würde ich nie tun.»
> Atticus sagte bisweilen, die Stimme eines Zeugen verrate einem besser als sein Gesichtsausdruck, ob er lüge oder die Wahrheit spreche. Ich machte die Probe aufs Exempel: Tom hatte die Frage in einem Atemzug dreimal verneint, aber ganz ruhig, ohne jeden winselnden Unterton, und ich merkte, dass ich ihm trotz seiner übertriebenen Beteuerung glaubte. Er

> schien ein ehrbarer N**** zu sein, und ein ehrbarer N**** ging nie unaufgefordert auf fremde Höfe.[7]

Scout lässt sich ohne Vorurteile von ihren sozialen Erfahrungen leiten, also der Erfahrung, wie sich unterschiedliche soziale Typen höchstwahrscheinlich verhalten; und die Verallgemeinerungen, auf die sie sich stützt, um zu überlegen, was ein «ehrbarer N****» tun würde, sind, wie dargestellt, stichhaltig. Dieses Zitat zeigt, dass auch sie auf dem Weg ist, die gegen Vorverurteilung gerichtete Tugend der Zeugnisgerechtigkeit zu erlangen, allerdings wächst sie in einem gesellschaftlichen Umfeld auf, in dem es sehr starke Vorurteile gibt. Natürlich spielt ihr Vater eine ganz wesentliche Rolle bei der Ausbildung ihrer Sensibilität für Bezeugungen – was an dieser Stelle explizit wird. Die Nähe zu bestimmten anderen Menschen ohne Vorurteil wie Calpurnia, die für die Familie arbeitet, ist diesbezüglich ebenfalls wichtig. Doch Scout wird unweigerlich auch von anderen Leuten und der Einstellung der Bevölkerung in Maycomb County beeinflusst. Ihre Tugendhaftigkeit ist hier im Großen und Ganzen naiv, denn sie ist zu jung, um sich der Wucht der Vorurteile in ihrem Umfeld bewusst zu sein, und somit zu jung, um irgendwelche Überlegungen anzustellen, die ihnen entgegenwirken. Ihre Sensibilität für Bezeugungen ist glücklicherweise einstweilen so, dass sie Tom als Sprecher ganz direkt und unvoreingenommen wahrnimmt (sie erzählt uns, dass sie auf seine Stimme geachtet hat und «merkte, dass [sie] ihm glaubte»). Aber bei ihrer Einschätzung gibt es auch einen korrigierenden Aspekt – sie macht einen Test, bei dem man nicht auf die Hautfarbe des Sprechenden achtet –, denn schließlich ist sie nicht vollkommen frei von Vorurteilen und könnte das auch unmöglich sein. Ihre Gedanken sind unweigerlich in die schäbige Ausdrucksweise der damaligen Zeit gekleidet, sodass sie manchmal gängige rassistische Ansichten äußert. Das liegt zum einen daran, dass Kinder so gut wie alle verfügbaren Denkweisen ausprobieren, um sich zu kritischen Wesen zu entwickeln. Zum anderen hat es aber auch damit zu tun, dass ihr Bewusstsein durch diese Ansichten überhaupt erst eine Form findet. Daran werden wir erinnert, als Dill, der mit Scout und Jem zur Galerie für People of Colour gekommen ist und sieht, auf welch hässliche Weise Mr Gilmer mit Tom Robinson spricht, zu weinen beginnt, sodass Scout mit ihm nach draußen gehen muss. Unter einer alten Eiche versucht sie, ihn zu trösten, indem sie ihm freundlich Gilmers Verhalten erklärt und im Zuge dessen einen Gedanken äußert, der viel über das rassistische Klima aussagt, in dem die beiden aufwachsen müssen: «Na ja, Dill, schließlich ist Tom bloß ein N****.»[8]

Wenn Scout also die Tugend der Zeugnisgerechtigkeit an den Tag legt, dann tut sie es auf eine Art und Weise, die einen korrigierenden Aspekt hat, aber nichtsdestotrotz weitestgehend naiv bleibt. Meistens tritt die Tugend jedoch in korrigierender Form auf. Und im Grunde ist zu erwarten, dass mit zunehmendem Alter Scouts naiver Zugang zu der Tugend auch abnimmt, was die Notwendigkeit verstärkt, sie in der korrigierenden Form zu besitzen. Rufen wir uns den Pessimismus von Mr Dolphus Raymond in Erinnerung, einen Weißen, der aus einer «guten alten Familie» stammt und auf eigenes Betreiben zum gesellschaftlichen Außenseiter geworden ist, da er «die Gesellschaft der N**** [vorzieht]».[9] Er prophezeit dem jungen Dill, dass er sich an das alltägliche Spektakel rassistischer Verachtung gewöhnen und darüber bald keine Träne mehr vergießen werde. Nachdem er mitbekommen hat, wie Dill weinend gegen die schändliche Behandlung Tom Robinsons durch Mr Gilmer im Gerichtssaal protestiert, tritt Dolphus hinter einem Baum hervor, um sich mit den beiden Kindern zu unterhalten. Er sagt über Dill: «Das Leben hat seinen Instinkt noch nicht getrübt. Wenn er erst etwas älter ist, wird er nicht mehr vor Ekel weinen. Vielleicht wird ihm auffallen, dass die Dinge … na, sagen wir, nicht ganz so sind, wie sie sein sollten, aber er wird nicht darüber weinen, nicht, wenn er ein paar Jahre mehr auf dem Buckel hat.»[10] Wenn das unvermeidlich zum Heranreifen in der Gesellschaft dazugehört, besteht die einzige Hoffnung für Zeugnisgerechtigkeit darin, dass sie als korrigierende Tugend erworben wird. Im Allgemeinen manifestiert sich die Tugend auf korrigierende Weise, denn in menschlichen Gesellschaften schwirren immer irgendwelche Vorurteile umher, und diese neigen dazu, die Glaubwürdigkeitsurteile der Hörer:innen zu beeinflussen – unabhängig davon, ob es ihnen gelungen ist, ihre Überzeugungen von Vorurteilen zu reinigen oder nicht. Als Hörer:innen ist es unsere Aufgabe, die Auswirkungen aller erdenklichen

Vorurteile zu neutralisieren, die schlichtweg ein Teil jedes Settings sind, in dem Bezeugungen ausgetauscht werden.

Auf welche Weise kann nun eine Hörerin die Tugend der Zeugnisgerechtigkeit in korrigierender Form ausüben? Natürlich kann man mittels aktiver Reflexion das eigene Glaubwürdigkeitsurteil nach oben korrigieren, aber ist dies auch auf spontanere Weise möglich? Ja, und wir können zwei Möglichkeiten ausmachen. Persönliche Vertrautheit kann erstens dasjenige Vorurteil beseitigen, das einem unvoreingenommenen Glaubwürdigkeitsurteil zunächst im Wege stand: Ein Akzent, der anfangs sozial belastet war, wird durch Gewöhnung zu etwas ganz Normalem; ein fremder Kommunikationsstil wird vertraut; die Hautfarbe wird irrelevant; das Geschlecht spielt keine Rolle mehr; das Alter rückt in den Hintergrund. Angenommen, der erste Eindruck einer Hörerin von einem Sprecher bewirkt, dass sie nicht geneigt ist, dem, was er ihr erzählt, besonders viel Glauben zu schenken, was an irgendeinem Vorurteil liegt. Doch mit zunehmender Vertrautheit, die im Laufe des Gesprächs oder vielleicht im Zuge einer längeren Bekanntschaft entsteht, schwindet der voreingenommene Ersteindruck, und das Glaubwürdigkeitsurteil der Zuhörerin korrigiert sich spontan. Ihre Sicht auf den Sprecher ändert sich, weil Vertrautheit in der Lage ist, bestimmte Arten von Vorurteilen zu eliminieren (sofern eine ausreichende Empfindungsfähigkeit gegeben ist). Man sollte meinen, dass in einer Gesellschaft, in der alle erdenklichen Vorurteile im Umlauf sind, ein guter Gradmesser für die Tugendhaftigkeit einer Hörerin in Bezug auf Zeugnisgerechtigkeit darin liegt, wie schnell die im direkten Kontakt entstehende Vertrautheit und die dadurch möglichen Anhaltspunkte für Vertrauenswürdigkeit dazu führen, dass sich ihre Vorurteile spontan auflösen. Das ist sicher richtig, aber um wirklich von einer *Tugend* der Hörerin sprechen zu können, gilt die Einschränkung, dass die Auflösung eines Vorurteils nicht nur schnell, sondern auch verlässlich geschehen muss – also über längere Zeit hinweg und bei einer angemessenen Vielfalt von Vorurteilen.

Die zweite Möglichkeit, wie ein Hörer spontan tugendhafte, gegen Vorurteile gerichtete Glaubwürdigkeitsurteile fällen kann, ergibt sich aus dem Ideal des vollständigen Besitzes der Tugend der Zeugnisgerechtigkeit. Wenn der uneingeschränkte Besitz der Tugend das Ideal ist, verfügen Hörer:innen im Idealfall völlig spontan und unmittelbar über die Tugend – ohne dass ein voreingenommener Ersteindruck überwunden werden muss, ohne aktives Nachdenken, Nachahmen oder Einüben. Gemäß einem solchen Ideal würde die Zeugnissensibilität des tugendhaften Hörers spontan *bereits korrigierte* Glaubwürdigkeitsurteile liefern. Ich sagte schon, dass die Sensibilität des Hörers durch zahllose individuelle und kollektive Erfahrungen mit Bezeugungen bestimmt wird, sodass er in der Lage ist, Sprecher:innen direkt auf eine epistemisch aufgeladene Weise wahrzunehmen. Eine Art von Erfahrung, die zur ständigen Veränderung und Anpassung der Zeugnissensibilität beiträgt, ist die Erfahrung, dass man seine spontanen Glaubwürdigkeitsurteile reflektierend korrigiert, um die anti-rationale Wirkung von Vorurteilen zu kompensieren. Möglicherweise stellt man im Nachhinein fest, dass man eine zu geringe Glaubwürdigkeit veranschlagt hatte, und erkennt, dass das zum Teil an einem Vorurteil lag. Oder man ist sich in der Situation selbst bewusst, dass die eigene Wahrnehmung des Gesprächspartners von Vorurteilen geprägt ist, und hält sich deshalb mit seinem Urteil zurück. Auch andere Arten von Erfahrung spielen eine Rolle. So fließen ebenfalls die Erfahrungen, die eine Hörerin als Sprecherin macht, in diesen Prozess mit ein. Vielleicht ist sie selbst einmal aufgrund eines bestimmten Vorurteils ungerecht behandelt worden und hat in der Folge ein besseres Verständnis dafür entwickelt, wie sich andere Arten von Vorurteilen unbemerkt auf ihre eigene Sensibilität für Bezeugungen auswirken können. Was die Tugend der Zeugnisgerechtigkeit anbelangt, ist der vollständig tugendhafte Hörer also jemand, dessen Zeugnissensibilität durch genügend korrigierende Erfahrungen so weit verändert und angepasst wurde, dass er nun in der Lage ist, auf verlässliche Weise bereits korrigierte Glaubwürdigkeitsurteile zu fällen. Er ist jemand, dessen Muster *spontaner* Glaubwürdigkeitsbeurteilungen sich im Licht vergangener, gegen Vorverurteilungen gerichteter Korrekturen verändert hat und der auch weiterhin offen ist für Erfahrungen dieser Art. In einem gesellschaftlichen Umfeld, in dem diverse Vorurteile im Schwange sind, erfordert also der vollumfängliche Besitz der Tugend vom Hörer, dass er die Anforderungen einer reflexiven Glaubwürdigkeitsbeurteilung in diesem Umfeld verinnerlicht hat, sodass ihm die erforderliche soziale Reflexion seiner Einstellung als Hörer zur zweiten Natur geworden ist.

Vielleicht ist es ja so, dass wir wegen der sich ständig verändernden und sich erneuernden Vorurteile in der Gesellschaft bestenfalls hoffen können, durch wiederholte Bemühungen kritischer Reflexion die erforderliche soziale Reflexivität des Urteilsvermögens zu erlangen. Und sofern uns dies gelingt, besitzen wir die Tugend nicht vollständig, sondern nur teilweise. Sicherlich ist es unwahrscheinlich, dass eine Hörerin in der Lage ist, die Tugend auf jedes Vorurteil zu anzuwenden, mit dem ihre Zeugnissensibilität in der Praxis konfrontiert wird (es sei denn, der Horizont ihrer gesellschaftlichen Erfahrungen wäre dauerhaft extrem eingeschränkt). Denn das würde voraussetzen, dass sie mit allen gesellschaftlichen Gruppen, gegen die es atmosphärische Vorurteile gibt, genügend Erfahrungen hinsichtlich des Austauschs von Bezeugungen gesammelt hätte. Natürlich hängt die Frage, wie viele Erfahrungen jemand mit Zeugnissen gemacht hat, von zufälligen Ereignissen in seinem Leben und von seiner Stellung im sozialen Gefüge ab. Aber wenn unsere Zeugniserfahrung nicht maximal vielfältig ist, wird das Ausmaß, in dem wir die Tugend uneingeschränkt (spontan und nicht durch Reflexion) auf alle Identitätsvorurteile, die es so gibt, anwenden können, lückenhaft bleiben. Dies rückt wiederum den teilweisen Besitz in ein günstigeres Licht, denn es offenbart einen allgemeinen Grund dafür, dass die meisten tugendhaften Hörer:innen zeitweise aktiv kritisch reflektieren müssen. Vielleicht besteht das Ideal in einer Kombination aus Spontaneität und Reflektiertheit: Womöglich sollten wir uns den idealen Hörer als jemanden vorstellen, dem die Korrektur bekannter Vorurteile zur zweiten Natur geworden ist, während die erforderliche Wachsamkeit gegenüber dem Einfluss weniger vertrauter Vorurteile ständig der aktiven kritischen Reflexion obliegt. Das scheint in etwa zu stimmen. Entscheidend ist, dass es einem auf die eine oder andere Weise hinreichend verlässlich (also langfristig und in Bezug auf eine gewisse Bandbreite an Vorurteilen) gelingt, bei den eigenen Glaubwürdigkeitsurteilen Vorurteile zu korrigieren. Wenn einem das gelingt, verfügt man über die Tugend der Zeugnisgerechtigkeit.

4.2 Geschichte, Schuld und moralische Enttäuschung

Das Bild, das wir jetzt von der Tugend der Zeugnisgerechtigkeit vor Augen haben, stellt eine Tugend vor, die man nur schwer erlangen kann, da Vorurteile psychologisch heimtückisch sind und sich im Laufe der Geschichte verändern. Vorurteile sind eine starke viszerale Kraft, vor allem wenn sie sich weniger auf der Ebene der Überzeugungen bemerkbar machen als vielmehr auf der Ebene sozialer Imaginationen und Emotionen, die die Wahrnehmung von Sprecher:innen seitens der Hörer:innen eher unbemerkt prägen. Selbst wenn es bloß um die Korrektur von Vorurteilen auf der Ebene der Überzeugungen geht, kann auch das sehr schwierig sein, sofern diese Überzeugungen durch imaginative und emotionale Inhalte genährt werden. (Wie Christopher Hookway dargelegt hat, gibt es im konkreten Umgang mit den eigenen epistemischen Gewohnheiten den üblichen Spielraum für Willensschwäche oder Unbeherrschtheit.[11]) Meistens ist es jedoch etwas, das wir in der Praxis anstreben können und sollten. Und auch wenn uns dies nur hin und wieder in Bezug auf unterschiedliche Arten von Vorurteilen gelingt, ist damit bereits einiges gewonnen.

Es gibt jedoch Umstände, unter denen man diese Tugend *nicht erlangen* kann, denn ein ethisch wesentliches Merkmal dieser Tugend ist eine besondere Art von kulturgeschichtlicher Kontingenz. Um dies zu erläutern, greife ich Linda Zagzebskis Aristoteles-Interpretation auf. Ihr zufolge haben Tugenden sowohl eine motivationale Komponente als auch eine Komponente, die dafür sorgt, dass das, worauf sich diese Motivation richtet, zuverlässig erreicht wird.[12] Bei intellektuellen Tugenden wird es immer eine Motivation geben, auf die eine oder andere Weise zur Wahrheit zu gelangen, aber normalerweise gibt es auch eine näher liegende Absicht, etwas zu erreichen, das der Wahrheit förderlich ist – in diesem Falle vor allem die Absicht, die Auswirkungen von Vorurteilen bei den eigenen Glaubwürdigkeitsurteilen zu neutralisieren. Die tugendhafte Hörerin wird also per definitionem dieses naheliegende Ziel der Neutralisierung von Vorurteilen verlässlich erreichen. Dies gelingt ihr in dem Maße, wie ihre Urteile von einem gewissen reflexiven kritischen Bewusstsein für die vorurteilsbehafteten Verzerrungen bestimmt sind, die zwischen ihr als Hörerin und ihrem jeweiligen Gesprächspartner auftreten, und wie sie in der Lage ist, diese Verzerrungen zu korrigieren. Natürlich gibt es Menschen, die stärker motiviert sind als andere und denen es besser gelingt, diese Dinge zu erreichen. Aber im Fall der Zeugnisgerechtigkeit sind es nicht nur persönliche Unterschiede, die erklären, warum manche die Tugend besitzen und andere nicht. Es ist auch eine Frage des historischen und kulturellen Umfelds. Ein Umfeld, in dem es nur ein sehr geringes kritisches Bewusstsein für Gender-Konstruktion gibt, ist ein Umfeld, in dem die Menschen im Allgemeinen nicht über die Tugend der Zeugnisgerechtigkeit verfügen, was identitätsbezogene Vorurteile gegenüber Frauen betrifft.

In gewissem Sinne lässt sich fast jede Tugend als historisch bedingt betrachten: Man kann sich immer eine Gesellschaft vorstellen, in der niemand über eine bestimmte ethische oder intellektuelle Tugend – etwa Nächstenliebe oder Aufgeschlossenheit – verfügt. In einem Umfeld, in dem es dermaßen an positiven Beispielen mangelt, wäre es nahezu unmöglich, die jeweilige Tugend auszubilden. Aber die Art und Weise, in welcher der Erwerb von Zeugnisgerechtigkeit von den historischen Gegebenheiten abhängt, geht über diese allgemeine Abhängigkeit hinaus, denn sie betrifft die spezifischen kritischen Denkinstrumente, die man braucht, um die Tugend zu erlangen. Selbst in einer Gesellschaft, in der hinsichtlich einiger Vorurteile die Tugend der Zeugnisgerechtigkeit vorhanden ist, könnte es andere Vorurteile geben, hinsichtlich derer die Tugend unerreichbar ist (außer für diejenigen, die sie auf naive Weise besitzen; doch ich sagte bereits, dass die naive Form der Tugend eine große Ausnahme ist). Dadurch scheint die Tugend etwas Außergewöhnliches zu sein, obwohl die ethische Tugend der Gerechtigkeit vermutlich aus den gleichen Gründen die gleiche Abhängigkeit von geschichtlichen Umständen aufweist: Denkbar sind Gerechtigkeitsurteile, die nicht gefällt werden können, weil sie eine Art der Reflexion erfordern, für die die entsprechenden Begriffe sozio-historisch nicht verfügbar sind. Wenn es andere Gerechtigkeitstugenden gibt (also andere Tugenden, deren Endzweck Gerechtigkeit ist), würde der Erwerb dieser Tugenden der gleichen historischen Kontingenz unterliegen. Jedenfalls scheint diese spezifische Form historischer Kontingenz charakteristisch für Fragen der Gerechtigkeit zu sein.

Im Fall von Herbert Greenleaf erscheint diese historische Kontingenz als Fehlen eines kritischen Bewusstseins für genderspezifische Vorurteile in jener Gesellschaft, in der sich seine ethische und epistemische zweite Natur herausgebildet hat. Zwar war es von den Herbert Greenleafs dieser Welt immer falsch, dass sie diese Tugend nicht ausgeübt haben, dennoch behaupte ich, dass sie *keine Schuld* auf sich geladen haben, solange ihnen das entsprechende kritische Bewusstsein für Gender-Fragen nicht zugänglich war. Man könnte sagen, dass sie sich erst dann schuldig gemacht haben, als sie es besser hätten wissen können. Es gibt keine genaue Antwort auf die Frage, ab wann ein Herbert Greenleaf in einer Position gewesen wäre, dass er es hätte besser wissen müssen: ab wann er hätte erkennen können und sollen, dass Marge möglicherweise Recht hat. Wobei man diese Frage wohl am ehesten als eine graduelle Frage betrachten sollte, nicht zuletzt deshalb, weil sich das erforderliche kollektive Gender-Bewusstsein wahrscheinlich erst nach und nach herausbildet. Aber zweifellos wäre jemand wie Herbert Greenleaf schon lange vorher dazu in der Lage – lange bevor er die gender-kritischen Einsichten, die ihm ab einem gewissen Punkt zugänglich sind, tatsächlich aufgreift. In der Tendenz wird es also eine historische Übergangsphase geben, in der sich ein Herbert Greenleaf, auch wenn er es noch so gut meint, von unverschuldetem Fehlverhalten in Richtung schuldhaftes Fehlverhalten bewegt. Was genderspezifische Vorurteile betrifft, geht ihm die Tugend der Zeugnisgerechtigkeit vollkommen ab, aber es bedarf des entsprechenden Fortschritts im kollektiven Bewusstsein, damit die Unzulänglichkeit seines epistemischen Verhaltens Anlass zu Tadel gibt. Angesichts der historischen Umstände bin ich deshalb der Meinung, dass man Greenleaf für die Zeugnisungerechtigkeit, die er Marge zufügt, keine Schuld zusprechen kann.

Da ein Schuldvorwurf nicht angebracht ist, stellt das epistemische Unrecht, das Greenleaf Marge zufügt, einen echten Fall von nicht schuldhafter Zeugnisungerechtigkeit dar.[13] Dieser Vorschlag stützt sich auf die Annahme, dass man nicht dafür getadelt werden darf, etwas nicht getan zu haben, wenn man keine Möglichkeit hatte zu wissen, weshalb man es hätte tun sollen. Dies stellt einen besonderen Fall jenes Szenarios dar, in dem «sollte» zugleich «kann» impliziert. Denn in unserem Beispiel geht es beim «kann» darum, ob man von Greenleaf vernünftigerweise erwarten kann, dass er sich die kritische Perspektive auf Gender-Fragen zu eigen macht, die es ihm ermöglicht hätte, sein mangelndes Vertrauen in Marge in der gebotenen Weise zu hinterfragen. Wir tadeln Menschen nicht für Dinge, die sie objektiv gesehen nicht tun oder nicht lassen können – was aber nicht bedeutet, dass ihr Leben in ethischer Hinsicht unbefleckt wäre (als ein Extrem können wir uns jemanden denken, der von dem, was er getan hat, innerlich zerrissen wird, selbst wenn er davon durchdrungen ist, dass er sich nichts hat zuschulden kommen lassen).[14] Greenleaf konnte den Einfluss genderspezifischer Vorurteile auf seine Beurteilung von Marge nicht neutralisieren, weil ihm die nötigen kritischen Begriffe historisch nicht zur Verfügung standen.

Dies verweist auf eine interessante Variante von epistemischem und moralischem Pech. Laut einer externen Interpretation[15] dessen, was es heißt, einen Grund zu haben, ist die Situation ziemlich eindeutig. Greenleaf hat einen Grund, an seinem spontanen Misstrauen gegenüber Marges Äußerung zu zweifeln, aber aufgrund der historischen Situation, in der er sich befindet, ist ihm dieser Grund nicht zugänglich. Damit hat er in gewisser Weise epistemisch und moralisch Pech. Gemäß einer internen Interpretation der Gründe ist die Situation etwas weniger eindeutig. Während Greenleaf subjektiv motiviert ist, die Wahrheit über das Verschwinden seines Sohnes zu erfahren und sich nicht von dessen schmeichlerischem Mörder hereinlegen zu lassen, wird der «Weg vernünftiger Überlegung» – den er von hier aus einschlagen müsste, um motiviert zu sein, an seinem Misstrauen Marge gegenüber zu zweifeln – durch die ihn umgebenden historischen Umstände blockiert. Gemäß der Konzeption der internen Gründe ist Greenleaf also außerstande, überhaupt einen Grund zu *besitzen*, an seinem Misstrauen gegenüber Marge zu zweifeln. Auch wenn es objektiv gesehen einen deliberativen Weg gibt, der zwischen dem Grund und den tatsächlichen Motiven in Greenleafs subjektivem Motivationsgefüge verläuft, bedeutet die Tatsache, dass Greenleafs historische Situation ihn daran hindert, diesen deliberativen Weg zu beschreiten, dass jener Grund *für ihn* keinen Grund darstellen kann. Das fügt Greenleafs epistemischem und moralischem Pech eine weitere Dimension hinzu, da sich dadurch das Unglück nicht nur auf die Gründe bezieht, zu denen er Zugang hat – was sich auf sein Handeln auswirkt –, sondern auch darauf, welche Gründe er haben kann – was sich darauf auswirkt, wer er ist.[16]

Was auch immer man über die Meinungsverschiedenheiten der Anhänger interner und externer Gründe denken mag: Ist man eher der internen Position zugeneigt, um Fälle von Zeugnisungerechtigkeit à la Greenleaf zu beschreiben, lohnt es sich darauf hinzuweisen, dass sie in keiner Weise so umstritten sein können, wie es rein ethische Fälle zwangsläufig sind. Das liegt daran, dass die Annahme nicht strittig sein kann, der zufolge epistemische Subjekte in ihrem tatsächlichen Motivationsgefüge über einen generellen Beweggrund in Richtung Wahrheit verfügen – sowie a fortiori einen Beweggrund zu näherliegenden Zielen, die im Dienst der Wahrheit stehen (wie etwa die Neutralisierung von Vorurteilen in Bezug auf die eigenen Vertrauensgewohnheiten). Deshalb macht es auch kaum einen Unterschied, ob man unser aktuelles Beispiel nach dem Modell interner Gründe oder nach dem Modell externer Gründe interpretiert, denn man wird sich wohl darauf einigen können, dass im Allgemeinen jeder Erkennende und jede Wissende einen Grund hat, die Wahrheit zu ermitteln. Das bedeutet aber nicht, dass wir unsere komplexe und oftmals gestörte Beziehung zur Wahrheit unterschätzen dürfen. Offensichtlich haben Menschen allerlei starke Motive und auch Gründe, um sich durch Verleugnungs- oder Verdrängungsmechanismen vor schmerzhaften Wahrheiten zu schützen. Im Großen und Ganzen muss man solche Mechanismen jedoch vor dem Hintergrund einer allgemeineren Motivation in Richtung Wahrheit sehen. Angesichts dessen ist klar, dass nicht nur Herbert Greenleaf, sondern selbst die heftigste, durch und durch sexistische Version von Herbert Greenleaf eine Motivation (in Richtung Wahrheit) besitzt, von der ein Weg vernünftiger Überlegung zu dem Punkt führt, an dem er seinen spontanen Mangel an Vertrauen Marge gegenüber hinterfragen kann.

Gemäß dieser noch recht wohlwollenden Interpretation von Greenleafs moralischem Status hat er sowohl in epistemischer als auch in moralischer Hinsicht Pech. Genauer gesagt unterliegt er zwei Arten von moralischem und epistemischem Unglück: umstandsbedingtem Pech – dies betrifft den sozio-historischen Kontext, der ihm das erforderliche reflexive kritische Bewusstsein verwehrt – und konstitutivem Pech – dies betrifft die Art von Mensch, die er ist. Sein Fall ist, noch genauer, ein Beispiel für eine Mischung aus umstandsbedingtem und konstitutivem Pech, denn es sind gerade die historischen Umstände, die ihn zu jemandem gemacht haben, der keinen Grund hat, an seinem mangelnden Vertrauen Marge gegenüber zu zweifeln. Wir können also sagen, dass Greenleaf einer *historisch-konstitutiven* Form von epistemischem und moralischem Pech ausgesetzt ist. Entscheidend bei dieser Art von Kontingenz ist, dass ihre konstitutive Funktion nicht auf der Ebene der Persönlichkeit des Handelnden liegt (also welche Art von Mensch man als Individuum zufällig ist), sondern eher auf der Ebene des historischen Typus, sodass es der eigene Platz in der Geschichte ist, der bestimmt, welche Gedanken einem zur Verfügung stehen und welche Gründe man somit auch haben kann. Für Greenleaf hat das zur Folge, dass ihm eine Wahrheit entgeht, die er unbedingt herausfinden wollte (Marge hat recht; Ripley ist Dickies Mörder), und er macht sich schuldig, jemandem, der ihm wichtig ist, etwas Schlimmes anzutun. Marge wird wie eine hysterische Frau behandelt, die die Wahrheit nicht erträgt, die Schutz und Mitgefühl verdient, aber kein epistemisches Vertrauen. Wenn Vernunft ein bestimmendes Merkmal des Menschen ist, dann untergräbt Greenleaf Marge auf sanfte Weise in ihrem Menschsein.

Aber jetzt müssen wir unsere Entlastung Greenleafs relativieren, denn er ist sicherlich nicht ganz aus dem Schneider. Wenn die Geschichte die Schuld vom Tisch räumt, gibt es dann noch eine andere Art des moralischen Ärgers, die hier eine Rolle spielt? Die Grenze zwischen dem, was wir anderen vorwerfen sollten und was nicht, was wir von ihnen (und von uns selbst) zu Recht erwarten dürfen und was nicht, ist sicherlich fließend, insbesondere wenn man die Sache aus einem gewissen zeitlichen Abstand betrachtet. In Anbetracht dessen, was Greenleaf Marge antut, und in Anbetracht der gedanklichen moralischen Ressourcen, die ihm faktisch zur Verfügung standen (und zu denen sicherlich Vorstellungen wie die gehören, dass Herablassung nicht richtig ist; Respekt vor jener Art von stichhaltigen Beweisen, die Marge de facto vorlegt; oder allgemeine Ansichten darüber, dass Vorurteile unfair sind, und so weiter), könnten wir ihm gegenüber durchaus berechtigte moralische Vorbehalte haben. Schließlich ist es doch enttäuschend, dass er so bereitwillig der Gender-Ideologie der damaligen Zeit aufsitzt und Marges Versuche, ihm ihre Beweise nahezubringen, so leichtfertig übergeht. Zumindest hätte er sich etwas länger eine gewisse Offenheit bewahren können, ihr besser zuhören und zurückhaltender auf Ripleys abschätzige Kommentare reagieren können, wenn dieser behauptet, sie sei hysterisch.[17] Wir monieren, kurz gesagt, dass er es hätte besser machen können, und dies stellt nicht nur eine epistemische, sondern auch eine ethische Enttäuschung dar. Wir können also durchaus einen gewissen *Ärger der Enttäuschung* empfinden – eine Haltung, die eng mit dem Ärger der Schuldzuweisung verwandt ist, aber nicht ganz so weit geht. Der Ärger der Enttäuschung ist nach wie vor auf das Individuum gerichtet, allerdings auf ein historisch situiertes Individuum.

Lässt sich noch mehr sagen, um den Ärger der Enttäuschung über den historischen Abstand hinweg zu rechtfertigen? Wir sollten uns hüten, den moralischen Diskurs einer Kultur (manchmal ist auch vom «Moralsystem» die Rede) als einen monolithischen Block zu betrachten. Die Ressourcen für moralisches Denken und Urteilen, die jeder moralische Diskurs bereitstellt, sind nicht vergleichbar mit einem Satz Bausteine, mit denen sich eine begrenzte Anzahl unterschiedlicher Strukturen errichten lässt. Begriffliche Ressourcen sind Ressourcen zur Erzeugung unendlich vieler *neuer* Bedeutungen, sei es, dass alte Begriffe auf eine neue Weise verwendet werden, sei es durch die Prägung neuer Begriffe. Solche Bedeutungsressourcen sind generativ und dynamisch: Sie erschöpfen sich nie durch die Bedeutungen, die zu einem bestimmten historischen Zeitpunkt tatsächlich verwendet werden. Dank dieser generativen Konzeption von moralischer Bedeutung können wir im moralischen Diskurs unterscheiden zwischen *routinemäßigen* beziehungsweise *gewöhnlichen* diskursiven Zügen und *außergewöhnlichen*, einfallsreicheren Zügen, bei denen die vorhandenen Ressourcen auf innovative Weise genutzt werden, was im moralischen Bewusstsein einen Fortschritt markiert. Ein Beispiel für einen solchen einfallsreichen Zug könnte die Ausweitung des Begriffs des

Respekts auf die gesamte Menschheit sein, angestoßen von jemandem, dessen ethische Bildung in einer Gesellschaft erfolgt ist, die Respekt gewöhnlich den herrschenden Klassen vorbehält. Ein weiteres Beispiel wäre, dass die gewalttätige Bestrafung von Kindern, die allgemein als eine ganz normale Form der Disziplinierung gegolten hat, plötzlich als «grausam» bezeichnet wird. Die meisten von uns machen die meiste Zeit routinemäßige Züge und legen ein routinemäßiges moralisches Denken an den Tag, und wir haben Glück, wenn wir in einer Kultur leben, in der dies bedeutet, dass unser ethisches Denken im Großen und Ganzen anständig ist. Aber manchmal kommt es vor, dass Menschen einer Herausforderung gewachsen sind und es ihnen gelingt, etwas Einfallsreicheres zu vollbringen. Auch hier gibt es eine hilfreiche Parallele zur epistemischen Dimension. Der betreffende epistemische Gegensatz besteht zwischen routinemäßigen Glaubwürdigkeitsurteilen und außergewöhnlichen Glaubwürdigkeitsurteilen, wobei ein solches außergewöhnliches Glaubwürdigkeitsurteil ein Urteil sein könnte, das ein Vorurteil korrigiert, welches bislang nicht als Vorurteil angesehen wurde.

Wenn wir Greenleaf im Lichte der gesamten ethischen Ressourcen seiner Zeit beurteilen, mögen wir zwar feststellen, dass die epistemische Ungerechtigkeit, die er Marge zufügt, nicht schuldhaft ist (er hat auf eine gängige Weise geurteilt), trotzdem können wir finden, dass sein Verhalten dürftiger war, als es hätte sein können (es blieb hinter dem Außergewöhnlichen zurück). Denn selbst Greenleaf hätte sich der Herausforderung als gewachsen erweisen können; er hätte in moralischer und epistemischer Hinsicht einfallsreicher agieren können, statt sich von Ripleys konspirativen Bemerkungen über Marges typisch weibliche Hysterie vereinnahmen zu lassen. Zugegebenermaßen gibt Greenleaf diesbezüglich keinen Anlass zu besonders großen Hoffnungen. Dennoch ist er ein anständiger Mann, der Marge länger kennt als Ripley und ein starkes persönliches Interesse daran hat, die Wahrheit zu erfahren. Daher könnte man durchaus einen gewissen moralischen Groll angesichts dessen verspüren, wie schnell er sich von der epistemisch beleidigenden Deutung ihres Verdachts vereinnahmen lässt. Eine solche Enttäuschung resultiert aus der Überzeugung, dass es ihm – gemäß unserem neuen, erweiterten Verständnis – zur damaligen Zeit möglich gewesen wäre, ein besseres Glaubwürdigkeitsurteil zu fällen: Selbst Greenleaf *hätte* außergewöhnlich *urteilen können*. Man kann nicht dafür verurteilt werden, dass man ein gewöhnliches moralisches Urteil fällt. Doch man kann dafür verantwortlich gemacht werden, ein bloßes Routineurteil in einer Situation zu fällen, in der eine außergewöhnliche Alternative als historische Möglichkeit naheliegt – und ich habe vorgeschlagen, dass es angemessen ist, dieser Verantwortlichkeit durch den Ärger der Enttäuschung Rechnung zu tragen. Die Unterscheidung zwischen außergewöhnlichen und routinemäßigen moralischen Urteilen deutet also auf die Möglichkeit hin, eine nuanciertere Bandbreite an moralischen Einstellungen gegenüber anderen Menschen einzunehmen, zu denen historisch und kulturell ein gewisser Abstand besteht – unabhängig davon, ob man der internen oder externen Interpretation anhängt. Denn sie bewahrt uns vor der Anmaßung, andere für Handlungen zu verurteilen, die in ihrer Kultur üblicherweise nicht als falsch gelten, und erlaubt uns, sie dennoch in einem gewissen Maße moralisch zur Verantwortung zu ziehen, je nachdem, für wie naheliegend man den außergewöhnlichen moralischen Schritt hält.

Wenn dies stimmt, ermöglicht uns die Unterscheidung zwischen außergewöhnlichen und routinemäßigen moralischen diskursiven Zügen ein besseres Verständnis von Themen, um die es beim moralischen Relativismus geht. Wenn wir das Verhalten von Menschen beurteilen, zu deren moralischer Kultur zeitlich oder sozial ein großer Abstand besteht, müssen und sollten wir uns nicht auf den routinemäßigen moralischen Diskurs dieser Kultur beschränken (es sei denn, uns interessieren bloß Fragen der Schuld). Denn differenziertere Urteile über das moralische Verhalten von Menschen aus fremden Kulturen sind nur dann möglich, wenn wir auch berücksichtigen, welche nicht-routinemäßigen, außergewöhnlichen, einfallsreicheren Moralurteile sie hätten fällen können, sofern sie die ihnen zur Verfügung stehenden moralischen Ressourcen besser genutzt hätten. In der Literatur zur Metaethik gibt es eine grundsätzliche Spannung zwischen dem universalistischen Sog von Moralpsychologie sowie ethischer Sprache einerseits und der offensichtlichen Tatsache kultureller und historischer Kontingenz andererseits – eine Spannung, die auf verschiedene Weise und von verschiedenen Lagern thematisiert und wiederholt aufgegriffen wird. Immer wieder geraten wir in die knifflige oder ausweglos scheinende Situation, dass wir eine andere Kultur imaginieren können, in der moralische Praktiken üblich sind, die wir für inakzeptabel halten. Und obwohl es uns schwerfällt, ja oft sogar unmöglich erscheint, uns konsequent des Urteils zu enthalten, spüren wir gleichzeitig auf eine etwas unheimliche Weise, dass wir keinerlei Recht haben, diese von uns so weit entfernten Menschen für ihre Handlungen zu verurteilen. Die Unterscheidung zwischen dem Routinemäßigen und dem Außergewöhnlichen hilft uns nun zu erkennen, dass das moralische Denken hier gar nicht unbedingt in einer ausweglosen Situation steckt. Denn sie schafft Raum für den Ärger der Enttäuschung – eine Haltung, die sich nach wie vor auf den einzelnen Akteur richtet, aber seine oder ihre geschichtliche Situation mit einbezieht.

Die «vulgäre» relativistische Idee, dass es falsch ist, moralische Urteile über Menschen aus anderen Moralkulturen zu fällen, ist in sich widersprüchlich.[18] Aber die damit verwandte Idee, dass Verurteilungen auch über geringe zeitliche Distanzen hinweg unzulässig sein können, sollte man verteidigen: Wenn das Verhalten der Menschen auf ein ethisches Denken zurückzuführen ist, das in ihrer Kultur gang und gäbe ist, dann sind Verurteilungen unzulässig. Wenn wir uns beispielsweise mit der einstigen Praxis auseinandersetzen, dass unverheiratete Mütter gezwungen wurden, ihre Babys zur Adoption freizugeben, dann sollten wir uns nicht auf die Begriffe, Einstellungen und Gefühle beschränken, von denen wir annehmen, dass sie im moralischen Alltagsdiskurs jener Gesellschaft zu jener Zeit gang und gäbe waren. Vielmehr haben wir das Recht, uns auf Gedanken zu berufen, die *sie* sich im Rahmen aller ihnen zur Verfügung stehenden ethischen Ressourcen hätten machen können, aber es nicht taten. Und wir können ihre vollzogenen Überlegungen mit denen ihrer Zeitgenossen vergleichen, denen es gelang, jene außergewöhnlich einfallsreichen Schritte zu unternehmen, die irgendwann eine solche Wirkung entfalteten, dass die Gemeinschaft zu einer liberaleren Praxis gelangte. Wobei natürlich der moralische kognitive Vorteil für jene zu berücksichtigen ist, die am unmittelbarsten von der Praxis betroffen waren – nämlich diejenigen, die den Trennungsschmerz der Mutter, die Auswirkungen auf das Kind und so weiter miterlebt oder selbst empfunden haben. Die Unterscheidung zwischen routinemäßigen und außergewöhnlichen moralischen Urteilen hilft zu erklären, auf welche Weise ein moralischer Fortschritt – zum Beispiel die Abkehr von einer Praxis der Zwangsadoption – möglich ist. Denn wie, wenn nicht durch die moralisch außergewöhnlichen diskursiven Züge einiger weniger, sollte eine Gemeinschaft in die Lage versetzt werden, die Dinge anders zu betrachten denn als bloß routinemäßige Angelegenheit?

Eine solche Beurteilung von Menschen vergangener Zeiten ist keine Anmaßung, denn wir können anerkennen, dass die Bemerkung «könnte man besser machen» eines Tages auch auf uns angewendet wird. Es ist Glücksache, inwieweit uns die Ausrichtung an der moralischen Routine beziehungsweise Normalität gegen den Ärger der Enttäuschung von Menschen schützt, die von uns entfernt sind. Das hängt wesentlich von den Eventualitäten ab, die einen Menschen geprägt haben, und von denjenigen, die künftige Generationen prägen werden. Ich bin mir zum Beispiel oft der Tatsache bewusst, dass ich, die ich mit nur halbwegs gutem Gewissen Fleisch esse, von einer zukünftigen Gesellschaft, in der alle Vegetarier:innen sind, mit moralischem Abscheu betrachtet werden würde. Ich glaube, dass die Mitglieder einer solchen Gesellschaft wahrscheinlich zu echter moralischer Enttäuschung berechtigt wären, wenn ich zum Beispiel meiner bestehenden moralischen Verpflichtung gegenüber Tieren, die ich als Haustiere halte, nicht nachkomme. Warum, so würden sie fragen, bin ich meiner impliziten Verpflichtung darauf, dass alle Tiere den gleichen moralischen Status haben (sollten), nicht nachgekommen? (Solche Fragen stelle ich mir selbst, beantworte sie aber nie so richtig.) Aber wenn künftige Generationen tatsächlich den Verzehr von Tieren eindeutig für moralisch falsch halten, werden sie Menschen wie mich vielleicht trotzdem nicht verurteilen, weil sich das, was sie als mein moralisches Versagen betrachten, noch hinreichend im Rahmen heute gängiger Moralurteile bewegt. Ich denke, der Schlüssel zu einer angemessenen moralischen Reaktion gegenüber Phänomenen, die historisch und kulturell weit von uns entfernt sind, liegt darin, Formen des moralischen Ärgers [*moral resentment*] zu bestimmen, die keine Schuldzuweisungen darstellen, aber dennoch auf den Handelnden gerichtet sind. Allgemeiner ausgedrückt: Die Unterscheidung zwischen routinemäßigen und außergewöhnlichen moralischen Urteilen hilft uns, die universalistische Stoßrichtung von Moralpsychologie und ethischer Sprache zu achten, ohne jedoch den historischen Eventualitäten Gewalt anzutun.

In diesem Kapitel habe ich jene Tugend charakterisiert, die durch das Phänomen der Zeugnisungerechtigkeit erforderlich geworden ist – die Tugend der Zeugnisgerechtigkeit –, und ich habe die historische Bedingtheit der Umstände untersucht, unter denen man über diese Tugend verfügen kann. Herausgekommen ist das Bild einer Tugend, zu der man zu einem bestimmten historischen Zeitpunkt in Bezug auf einige Vorurteile möglicherweise keinen Zugang hat. Nachdem wir die Tugend auf eine solche historisch situierte Weise charakterisiert haben, wollen wir sie als nächstes in einen maximal ahistorischen Rahmen stellen, nämlich den des Naturzustands. Dabei wird sich zeigen, dass die Tugend der Zeugnisgerechtigkeit eine grundlegende epistemische Tugend ist – eine epistemische Tugend im Dienst eines Zwecks, der die Geschichte transzendiert, weil sie einem Verlangen nach Erkenntnis entspringt, das es in allen menschlichen Gesellschaften gibt.

5

Die Genealogie der Zeugnisgerechtigkeit

5.1 Eine dritte fundamentale Tugend der Wahrheit

In *Wahrheit und Wahrhaftigkeit* bedient sich Bernard Williams einer philosophischen Methode, die traditionell nur in der politischen Philosophie angewandt wird. Die Methode besteht darin, einen fiktiven Naturzustand zu konstruieren, auf dessen Grundlage philosophische Schlussfolgerungen über einen bestimmten Begriff oder eine Institution gezogen werden können. Er entwirft den Naturzustand jedoch nicht, um unsere grundlegenden politischen, sondern unsere grundlegenden epistemischen Bedürfnisse zu charakterisieren und um Klarheit über die Begriffe «Wahrheit» und «Wahrhaftigkeit» zu gewinnen. Seine Konstruktion erinnert an diejenige von Edward Craig in *Knowledge and the State of Nature*,[1] obwohl seine Zielsetzung eine andere ist. Craig (auf dessen Vorhaben ich im folgenden Kapitel näher eingehen werde) will den Begriff des Wissens durch eine praktische Erklärung verständlich machen, warum wir über diesen Begriff verfügen. Williams' Hauptziel besteht darin, das Konzept der Wahrhaftigkeit durch eine praktische Erklärung zu beleuchten, warum sie eine Tugend ist und inwiefern sie einen intrinsischen Wert darstellt.

Den Naturzustand hat man sich als eine menschliche Minimalgesellschaft zu denken – also als Gesellschaft mit einer minimalen Sozialordnung –, in der die Menschen in Gruppen leben und somit einige Grundbedürfnisse teilen. In Anbetracht von Williams' Vorhaben liegt der Schwerpunkt auf den epistemischen Erfordernissen, während andere

Erfordernisse nur insoweit in die Erzählung einfließen, als sie mit epistemischen Belangen verknüpft sind. Die Konstruktion des Erkenntnislebens im Naturzustand hat drei Stadien, die sich auf drei kollektive Wissenserfordernisse beziehen:

> (1) Die Notwendigkeit, über genügend Wahrheiten (und nicht zu viele Unwahrheiten) zu verfügen, um das Überleben zu gewährleisten. Es geht um ausreichende praxisrelevante Informationen zum Beispiel darüber, was man problemlos essen kann, welche Nahrungsmittel giftig sind und so weiter.

Offensichtlich stellt es einen großen Vorteil dar, wenn man sich dafür nicht nur auf die eigenen Augen und Ohren stützen kann, sondern auch auf die Augen und Ohren anderer. Ein individualistisches, ganz auf sich selbst vertrauendes Vorgehen wäre eine schlechte Überlebensstrategie. Aus dem ersten Erfordernis ergibt sich also unmittelbar ein zweites:

> (2) Die Notwendigkeit, sich an einer Wissenspraxis zu beteiligen, durch die Informationen geteilt beziehungsweise zusammengetragen werden.

Das Zusammentragen von Erkenntnisressourcen macht sich jegliche Teilung epistemischer Arbeit zunutze, die sich aus der Aufteilung anderer Arten von Arbeit ergibt. Auf der grundlegendsten Ebene gibt es eine einfache, nicht festgelegte Teilung der erkenntnisbezogenen Arbeit, die sich aus der Tatsache ergibt, dass sich die Menschen zu unterschiedlichen Zeiten an unterschiedlichen Orten aufhalten, sodass andere Erkennende den «rein positionsbedingten Vorteil»[2] nutzen können, den jemand möglicherweise in Bezug auf eine Frage hat, für die nach einer Antwort gesucht wird. Ein solcher Standortvorteil könnte sein, dass man «auf einem Baum ist» und beobachten kann, ob ein Raubtier kommt, oder «zum betreffenden Zeitpunkt dort gewesen war», sodass man sich an der erforderlichen raum-zeitlichen Position befand, um das Geschehene zu beobachten.

Bis hierhin ist die Konstruktion die gleiche wie bei Craig, und wie Craig stellt auch Williams fest, dass Situationen von Knappheit oder andere Arten von Konkurrenz (ganz zu schweigen von schlichter Böswilligkeit) Täuschung und Verheimlichung motivieren können. Solche Motivlagen vergleicht Williams mit dem Vorteil eines egoistischen Trittbrettfahrers in einer ansonsten vertrauensvollen und kooperativen Wissenspraxis. Allerdings gehen Craig und Williams mit diesem Problem etwas unterschiedlich um, sodass beim dritten Stadium des Naturzustandes eine Divergenz zwischen den beiden Darstellungen auftritt. Bei Craig findet im dritten Stadium ein ausdrücklicher Wechsel von der Perspektive des Sprechenden hin zu der des Hörenden beziehungsweise Fragenden statt, und wir werden die Bedeutung dieses Wechsels weiter unten erörtern. Im Gegensatz dazu wird in Williams' drittem Stadium die Sprecherperspektive beibehalten, denn ihm geht es um die Wahrhaftigkeit der Sprecher:innen, und dies ist etwas, das nicht von der Anerkennung durch Hörer:innen abhängt. Er stellt fest, dass es für das Kollektiv – dessen Mitglieder alle ein Interesse daran haben, den Bestand an Informationen zu nutzen – grundsätzlich notwendig ist, sozialen Druck zu erzeugen, um dem Interesse an egoistischem Trittbrettfahren in einer bestehenden vertrauensvollen Praxis entgegenzuwirken. Es muss also ein handlungsleitender Druck erzeugt werden, der die Menschen dazu ermutigt, wahrheitsgemäße oder vertrauenswürdige Informationen an ihre Mitstreiter:innen weiterzugeben, und zwar selbst dann, wenn dies nicht ihren persönlichen Interessen entspricht. Dieses Erfordernis verzeichnet Williams' drittes Stadium:

> (3) Die Notwendigkeit, bei den Menschen Neigungen zu fördern, die das Vertrauensverhältnis stabilisieren.

Die erforderlichen Neigungen lassen sich natürlicherweise zwei unterschiedlichen Arten zuordnen, wie Williams erklärt:

> Da wir Personen betrachten, die Überzeugungen, Wünsche und Absichten haben und die ihre Meinungen ausdrücken oder für sich behalten können, ist es jetzt schon naheliegend, diese Neigungen als Tendenzen aufzufassen, die zwei verschiedenen Arten angehören. Unter die eine Rubrik fällt ihre Neigung, zunächst zu einer richtigen Meinung zu gelangen und diese Mei-

> nung sodann in zuverlässiger Form dem gemeinsamen Bestand zuzuführen. Die übrigen wünschenswerten Neigungen – d. h. wünschenswert vom sozialen Standpunkt derjenigen, die sich aus dem gemeinsamen Informationsbestand bedienen – sind deshalb nötig, weil verstandesbegabte Lebewesen im Rahmen dieser Struktur nicht nur die Gelegenheit zur Täuschung und Geheimhaltung haben werden, sondern auch die Motive für solches Verhalten, wie etwa dann, wenn ein Jäger eine Beute gefunden hat, die er lieber für sich und seine nächsten Angehörigen behalten will. (Das ist es, worauf Voltaire mit seinem bekannten Ausspruch hinauswollte, den Menschen sei die Sprache gegeben, damit sie ihre Gedanken verbergen können.)[3]

So entstehen die Tugenden der *G*enauigkeit [*Accuracy*] und *A*ufrichtigkeit [*Sincerity*] (die kursiven Anfangsbuchstaben sollen kenntlich machen, dass es sich um leicht abstrahierte Versionen von Genauigkeit und Aufrichtigkeit handelt). Sie beziehen sich jeweils auf eine bestimmte Menge an Neigungen, die die Beziehungen des epistemischen Vertrauens stärken, die für die Praxis der Zusammenführung von Informationen erforderlich sind. Tatsächlich sind *G*enauigkeit und *A*ufrichtigkeit echte Tugenden und nicht bloß Fertigkeiten, denn beide unterliegen dem Willen. Das gilt offensichtlich für die *A*ufrichtigkeit, aber auch für die *G*enauigkeit, wie Williams bemerkt, denn ob man in dem, was man seinen Mitmenschen berichtet, genau ist, hängt zum Beispiel davon ab, wie viel Mühe man sich gibt, wie beharrlich man versucht, über Äußerlichkeiten hinwegzukommen, wie viel Sorgfalt man walten lässt, und von vielen weiteren Aspekten des epistemischen Verhaltens.[4]

Es ist eine interessante Frage, wie viel die Entwicklung der Tugenden der *G*enauigkeit und *A*ufrichtigkeit bewirken kann. Ich glaube, sie bewirkt deutlich mehr, als Williams ihr zuzugestehen scheint. Der Nachweis, dass zwei kardinale geistige *Tugenden* unmittelbar absolut grundlegenden wissensbezogenen Erfordernissen entspringen, bedeutet, dass diese beiden Tugenden in einer menschlichen Gesellschaft entstehen *müssen*. *G*enauigkeit und *A*ufrichtigkeit sind also nicht nur etwas Natürliches, sondern auch etwas Universales. Sicherlich ist es das, worum es Williams geht. Was er jedoch zu unterschätzen scheint, ist das Ausmaß, in dem das Aufkommen dieser beiden Tugenden, bei denen Wahrhaftigkeit eine Rolle spielt, bereits die Herausbildung der Wahrhaftigkeit als eines *nicht-instrumentellen* beziehungsweise *intrinsischen* Werts veranschaulicht, wenngleich sie eindeutig instrumentelle Ursprünge hat.[5] Ich denke daher, dass Williams zu viel konzediert, wenn er sagt, die bisherige Geschichte sei dadurch eingeschränkt, «dass die Werte *G*enauigkeit und *A*ufrichtigkeit instrumentell sind. Sie werden ausschließlich im Hinblick auf andere Güter erklärt, insbesondere mit Bezug auf Werte wie: kriegen, was man haben will, Gefahren meiden, die Umwelt in den Griff bekommen usw.»;[6] denn das stimmt nicht. Diese Werte entstehen unter anderem als Reaktion auf den sozialen Druck, die Wahrheit zu sagen, der auf den Einzelnen ausgeübt wird, *selbst wenn es starke gegenteilige eigennützige Erwägungen gibt.* So zeigt sich, dass diejenigen, deren Zeugnis tatsächlich genau und aufrichtig ist, von Tugendhaftigkeit motiviert sind statt von bloß instrumentellen Gründen.[7]

*G*enauigkeit und *A*ufrichtigkeit tragen also als Tugenden mit einer eigenen handlungsleitenden Kraft zur Stabilisierung von Vertrauensbeziehungen bei. Somit signalisiert ihr Aufkommen bereits die Transformation der Wahrhaftigkeit von einem Wert, der das erkenntnisorientierte Verhalten der Menschen nur insoweit beeinflusst, als er ein nützliches Mittel zum Zweck darstellt, in einen Wert, dessen Einfluss nicht-instrumentell ist. Die handlungsleitende Kraft dieser Tugenden der Wahrheit reicht also bereits aus, um die Transformation der Wahrhaftigkeit von einem instrumentellen zu einem intrinsischen Wert zumindest einzuleiten. Anders gesagt: Derjenige, der die Tugend der *G*enauigkeit besitzt, zeichnet sich dadurch aus, dass er zur Genauigkeit um ihrer selbst willen motiviert ist. Er lässt sich vom Wert der Genauigkeit leiten, unabhängig davon, ob sie seinen Zwecken bei einer bestimmten Gelegenheit dient (auf dieses Merkmal der Tugend werden wir später noch zurückkommen). Williams scheint diesem Aspekt der Tugenden jedoch wenig Gewicht beizumessen, denn er fährt fort, ein eigenständiges Argument speziell dafür vorzubringen, dass Wahrhaftigkeit ein intrinsischer Wert ist.[8] Ein solches Argument ist natürlich für sich von Interesse, aber ich bezweifle, dass es notwendig ist, um die bereits hergeleiteten Tugenden der *G*enauigkeit und *A*ufrichtigkeit zu untermauern. Wenn diese Tugenden als solche nicht in der Lage sind, die Vertrauensbeziehungen ausreichend zu stabilisieren, ist es zudem zweifelhaft, ob es wirklich hilft, die Idee auf gesellschaftlicher Ebene zu artikulieren, dass die beiden Tugenden einen intrinsischen Wert darstellen. Wer sich nicht darum schert, dass Wahrhaftigkeit ein in bestimmten Tugenden verankerter Wert ist, den wird die im Status eines intrinsischen Werts mitschwingende moralische Emphase vermutlich auch nicht weiter beeindrucken. Ich schlage daher vor, dass wir Williams' eigenständiges Argument, dem zufolge Wahrhaftigkeit ein intrinsischer Wert ist, von der Frage nach der Stabilisierung des Vertrauens abkoppeln und zubilligen, dass die Beziehungen des epistemischen Vertrauens im Naturzustand durch das Auftreten der Tugenden der *G*enauigkeit und *A*ufrichtigkeit bereits stabilisiert sind – soweit es gesellschaftlich gesehen realistisch ist, zu versuchen dies zu tun. Anders gesagt: Der Druck, den diese Tugenden auf die Menschen ausüben, um der Wahrhaftigkeit willen wahrhaftig zu sein, ist bereits ein erheblicher Druck in Richtung dessen, Wahrhaftigkeit als intrinsisch wertvoll zu betrachten.

Nun können wir fragen, ob es abgesehen von *G*enauigkeit und *A*ufrichtigkeit eine weitere Wahrheitstugend gibt, die sich im Naturzustand herauskristallisiert. Dafür ist es hilfreich, zu Craigs drittem Stadium der Geschichte überzugehen, damit wir den erforderlichen Wechsel vom Standpunkt der Sprechenden zu dem der Zuhörenden beziehungsweise Fragenden verdeutlichen können.[9] Der Stoff, den die Geschichte des Naturzustands liefert, die bisher aus Sicht der Sprecherin erzählt wird, enthält nicht die Mittel, die erforderlich sind, um Wahrheiten von anderen zu erlangen. Wir haben gesehen, dass die Notwendigkeit, Informationen zusammenzutragen, bestimmte Anforderungen an Sprecher:innen stellt – dass sie die Tugenden der *G*enauigkeit und *A*ufrichtigkeit besitzen –, aber sie stellt ebenfalls Anforderungen an Hörer:innen, und wir haben uns noch nicht mit der Frage befasst, welche dies sein könnten. Es liegt auf der Hand, dass Hörer:innen oder Fragende im Naturzustand offen sein müssen für Wahrheiten, die ihnen von ihresgleichen angeboten werden, allerdings ohne dass sie Zeugnissen Glauben schenken, die in Wirklichkeit falsch sind. Im Naturzustand müssen sie also in der Lage sein, vertrauenswürdige und nicht vertrauenswürdige Informationsträger auseinanderzuhalten, damit sie verantwortungsvoll unterscheiden können, welche Behauptungen sie als wahr akzeptieren. Gäbe es im Naturzustand nach der Entstehung der Tugenden der *G*enauigkeit und *A*ufrichtigkeit keinen Rest an Ungenauigkeit oder Unaufrichtigkeit, dann bestünde für Zuhörer:innen und Fragende offensichtlich keine Gefahr, dass sie Unwahres für wahr halten, und Leichtgläubigkeit hätte keine nachteiligen Folgen (beziehungsweise so etwas wie Leichtgläubigkeit gäbe es gar nicht). Aber mit einer solchen Annahme würde man den Naturzustand zu einem Fantasiegespinst machen, das mit der menschlichen Natur zu wenig zu tun hätte, um überhaupt etwas erklären zu können. Der Gedanke, dass *G*enauigkeit und *A*ufrichtigkeit Tugenden sind, kann nur ein gewisses Maß an sozialem Druck zum Ausdruck bringen, um sicherzustellen, dass zusammengetragene vermeintliche Informationen echte Informationen sind. Deshalb müssen Zuhörer:innen sorgfältig Acht geben, von wem sie Informationen erhalten. Dieses kollektive epistemische Erfordernis ist so grundlegend wie alle bereits von uns erwähnten Erfordernisse, und es ergibt sich direkt aus dem zweiten. Das dritte Stadium von Craigs Modell betrifft also das Bedürfnis, gute von schlechten Überbringern von Informationen zu unterscheiden:

> (3') Die Notwendigkeit, dass potenzielle Informationsgeber «Indikatoreigenschaften» aufweisen: also Eigenschaften, die per definitionem zuverlässig anzeigen, dass sie die Wahrheit sagen.

Für Craig kann eine Indikatoreigenschaft vieles sein, von einer Eigenschaft wie «zum richtigen Zeitpunkt in die richtige Richtung schauen» bis hin zu einer Eigenschaft, die sich auf individuelle Kompetenz bezieht, wie «solche Dinge erwiesenermaßen richtig machen». Im Naturzustand gibt es logischerweise weniger und einfachere Indikatoreigenschaften als es bei Indikatoren in einer realen, stärker institutionalisierten Gesellschaft der Fall ist. Doch wir können, ohne Craigs Konzept zu verzerren, mögliche Indikatoreigenschaften wie «vertrauensvoll antworten» oder gar «anscheinend wissen, wovon sie spricht» hinzufügen. Denn solche Dinge gehören zu den grundlegenden Merkmalen der diskursiven Sozialisation des Menschen, und bei diversen alltäglichen Angelegenheiten, die nicht durch konkurrierende Interessen und so weiter befrachtet sind, wären solche Eigenschaften in der Tat zuverlässige Indikatoren für epistemische Vertrauenswürdigkeit.

Wir können also sagen, dass die Hörerin im Naturzustand in angemessener Weise auf Indikatoreigenschaften reagieren muss, damit sie an dem Zusammentragen von Informationen und mithin an Wissen teilhaben kann. Hörer:innen müssen Neigungen haben, die es ihnen verlässlich ermöglichen, Wahrheiten zu akzeptieren und Unwahrheiten zurückzuweisen. Mit anderen Worten: Im Naturzustand müssen die Hörer:innen über Neigungen verfügen, die helfen sicherzustellen, dass ihre Glaubwürdigkeitsurteile nicht zu sehr daneben liegen. Ich habe in früheren Kapiteln bereits deutlich gemacht, dass in realen historischen Gesellschaften vielerlei Einflüsse oder Zwänge auftreten, die unsere Glaubwürdigkeitsurteile verzerren können, und habe mich dabei insbesondere mit Identitätsvorurteilen beschäftigt. Die Konzentration auf den Naturzustand lädt uns nun ein zu fragen, welche Art von ursprünglichem Gegendruck dort existiert, der die Bildung von korrekten Glaubwürdigkeitsurteilen verzerrt. Wie wir bereits festgestellt haben, leben die Menschen im Naturzustand in Gruppen, und diese zeichnen sich durch Formen von Arbeitsteilung aus, die zu einer spezifisch epistemischen Arbeitsteilung führen. Nun sollten wir diesbezüglich noch einen Schritt weiter gehen, indem wir uns die Beziehungen zwischen Insidern und Außenseitern vergegenwärtigen, die menschliche Gemeinschaften mit sich bringen, sowie die sich daraus ergebenden Beziehungen von Zugehörigkeit und Feindschaft. (Etwas Ähnliches implizieren Williams und Craig, wenn sie von Konkurrenz, Knappheit und schlichter Böswilligkeit als Motivationen für Täuschung und Verheimlichung sprechen.) Die menschlichen Gruppierungen im Naturzustand verfügen demnach über Begriffe, die so etwas bedeuten wie «Außenseiter» und «Insider», «Verbündete», «Feinde» und «Konkurrenten». Die soziale Wahrnehmung und die Urteilsbildung im Naturzustand beinhalten also soziale Klassifizierungen, was wiederum bedeutet, dass die Beurteilung von Glaubwürdigkeit auf Stereotype zurückgeht. Der Umstand, dass es eine nennenswerte Arbeitsteilung geben muss (ohne uns auf eine bestimmte festzulegen), macht ebenfalls deutlich, dass stereotype soziale Wahrnehmungen die Glaubwürdigkeitsurteile im

Naturzustand beeinflussen. Und in Anbetracht meiner bisherigen Darstellung von Bezeugungen ist dies in der Tat ein wesentlicher Bestandteil davon, wie es Menschen im Naturzustand gelingt, das in Stadium (3') von Craigs Modell genannte Erfordernis zu erfüllen – nämlich gute von schlechten Auskunftspersonen zu unterscheiden.

Auch wenn der Naturzustand nur ein Minimum an gesellschaftlicher Organisation aufweist, gibt es genügend Begriffe von sozialer Identität wie auch genügend praktischen Druck, um Stereotype hervorzubringen, die auf Identitätsvorurteilen basieren (unwissende Außenseiter, tricksende Rivalen, und so weiter). Natürlich finden sich hier einige verlässliche Stereotype, aber zu behaupten, der Naturzustand sei ein Ort, an dem es keinerlei Druck zugunsten vorurteilsbehafteter Stereotypisierung gibt, würde bedeuten, dass die Menschen im Naturzustand psychologisch derart ausgeglichen sind, dass ihnen die üblichen menschlichen Regungen gänzlich fehlen, die zu Vorurteilen führen.[10] Damit würden wir aber lediglich auf andere Weise bloße Fantasie in unsere sorgfältig erarbeitete Abstraktion einfließen lassen. Wir sollten deshalb anerkennen, dass es im Naturzustand eine begrenzte Klasse von Stereotypen gibt, die auf Identitätsvorurteilen beruhen. Daraus folgt, dass die Fähigkeiten der Hörer:innen, echte von falschen Informationen zu unterscheiden, auch im Naturzustand eine gewisse Sensibilität beinhalten müssen, die gegen Vorverurteilungen gerichtet ist («Nur weil er keiner von uns ist, heißt das nicht, dass er ein Lügner oder ein Trottel ist»). Der Komplex von Tugenden, der im Naturzustand eine kritische Offenheit gegenüber Äußerungen eines anderen ermöglicht, muss somit eine spezifisch gegen Vorverurteilungen gerichtete Tugend beinhalten, damit der Hörer jeglichen anti-rationalen Einfluss verlässlich korrigiert, den die Identitätsmacht sonst auf seine Glaubwürdigkeitsbeurteilungen ausüben würde. Wir kennen diese korrigierende Tugend aus der vorangegangenen Untersuchung bereits als Tugend der Zeugnisgerechtigkeit, aber da sie sich hier nur auf jene basalen Vorurteile bezieht, die im Naturzustand am Werk sind, und somit eine Abstraktion einer realhistorischen Tugend darstellt, wollen wir sie (in Analogie zu Williams) durch kursive Anfangsbuchstaben kennzeichnen: *Z*eugnisgerechtigkeit [*Testimonial Justice*]. Der genealogische Ansatz ermöglicht uns, Folgendes zu erkennen: Was das Zusammentragen von Wissen betrifft, ist diese Tugend beim Hörer das entscheidende Pendant zu den Tugenden der *G*enauigkeit und *A*ufrichtigkeit beim Sprecher. *G*enauigkeit und *A*ufrichtigkeit fördern Vertrauen in Bezug auf das *Einbringen* von Kenntnissen in den Wissensbestand; *Z*eugnisgerechtigkeit fördert Vertrauen in Bezug auf den *Erwerb* von Wissen aus dem Wissensbestand.

Somit scheint jene Tugend, die Hörer:innen davon abhält, Sprecher:innen Unrecht zu tun, eine dritte grundlegende Wahrheitstugend zu sein. Denn sie bewahrt die Hörer:innen im Naturzustand vor Vorurteilen, die dazu führen würden, dass ihnen Wahrheiten entgehen, die sie brauchen könnten. Die Angewiesenheit des Kollektivs auf die Stabilisierung der Beziehungen epistemischen Vertrauens macht also einen gewissen Druck erforderlich, der nicht nur auf die *G*enauigkeit und *A*ufrichtigkeit der Sprecher:innen abzielt, sondern auch auf die *Z*eugnisgerechtigkeit der Hörer:innen. Denn diese gegen Vorverurteilungen gerichtete Tugend ergibt sich, ebenso wie *G*enauigkeit und *A*ufrichtigkeit, aus dem grundlegenden Bedürfnis, Informationen in einem minimalen sozialen Kontext zu bündeln, in dem gleichwohl die typisch menschlichen Neigungen zu Täuschung, Verschleierung und der Hang zu Vorurteilen vorkommen. Es sei darauf hingewiesen, dass der Naturzustand, wie ich ihn jetzt skizziert habe, nicht nur gegenüber Williams', sondern auch gegenüber Craigs Konstruktion abweicht, denn meine Geschichte lässt wenig Raum für Indikatoreigenschaften als solche. Indikatoreigenschaften sind per definitionem verlässlich, und das Vorhandensein von Vorurteilen im Naturzustand begünstigt eine Konzeption, in der es keine Indikatoreigenschaften als solche gibt, sondern nur ihre anfechtbaren Gegenstücke – nennen wir sie «Marker» von Erkenntnisautorität. (Anzeichen für Vertrauenswürdigkeit wollen wir als «positive Marker» bezeichnen und Anzeichen für Nicht-Vertrauenswürdigkeit als «negative Marker».) Der praktisch-begriffliche Punkt, der hinter Craigs Indikatoreigenschaften steht, ist die Auffassung, dass Wahrhaftigkeit dem Betrug und Vertrauen dem Misstrauen vorausgeht: Es muss *irgendwelche* verlässlichen Marker für epistemische Autorität geben, ansonsten käme die ganze Praxis des Informationsaustauschs einfach nicht in Gang. Das ist richtig. Aber wir können diesem Punkt Rechnung tragen, ohne auf Indikatoreigenschaften als solchen zu bestehen, und zwar einfach, indem wir festlegen, dass Marker im Naturzustand im Großen und Ganzen verlässlich sind. Alles darüber hinaus würde zu sehr in Richtung einer Idealisierung des Verstands gehen und unser eigentliches Thema verunklaren. Das für unsere Zwecke maßgebliche Bild des Naturzustands darf nicht darüber hinwegtäuschen, dass die menschliche Natur derart beschaffen ist, dass – so basal die menschlichen Gruppierungen oder Gesellschaften auch sein mögen – Vorurteile innerhalb und zwischen Gruppen unvermeidlich sind. Wenn dem so ist, dann ist auch im Naturzustand – neben den Motivationen zu Täuschung und Verheimlichung – die menschliche Neigung zu Vorurteilen als ein erheblicher, der Wahrheit entgegenstehender Druck präsent.

Fassen wir kurz zusammen: Williams haben wir die Erkenntnis zu verdanken, dass es, weil Menschen im Naturzustand zu Täuschung und Verheimlichung neigen, notwendig ist, bei Sprecher:innen zwei Arten von Bedürfnissen zu fördern, von denen sich das eine auf *G*enauigkeit und das andere auf *A*ufrichtigkeit bezieht. Diese Bedürfnisse konstituieren zwei grundlegende Wahrheitstugenden. Nun haben wir herausgefunden, dass es noch ein weiteres Bedürfnis gibt, das ebenso grundlegend ist, um unberechenbare Motivationen zu steuern, die andernfalls den Austausch von Wissen im Naturzustand stören würden: die Neigung der Zuhörer:innen, Vorurteile in ihren Glaubwürdigkeitsurteilen zu vermeiden. Ohne diese Neigung seitens der Nutzer:innen des Informationsbestands wäre die Wissensgemeinschaft anfällig für eine weitere systematische erkenntnisbezogene Fehlfunktion, deren Gefahr ebenso tief in die Mechanismen der menschlichen Motivation eingebaut ist wie die Dysfunktion, die sich aus den eigennützigen Motiven ergibt, etwas zu verschweigen oder zu täuschen. Die Gefahr einer Dysfunktion qua Zeugnisungerechtigkeit resultiert aus der grundlegenden menschlichen Neigung zu Vorurteilen und insbesondere zu Identitätsvorurteilen; die Gefahr einer Dysfunktion qua Verschweigen oder Täuschung resultiert aus der grundlegenden menschlichen Neigung zum Handeln aus Eigeninteresse. In Anbetracht der plausiblen Annahme, dass viele Identitätsvorurteile im Grunde eine Art psychologischer Verteidigungsmechanismus sind, könnte man die Auffassung vertreten, dass die im Naturzustand auftretenden Vorurteile tatsächlich eine Form von Eigeninteresse darstellen. Aber es ist nicht nötig zu behaupten, dass Vorurteile genauso grundlegend in der menschlichen Natur verankert sind wie (andere Formen von) Eigeninteresse. Alles, was wir für das gegenwärtige Argument brauchen, ist der Gedanke, dass die Menschen im Naturzustand nicht nur zu Eigennutz an sich neigen, sondern auch zu jenen Identitätsvorurteilen, die für die menschliche Natur am elementarsten sind. Beide stehen für natürliche Muster menschlicher Motivation, die kontrolliert werden müssen, damit die Praxis der Zusammenführung von Erkenntnissen in Gang kommen kann. *Zeugnisgerechtigkeit* erweist sich somit als dritte grundlegende Tugend der Wahrheit.

All dies betrifft die Tugend der *Zeugnisgerechtigkeit* – die abstrahierte Tugend im Szenario des Naturzustands. Doch natürlich weist die reale historische Tugend der Zeugnisgerechtigkeit genau die gleiche Struktur auf. Sie entwickelt sich aus der basalen Ausgangsversion zu einer komplexeren historischen Gestalt, wobei ihre genaue Ausformung – ihr Platz im moralischen und epistemischen Diskurs, die ihr zugeschriebene Bedeutung und Wichtigkeit, ja, sogar der Grad, in dem sie unterschieden oder überhaupt benannt wird – je nach historisch-kultureller Situation variiert. In der heutigen Zeit kommt dem vielleicht der Begriff der «Fairness» [*fair-mindedness*] am nächsten, oder aber wir wählen Negativformulierungen, die besagen, dass eine Hörerin nicht befangen oder voreingenommen sein sollte. Aber keine dieser beiden Formulierungen erfasst den wesentlichen korrigierenden Charakter der Tugend. Und sicherlich sehen wir in einer solchen Tugend im Allgemeinen kein Heilmittel gegen die weit verbreitete und manchmal tiefgreifende Diskriminierung, die Zeugnisungerechtigkeit de facto ist.

Ganz wie die echten historischen Tugenden in der Regel vielschichtiger sind als ihre Pendants im Naturzustand, so sind auch die Stereotype epistemischer Autorität vielschichtiger und potenziell weniger verlässlich als alles, was es im Naturzustand gibt. Steven Shapin liefert ein überzeugendes Beispiel für ein vorurteilsbeladenes Stereotyp von epistemischer Berechtigung, das im 17. Jahrhundert in England zum Tragen kam. Offenbar war der Umstand, *ein Gentleman zu sein*, ein positiver Marker für epistemische Vertrauenswürdigkeit in beiderlei Hinsicht, also für Kompetenz und für Aufrichtigkeit. Shapin zufolge wurde dem Gentleman im wahrsten Sinne des Wortes eine privilegierte Kompetenz zugestanden, selbst bei Fragen der Wahrnehmung:

> Der erste Aspekt, den die Wahrhaftigkeitskultur der Gentlemen mit sich bringt, wurde in der ethischen Literatur im Europa der frühen Neuzeit kaum explizit behandelt. Dennoch spielte er bei der konkreten Beurteilung von Zeugnissen eine grundlegende Rolle und wurde zurate gezogen, wenn es darum ging, den Wert von Bezeugungen zu bestimmen, die von Gentlemen stammten oder aber von Menschen, die keine Gentlemen waren: Man schrieb den Gentlemen *Wahrnehmungskompetenz* zu.[11]

Shapins Schilderung lässt zudem vermuten, dass die Position eines Gentlemans auch als Marker für Aufrichtigkeit fungierte. Der Gentleman genoss die finanzielle und soziale Unabhängigkeit, die mit seinem gesellschaftlichen Rang einherging, und diese gehobene soziale Stellung bedeutete, dass man davon ausging, er sei frei von jenen Verpflichtungen und Abhängigkeiten, die vermeintlich oder auch ganz real Motivationen liefern könnten, andere zu täuschen. Darüber hinaus war die Frage der Nicht-Täuschung durch einen Gentleman-Ehrenkodex gesichert. Seine gesellschaftlich privilegierte Stellung bedeutete, dass er durch Betrug wenig gewinnen konnte. Doch wenn er den Kodex missachtete, hatte er viel zu verlieren – ein guter Leumund musste geschützt werden.

Wenn Shapin recht hat, scheint es in England eine bestimmte Zeit gegeben zu haben, in der die Identität des Gentleman ein Schlüsselmerkmal für epistemische Vertrauenswürdigkeit war, und zwar nicht bezogen auf eine bestimmte Frage beziehungsweise eine Reihe von Fragen, sondern ganz generell. Wenn der Gentleman ein positiver Marker war, war es umgekehrt ein negativer Marker, wenn man kein Gentleman oder eine Frau war. Die wirtschaftliche und soziale Abhängigkeit der Frauen im 17. Jahrhundert bedeutete, dass ihr vermeintlicher Mangel an rationaler Autorität – genau wie der von Nicht-Gentlemen – gemeinhin als selbstverständlich galt:

> Es gab mächtige Ausgrenzungsmechanismen, die sich auf die kulturelle und politische Lage von Frauen und nicht-adeligen Männern auswirkten.

> Aber gerade weil diese institutionellen Systeme so wirksam waren und weil die entsprechenden Rechtfertigungen sich überwiegend auf Abhängigkeit als disqualifizierendes Merkmal beriefen, spielte in der frühneuzeitlichen *Schriftkultur* Englands die Identifizierung geschlechtsspezifischer Benachteiligungen keine annähernd so große Rolle wie Bemerkungen über «Unwürdigkeit», «Unterwürfigkeit» und «Niedertracht».[12]

Die elisabethanischen Dichter haben sich über dieses Thema nicht gerade in Schweigen gehüllt:

> Der Frauen Antlitz ist voller List,
> Ihre Tränen sind wie die des Krokodils …
> Ihre Zunge plappert über dies und das,
> Flattert schneller als ein Blatt Espenlaub;
> Und während sie redet und nicht weiß, was,
> kommt manch unwahrer Schwall heraus.[13]

Wie auch immer die vorurteilsbehafteten Autoritätsstereotype im Laufe der Geschichte aussehen – die Macht von Vorurteilen, diskursive Beziehungen zu korrumpieren, nimmt beim Übergang vom Naturzustand zur historischen Gesellschaft deutlich zu, und sei es nur, weil jede reale Gesellschaft sozial wesentlich komplexer ist und dadurch weiteren Vorurteilen Auftrieb gibt. Die Tugend der Zeugnisgerechtigkeit wird bei diesem Übergang mithin zu einem noch wichtigeren Teil des epistemischen Lebens. Möglicherweise wird man sie auch noch stärker bewundern, da es inmitten des realen gesellschaftlichen Durcheinanders noch schwieriger wird, diese Tugend zu erlangen. Bisher habe ich Zeugnisgerechtigkeit vor allem als eine *intellektuelle* Tugend untersucht. Aber wir dürfen nicht vergessen, dass diese Tugend nicht nur einem, sondern zwei absoluten Werten dient: Sie schützt sowohl die Wahrheit als auch die Gerechtigkeit. Wer über diese Tugend verfügt, sieht verlässlich davon ab, andere Menschen epistemisch zu benachteiligen; auch entgehen ihm oder ihr keine Wahrheiten, die sich bieten. Doch nun stellt sich die Frage, wie man diese Tugend am besten einordnet. Sollten wir Zeugnisgerechtigkeit primär als ethische Schutzmaßnahme gegen Ungerechtigkeit betrachten oder als intellektuelle Schutzmaßnahme gegenüber Irrtum?

5.2 Eine hybride Tugend: intellektuell-ethisch

Man könnte nun die Frage aufwerfen, ob Zeugnisgerechtigkeit eine intellektuelle oder eine moralische Tugend ist. Wenn bei intellektuellen Tugenden allgemein die Wahrheit das eigentliche Ziel darstellt,[14] und es bei moralischen Tugenden um eine Form des Guten geht, dann kann man sich zu Recht fragen, welcher Wert den Endzweck der Zeugnisgerechtigkeit bildet. Versuchen wir also, diese Angelegenheit auf eine solide Grundlage zu stellen, indem wir uns daran erinnern, dass die der Tugend zugrunde liegende Disposition so beschaffen ist, dass die betreffende Person motiviert ist, die Auswirkungen von Vorurteilen in ihren Glaubwürdigkeitsurteilen zu neutralisieren, und dass dies gleichermaßen der Gerechtigkeit und der Wahrheit dient. Möglicherweise ist dies ein Hinweis darauf, dass wir von einer dichotomen Fragestellung absehen sollten, der zufolge Zeugnisgerechtigkeit entweder eine intellektuelle oder eine moralische Tugend ist. Wir sollten berücksichtigen, dass die Antwort auf diese gewichtig anmutende Frage einfach davon abhängt, ob Wahrheit oder Gerechtigkeit als Endzweck der Tugend gilt. Das mindert gewiss die Bürde dieser Frage insofern, als es Raum für die Möglichkeit zu lassen scheint, dass es keine endgültige Antwort gibt, die vom Kontext unabhängig ist.

Aber lassen Sie uns etwas langsamer vorgehen. Wir müssen überlegen, wie Tugenden individuiert werden, und genauer untersuchen, inwiefern sich intellektuelle und ethische Tugenden strukturell miteinander vergleichen lassen. Für beide Aspekte erweist sich eine Passage von Linda Zagzebski als hilfreich:

> Eine *Tugend* [...] ist eine tiefgehende, dauerhafte, erworbene vortreffliche Qualität eines Menschen, die sowohl eine motivierende Komponente beinhaltet als auch eine Komponente, die verlässlich erfolgreich ist, wenn es darum geht, das Ziel der motivierenden Komponente zu erreichen. Die motivationale Komponente ist für die einzelne Tugend kennzeichnend, aber eine vollständige Taxonomie der Tugenden wird wahrscheinlich zeigen, dass die unmittelbaren Zwecke der einzelnen Tugenden keine End-

> zwecke sind, sondern dass mehrere Tugenden denselben Endzweck haben. So zielen Großzügigkeit, Mitgefühl, Freundlichkeit und Wohltätigkeit letztlich auf das Wohlergehen anderer ab, auch wenn jede von ihnen einen unmittelbareren Zweck besitzen – im Fall des Mitgefühls ist es die Linderung des Leidens anderer; bei der Großzügigkeit geht es darum, dafür zu sorgen, dass unsere Nächsten mehr von den Lebensgütern besitzen. Die intellektuellen Tugenden zielen letztlich auf Wahrheit ab, aber jede hat auch einen unmittelbareren Zweck: zum Beispiel zwischen verlässlichen und unzuverlässigen Autoritäten zu unterscheiden oder eine ausreichende Menge an relevanten Belegen und Anhaltspunkten zu sammeln.[15]

Besonders hilfreich ist im vorliegenden Zusammenhang der Gedanke, dass individuelle Tugenden eine spezifische motivationale Komponente haben. Mitgefühl zeichnet sich beispielsweise durch den unmittelbaren Zweck aus, das Leiden anderer zu lindern, auch wenn es, genau wie einige andere Tugenden, letztendlich auf das Wohlergehen anderer abzielt. Die Auffassung, die man daraus für die Individuierung und Unterscheidung der Tugenden ableiten kann (auch wenn Zagzebski sie nicht ausdrücklich geltend macht), scheint mir offensichtlich richtig zu sein. Angesichts der Tatsache, dass verschiedene Tugenden denselben Endzweck haben können – Wahrheit ist der Endzweck vieler intellektueller Tugenden –, kann der Endzweck nicht dasjenige sein, was die einzelnen Tugenden voneinander unterscheidet. Dies kann nur der unmittelbarere Zweck sein, oder, was auf dasselbe hinausläuft, das Motiv für das unmittelbare Ziel. Diese Einsicht erhellt die oberflächlich betrachtet schwerwiegende Frage, ob die Tugend der Zeugnisgerechtigkeit intellektueller oder ethischer Natur ist. Wenn wir fragen, was der unmittelbare Zweck der Zeugnisgerechtigkeit als intellektueller Tugend ist, so lautet die Antwort: «die Neutralisierung von Vorurteilen bei den eigenen Glaubwürdigkeitsurteilen». Ihr Endzweck ist die Wahrheit. Denn die Neutralisierung von Vorurteilen ist notwendig, um jene Offenheit zu haben, die erforderlich für die Wahrheit ist, nach der das Subjekt letztlich strebt. Lässt die Hörerin zu, dass Vorurteile ihr Glaubwürdigkeitsurteil beeinflussen, entgeht ihr möglicherweise eine Wahrheit. Wenn wir nun fragen, was der unmittelbare Zweck der Zeugnisgerechtigkeit als ethischer

Tugend ist, lautet die Antwort wiederum: «die Neutralisierung von Vorurteilen bei den eigenen Glaubwürdigkeitsurteilen». Und ihr Endzweck ist die Gerechtigkeit. Denn die Neutralisierung von Vorurteilen ist das notwendige Mittel, um zu vermeiden, dass man seiner Gesprächspartnerin Zeugnisungerechtigkeit zufügt. Ob man die Zeugnisgerechtigkeit als intellektuelle Tugend oder als ethische Tugend betrachtet – die individuierende Motivation ist die gleiche: die Neutralisierung von Vorurteilen bei den eigenen Glaubwürdigkeitsurteilen. Daraus schließe ich, dass es sich um ein und dieselbe Tugend handelt, auch wenn sich der entsprechende Endzweck (Wahrheit oder Gerechtigkeit) je nach Kontext ändert.[16] Wenn die konkrete Problemlage so beschaffen ist, dass Aufgeschlossenheit gegenüber der Wahrheit im Vordergrund steht, ist es angebracht, die Tugend unter dem Aspekt einer intellektuellen Tugend zu betrachten. In Kontexten, in denen ethische Erwägungen im Vordergrund stehen, wird es am besten sein, sie unter dem Aspekt einer ethischen Tugend zu betrachten.

Nehmen wir folgende Beispiele. Wenn die Hörerin beispielsweise Kriminalbeamtin ist, die die Tugend der Zeugnisgerechtigkeit ausübt, während sie von einem Teenager, der wegen Bagatelldelikten vorbestraft ist, erfahren will, was genau sich bei einem bestimmten Vorfall ereignet hat, dann verlieren zwar ethische Erwägungen keineswegs ihre Bedeutung, doch der eigentliche *Sinn* der Motivation der Kriminalbeamtin – unvoreingenommene Offenheit für jegliche Wahrheiten, die ihr der Teenager erzählt – besteht eindeutig darin, die Fakten zu ermitteln. In einer solchen diskursiven Situation sind epistemische Überlegungen vorrangig, da das praktische Hauptanliegen der Zuhörerin darin besteht, die Wahrheit zu erfahren. Folglich ist es am sinnvollsten, Wahrheit als Endzweck der von der Kriminalbeamtin ausgeübten Tugend zu betrachten. Die Tugend, die sie an den Tag legt, indem sie ihre Vorurteile gegenüber dem Teenager neutralisiert, ist also Zeugnisgerechtigkeit als intellektuelle Tugend.

Doch stellen wir uns nun vor, dass eine Anwältin mit dem Teenager spricht. Auch wenn es ihr sehr wichtig sein mag, ob er ihr die Wahrheit erzählt oder nicht, so hat ihr Interesse an seinen Äußerungen nichts mit *den Fakten an sich* zu tun, sondern mit einem anderen praktischen Zweck: Sie versucht, (unter anderem) eine Beziehung des epistemischen

Vertrauens zwischen ihnen herzustellen, da sein Ausgeschlossensein von dieser Art von Vertrauen – mit all der Entfremdung und dem Ärger, die damit einhergehen – eine der Ursachen für sein antisoziales Verhalten ist. Insbesondere muss sie sich bemühen, alle gegen ihn gerichteten Vorurteile in ihrem eigenen Glaubwürdigkeitsurteil zu neutralisieren, damit zumindest sie – gerade sie! – ihm nicht mit Vorurteilen begegnet (was der Fall wäre, sollte sie ihm nicht glauben, wenn er ihr die Wahrheit erzählt). Sie muss sich von allen anderen erwachsenen Autoritätspersonen unterscheiden, die ihm kein einziges Wort glauben. In einem solchen Fall ist es am besten, Gerechtigkeit als den Endzweck jener Tugend zu betrachten, die die Anwältin ausübt. Somit ist die von ihr ausgeübte Tugend die Tugend der Zeugnisgerechtigkeit, und zwar im Sinne einer ethischen Tugend.

Diese beiden Beispiele veranschaulichen die kontextualistische Erklärung, die ich als Antwort auf die Frage vorgeschlagen habe, wie man die Tugend der Zeugnisgerechtigkeit einordnen soll. Hinzugefügt sei allerdings, dass es auch Kontexte gibt, bei denen im Hinblick auf die praktischen Umstände unklar ist, ob intellektuelle oder ethische Belange im Vordergrund stehen, sodass wir schlichtweg nicht sagen können, unter welchem Aspekt die Tugend der Zeugnisgerechtigkeit figuriert – das heißt, wir können nicht sagen, ob ihr Endzweck Wahrheit oder Gerechtigkeit ist. Nehmen wir etwa das Szenario, bei dem der Teenager mit seiner Sozialarbeiterin spricht. Sie bemüht sich seit Längerem, ihn dahingehend zu ermutigen, dass er sich in die ganz normalen (ethischen und epistemischen) Vertrauensbeziehungen einbringt beziehungsweise sich einbeziehen lässt. Es geht also um jene Beziehungen, die für die soziale Einbindung und für gesellschaftliches Funktionieren ganz generell zentral sind. Ein vorrangiges Ziel ihres Austauschs mit ihm besteht also darin, ihn wissen zu lassen, dass er Anerkennung erfährt, wenn ihm Anerkennung gebührt, und dazu gehört auch Anerkennung in Form von epistemischer Glaubwürdigkeit. Ebenso wichtig für ihr spezifisches Vorhaben ist jedoch, dass er sie nicht für einen zu leichten Gegner halten darf, also muss sie ihm zeigen, dass sie es merkt, wenn er sie anlügt. Er muss lernen, dass sie ihn respektiert, dass sie sein Wort respektiert, wenn er es verdient, und zwar nur solange er es verdient. Dieser Aspekt ihres Vorhabens zeigt, dass wahrheitsbezogene Erwägungen in diesem Zusammenhang ebenso wichtig sind wie Gerechtigkeitserwägungen. Beide Endzwecke sind gleichberechtigt, und daraus sollten wir den Schluss ziehen, dass in solchen Kontexten Wahrheit und Gerechtigkeit einen gemeinsamen Endzweck bilden und dass die von der Sozialarbeiterin ausgeübte Tugend sowohl intellektueller als auch ethischer Natur ist.

Die Tatsache, dass solche Kontexte denkbar sind, untermauert den allgemeineren Gedanken, dass wir mit der Zeugnisgerechtigkeit eine Art Novum entdeckt haben: eine Tugend, die insofern ein echtes Hybrid darstellt, als sie sowohl auf Wahrheit als auch auf Gerechtigkeit abzielt. Dies mag ein philosophisch faszinierender Gedanke sein, aber nichts daran ist auf verdächtige Weise rätselhaft. Der hybride Charakter der Tugend ergibt sich aus dem Umstand, dass das negative Identitätsvorurteil – dasjenige, dessen Einfluss auf Urteile die Tugend neutralisiert – sowohl ein intellektueller als auch ein ethischer Verstoß ist. Vor diesem Hintergrund erscheint es durchaus angemessen, dass die Tugend, die davor schützt, sowohl ethischer als auch intellektueller Natur ist, dass sie also zugleich eine Tugend der Wahrheit und eine Tugend der Gerechtigkeit darstellt.

Es gibt allerdings eine Hypothese, aufgrund derer man meine Behauptung, dass die Tugend der Zeugnisgerechtigkeit ein Hybrid ist, verdächtig finden könnte, und das ist die aristotelische Hypothese, dass ethische und intellektuelle Tugenden unterschiedlicher Art sind. Die Überlegungen, die Aristoteles zu dieser Ansicht führen, sind jedoch alles andere als überzeugend.[17] Eine davon besagt, dass ethische Tugenden durch Übung und Gewöhnung erworben werden, während intellektuelle Tugenden gelehrt werden.[18] Dies scheint jedoch bestenfalls eine Übertreibung zu sein. Zwar kann die intellektuelle Unterweisung jemandem helfen, eine intellektuelle Tugend zu erwerben, und sie kann absolut notwendig sein für die Ausbildung der für die intellektuelle Tugend erforderlichen Fähigkeiten (zum Beispiel die Fähigkeit, aufwendige Berechnungen vorzunehmen, die Beherrschung der Grammatik oder die Fähigkeit, ein Argument zu formalisieren). Nichtsdestotrotz ist es für das Kultivieren der Tugenden unabdingbar, dass man durch Beispiel, Übung und Gewöhnung lernt, genau wie im Falle moralischer Tugenden. Denn wie sollte man sonst lernen und verinnerlichen, wie man der Versuchung widersteht, voreilige Schlüsse zu ziehen, oder wie man jenen Nicht-Egoismus erlangt, der notwendig ist, um sich für Kritik seitens anderer Standpunkte zu öffnen, oder wie man bei seiner Suche nach Beweisen für eine umstrittene Hypothese nur zu einem gewissen Punkt und nicht weiter geht? Solche Dinge sind eine Frage des Urteilsvermögens, und die Verfeinerung des Urteilsvermögens eines Menschen erfordert Zeit, Übung und Gewöhnung, sowohl bei intellektuellen als auch bei moralischen Angelegenheiten. Darüber hinaus muss die motivationale Komponente vieler intellektueller Tugenden fest in der Psyche des Handelnden verankert sein, da es beispielsweise manchmal sehr verlockend sein kann, auf der Basis unzureichender Beweise voreilige Schlüsse zu ziehen. Allein der Unterricht oder die Unterweisung scheinen nicht in der Lage zu sein, unsere Motivationen auf diese Weise zu festigen – es sei denn, das Unterrichten beinhaltet die erforderliche Praxis und Gewöhnung, die die eigentliche Erziehungsarbeit leisten.

Dies führt uns zum zweiten Grund dafür, skeptisch zu sein, ob intellektuelle Tugenden gelehrt werden können: Ihr Erwerb beinhaltet eindeutig eine Schulung der Emotionen. Dieser Punkt ist also eng verbunden mit Aristoteles' anderem Hauptargument dafür, dass intellektuelle und ethische Tugenden unterschiedlicher Art sind: nämlich dass die zwei Arten von Tugend den beiden unterschiedlichen Teilen der Seele zuzuordnen sind, wobei der eine Teil die Vernunft betrifft und der andere die Emotionen, insbesondere die Lust- und Schmerzempfindungen. Er behauptet, dass die Verstandestugenden «zum rationalen Teil [gehören], dessen wesenhafte Bestimmung – insofern er Rationalität hat – es ist, der Seele zu befehlen; die Charaktertugenden aber gehören zu jenem Seelenteil, der [...] irrational [...] ist».[19] Aber diese Auffassung unterschätzt erheblich den Anteil der Emotionen an den intellektuellen Tugenden. Die emotionale Leistung ist ein Bestandteil der intellektuellen Leistung, daher kann die Beurteilung der Emotionen einer Person ein wesentlicher Bestandteil der Beurteilung dieser Person *als Wissender* sein. Wie Nancy Sherman und Heath White ausgeführt haben:

> Wenn Schüchternheit oder Vorsicht einen daran hindern, neue Grenzen zu erkunden, kühne Fragen zu stellen oder die eigene Arbeit der öffent-

> lichen Prüfung oder Anerkennung auszusetzen, dann handelt es sich um einen emotionalen Defekt eines Wissenden. Ähnlich verhält es sich, wenn Selbstliebe in eine Art von Großspurigkeit umschlägt, die es schwer macht, konkurrierenden Standpunkten zuzuhören, die gemeinsame Anstrengungen zunichte und Teamarbeit zu einer Frage der Hierarchie macht – auch dann stellt ein solcher Narzissmus einen emotionalen Defekt eines Wissenden dar.[20]

Allgemeiner ausgedrückt: Die Motivation einer intellektuellen Tugend ist oft ein Gefühl oder besitzt einen emotionalen Gehalt. Nehmen wir die Tugenden der Zivilcourage oder der Beharrlichkeit. Es ist schwer vorstellbar, dass sie eine Motivation enthalten, die keinen emotionalen Inhalt hat. Aus diesen Gründen braucht uns Aristoteles' Konzeption des Unterschieds zwischen intellektuellen und moralischen Tugenden nicht weiter zu kümmern.

Aristoteles' besondere Konzeption hätte ein Problem für die Behauptung darstellen können, dass die Zeugnisgerechtigkeit eine hybride Tugend ist, da die beiden Tugenden seiner Meinung nach so grundsätzlich verschieden sind. Aber für sich genommen steht der Gedanke, dass ethische und intellektuelle Tugenden zwei verschiedene Arten von Tugenden sind, die möglicherweise einige nicht-triviale kategorische Unterschiede aufweisen, keineswegs der Idee im Wege, dass es hybride Ausnahmen geben kann. Julia Driver hat zum Beispiel vorgeschlagen, dass man intellektuelle und ethische Tugenden je nach dem Ursprung ihres primären Wertes unterscheiden könnte, sodass intellektuelle Tugenden ihren primären Wert aus dem Wert der Wahrheit ableiten, während ethische Tugenden ihren Wert aus dem Wert des Wohlergehens anderer ableiten.[21] Dies ist eine überzeugende Überlegung, die gut zu unserer Behauptung passt, dass Zeugnisgerechtigkeit in einigen Kontexten als intellektuelle Tugend und in anderen als ethische Tugend fungiert, sodass ihr Endzweck mal Wahrheit und mal Gerechtigkeit ist. Grundsätzlich scheint es also kein Hindernis für die Behauptung zu geben, dass Zeugnisgerechtigkeit eine hybride Tugend ist.

Dennoch könnte jemand Zweifel daran hegen, dass unsere Tugend eine so glückliche Balance zwischen epistemischen und ethischen Zielen darstellt. Schließlich gibt es keine Garantie dafür, dass erkenntnistheoretische und ethische Zwecke miteinander harmonieren.[22] Wenn ein skrupelloser Schulleiter einem unterdrückten Lehrer klipp und klar sagt, dass, wenn der Schulaufsichtsbeamte seine Klasse besucht, er den Schüler:innen eine Frage stellen und darauf achten solle, dass er unter den Meldungen jemanden auswählt, der die richtige Antwort gibt, könnte dieses epistemische Ziel am besten durch eine Vorgehensweise erreicht werden, die nicht im Entferntesten gerecht ist. Beispielsweise ließe es sich leicht erreichen, indem er die Schülerin auswählt, die bekanntermaßen von ihrem großen Bruder stets die richtigen Antworten auf ihr Handy geschickt bekommt. Es gibt keine Garantie dafür, dass die erkenntnisbezogenen und ethischen Zwecke miteinander im Einklang sind, und meine Charakterisierung der Tugend der Zeugnisgerechtigkeit beruht auf keiner derart verklärten Vorstellung. Meine These, dass die Tugend der Zeugnisgerechtigkeit eine hybride Tugend ist, basiert schlichtweg darauf, dass wir bloß hinschauen müssen, um festzustellen, dass das Korrigieren von Vorurteilen notwendig ist, um zu vermeiden, dass uns Wahrheiten entgehen, die ein Gesprächspartner anbietet, *und* um zu vermeiden, dass wir dem Gegenüber in seiner Eigenschaft als Wissendem Unrecht zufügen. Lassen Sie mich diese Behauptungen abschließend durch einige Beispiele veranschaulichen. Sie stellen jeweils die Zwecke der Wahrheit und der Gerechtigkeit heraus, um so deutlich wie möglich zu zeigen, warum das Subjekt, das zu einem dieser beiden Zwecke motiviert ist, bei ansonsten gleichen Voraussetzungen dazu motiviert sein wird, Vorurteile in seinem Glaubwürdigkeitsurteil zu neutralisieren.

Zunächst zum epistemischen Zweck. Die Behauptung lautet, dass der rein epistemische Zweck, keinerlei Wahrheiten eines Gesprächspartners zu verpassen, erfordert, dass man Vorurteile bei seinen eigenen Glaubwürdigkeitsurteilen neutralisiert. Stellen wir uns also eine Person vor, die wir als *skrupellose Wahrheitssuchende* bezeichnen könnten: eine Person, die (im jeweiligen Kontext) hochmotiviert ist, die Wahrheit zu erfahren, aber sich überhaupt nicht für Gerechtigkeit interessiert. Als tyrannische Chefin einer großen Werbeagentur schert sich diese Person nicht im Geringsten um das Wohlergehen ihrer Angestellten. Dennoch ist sie fest entschlossen, deren Glaubwürdigkeit vorurteilsfrei zu beurteilen, denn sie weiß, dass dies notwendig ist, um sich das Wissen und die kreativen Ideen ihrer Mitarbeiter:innen zunutze zu machen.

Kommen wir nun zum ethischen Zweck. Hier lautet die Behauptung, dass der rein ethische Zweck, einer Gesprächspartnerin kein Unrecht zuzufügen, erfordert, dass man Vorurteile in den eigenen Glaubwürdigkeitsurteilen neutralisiert. Wir könnten in unserer Fantasie noch einen Schritt weiter gehen und uns einen *redlichen Gesprächspartner* vorstellen: einen besorgten Gastgeber, dessen einziges Ziel darin besteht, keinen seiner Gäste zu verletzen, was er möglicherweise täte, wenn er ihren Äußerungen mit Vorurteilen begegnen würde. Vielleicht ist es ihm vollkommen egal, ob das, was man ihm im Laufe des Abendessens erzählt, wahr oder falsch ist, aber er ist sehr darauf bedacht, keinem Gast Unrecht zu tun. Aufgrund dieses alleinigen Motivs muss er alle Vorurteile in seinen Glaubwürdigkeitsurteilen neutralisieren. Das rein ethische Motiv der Gerechtigkeit reicht also ebenso wie das rein epistemische Motiv der Wahrheit aus, um das Subjekt zu verpflichten, Vorurteile in seinen Glaubwürdigkeitsurteilen zu neutralisieren.

Bevor wir uns von diesen beiden besonderen Charakteren verabschieden, sollten wir uns kurz fragen, ob einer von ihnen die Tugend der Zeugnisgerechtigkeit besitzt. Wenn in den Beispielen eine Tugend zum Tragen käme, dann würde die skrupellose Wahrheitssucherin die Zeugnisgerechtigkeit als intellektuelle Tugend und der redliche Gesprächspartner sie als ethische Tugend aufweisen. Was sie *tun*, scheint in Ordnung zu sein (beide neutralisieren jegliche Vorurteile in ihren Glaubwürdigkeitsurteilen, ganz wie es für ihren Endzweck, den der Wahrheit beziehungsweise den der Gerechtigkeit, erforderlich ist). Dennoch würde man sicherlich stark zögern, beiden die Tugend zuzusprechen. Was Handelnde tun, ist wichtig, doch bei der Tugend geht es auch um die motivationalen Zustände, die hinter den Handlungen stehen. Wie Aristoteles sagt:

> Was aber in Übereinstimmung mit den Tugenden geschieht, wird nicht schon dadurch gerecht oder besonnen getan, wenn es selbst eine bestimmte Beschaffenheit hat, sondern erst, wenn auch der Handelnde mit einer bestimmten Grundhaltung handelt, wenn er erstens wissentlich, zweitens

> aufgrund eines Entschlusses, und zwar eines um der Sache willen, und drittens, wenn er mit einer festen und unerschütterlichen Haltung handelt.[23]

Keiner unserer beiden Charaktere ist so geartet, dass wir ihm ohne Bedenken die Erfüllung der zweiten oder dritten Anforderung zuschreiben können, und daher ist auch keiner von ihnen hinreichend entschlossen, Vorurteile in den eigenen Glaubwürdigkeitsurteilen zu neutralisieren. Die skrupellose Wahrheitssucherin will bloß Informationen und Ideen erbeuten, sodass eine geringfügige Veränderung des Kontextes wahrscheinlich offenbaren würde, dass sie nicht im Entferntesten daran interessiert ist, ihre Vorurteile zu überwinden. Man spürt zum Beispiel, dass sie auf ihre gegen Vorverurteilungen gerichtete Selbstdisziplin ohne Weiteres verzichten würde, wenn die vorurteilsfreien Glaubwürdigkeitsbeurteilungen nicht dem Profitstreben dienen würden. Der redliche Gesprächspartner wird in erster Linie als ängstlicher Gastgeber dargestellt, dem es darum geht, seine Gäste bloß nicht zu beleidigen, ob sie dies nun bemerken oder nicht, sodass auch hier eine Veränderung des Kontexts dazu führen könnte, dass er eine ganz andere Einstellung gegenüber seinen Vorurteilen offenbart. Man spürt, dass er, wenn der Abend ohne Zwischenfälle verlaufen ist, vielleicht froh ist, sich von seiner antivorverurteilenden Selbstdisziplin und den anderen Verpflichtungen zu befreien, die mit der Gastgeberrolle einhergehen. Auch wenn die Handlungen dieser beiden ganz offensichtlich künstlichen Charaktere absolut im Einklang mit den Geboten der Tugend der Zeugnisgerechtigkeit stehen (die im einen Fall als intellektuelle Tugend, im anderen als ethische Tugend auftritt), so legt die skrupellose Wahrheitssucherin diese Tugend gewiss nicht an den Tag, und das Gleiche gilt wohl auch für den redlichen Gesprächspartner. Denn die Anforderung, dass man sich zu der Handlung um ihrer selbst willen und aus einer festen Haltung heraus entschließt, wird von ihnen nicht oder nicht offensichtlich genug erfüllt.

Ich hoffe, dass deutlich geworden ist, dass die Tugend der Zeugnisgerechtigkeit in der Tat eine Mischform ist, und dass ihr hybrider Charakter von keinem übermäßigen Optimismus abhängt, was eine generelle Übereinstimmung zwischen epistemischen und ethischen Werten betrifft. Ihre Hybridität beruht lediglich auf dem nachgewiesenen Gleichklang zwischen epistemischen und ethischen Zwecken, wenn es darum geht, Vorurteile zu neutralisieren.

6

Ursprüngliche Bedeutsamkeiten: Eine erneute Betrachtung des Unrechts

Nachdem wir den Naturzustand auf das ursprüngliche Gegenstück zur Tugend der Zeugnisgerechtigkeit hin untersucht haben, wollen wir nun sehen, was das Szenario des Naturzustands zu unserem Verständnis desjenigen Unrechts beitragen kann, das Sprecher:innen in einem Fall von Zeugnisungerechtigkeit zugefügt wird.

6.1 Zwei Arten von Schweigen

Craigs Naturzustandsgeschichte bildet zwar den Ausgangspunkt für Williams' eigenes Modell, aber da beide unterschiedliche Projekte verfolgen, driften ihre Geschichten im dritten Stadium auseinander, wie wir gesehen haben. Zusammenfassend lässt sich sagen, dass Williams' Geschichte in Richtung *G*enauigkeit und *A*ufrichtigkeit geht, Craigs hingegen in Richtung Indikatoreigenschaften. Bei Williams' Genealogie geht es um die Frage nach dem Status der Wahrhaftigkeit in unserem Leben, sodass die Konstruktion des Naturzustands von der Notwendigkeit, Informationen zusammenzutragen, zur Notwendigkeit eines sozialen Drucks auf die Sprecher übergeht, damit sie auch dann die Wahrheit sagen, wenn es nicht ihrem eigenen Interesse entspricht. Im Gegensatz dazu geht es in Craigs Genealogie um die Frage, warum wir überhaupt über den Begriff des Wissens verfügen: Warum haben wir, abgesehen von dem Gedanken, dass Menschen wahre Überzeugungen haben und weitergeben können, einen zusätzlichen Begriff, der es uns ermöglicht, über

Menschen zu sprechen, die Dinge *wissen* und *Wissen* weitergeben? Um diese Frage zu beantworten, verwendet Craig das Gedankenbild des Naturzustands, um nicht nur ein Szenario zu konstruieren, sondern darüber hinaus einen Begriff, nämlich den des «guten Informationsgebers». Dabei handelt es sich um einen Begriff, der, wie unsere Beschäftigung mit dem Naturzustand gezeigt hat, natürlicherweise aus den grundlegendsten Erkenntnisinteressen des Menschen hervorgeht. Jede menschliche Gesellschaft entwickelt zwangsläufig einen solchen Begriff. Sodann vertritt Craig die These, dass dieser konstruierte Begriff den «Kern» unseres Begriffs eines Wissenden bildet und somit in einem praktischen Erklärungszusammenhang zum Wissensbegriff steht. Die Erklärung dafür, weshalb wir den Begriff des Wissens haben, lautet grob gesagt, dass sich dieser aus dem für uns grundlegenden Erfordernis ergibt, gute Informationsgeber als solche zu erkennen: Ursprünglich bezeichnet Wissen dasjenige, was gute Informationsgeber verlässlich mit uns teilen. Die Stadien (1) bis (3) seines Modells entsprechen den drei verschiedenen Aspekten eines guten Informationsgebers: jemand, der (1) im jeweiligen Kontext wahrscheinlich Bescheid weiß über das, was man wissen will, (2) offen (vor allem aufrichtig) kommuniziert und (3) Indikatoreigenschaften aufweist, sodass man erkennen kann, dass (1) und (2) erfüllt sind.

Diese dritte Anforderung – das Vorhandensein von Indikatoreigenschaften – ist dasjenige, wodurch ein Fragender diese oder jene Person überhaupt als gute Informationsgeberin erkennt. Wir haben bereits festgestellt, dass dieser Mechanismus selbst im Naturzustand von grundlegenden Vorurteilen betroffen sein kann, sodass wir davon ausgehen müssen, dass es dort ein ursprüngliches Gegenstück zum realen Phänomen der Zeugnisungerechtigkeit gibt. Craigs Szenario erlaubt uns nun, den damit zusammenhängenden Punkt hinzuzufügen, nämlich dass eine wesentliche Form von Ungerechtigkeit im Naturzustand (so wie ich ihn dargestellt habe) auftritt, wenn Vorurteile, die in dem zum Vorschein kommen, was ich Marker für Vertrauenswürdigkeit genannt habe, dazu führen, dass einige Gruppen überhaupt nicht nach Informationen gefragt werden. Dieser offenkundige epistemische Ausschluss – die Verweigerung des Zugangs zur Gemeinschaft der Informationsgeber:innen – ist offensichtlich auch ein entscheidendes Merkmal der Politik der epistemischen Lebenswirklichkeit. Der Ausschluss markiert in der Tat eine gängige Form von Zeugnisungerechtigkeit: Jene sozialen Gruppen, die Identitätsvorurteilen unterliegen und dadurch einem ungerechten Glaubwürdigkeitsdefizit ausgesetzt sind, werden in der Regel nicht nach ihren Gedanken, Urteilen und Meinungen gefragt. (Wenn die Äußerungen von Ihresgleichen im Allgemeinen nicht ernst genommen werden, wird man Sie in der Regel auch nicht danach fragen.) Diese Art von Zeugnisungerechtigkeit findet im Stillen statt. Sie tritt auf, wenn das Vorurteil des Zuhörers seine Wirkung bereits vor einem möglichen Informationsaustausch entfaltet: Sie kommt einem solchen Austausch zuvor. Nennen wir sie *präemptive* Zeugnisungerechtigkeit. Die Glaubwürdigkeit einer betroffenen Person im Hinblick auf ein bestimmtes Thema ist bereits so stark beeinträchtigt, dass ihre potenzielle Aussage gar nicht erst eingeholt wird. Die Sprecherin wird also durch das Identitätsvorurteil zum Schweigen gebracht, das ihre Glaubwürdigkeit im Voraus untergräbt. So können rein strukturelle Mechanismen der Identitätsmacht steuern, wessen potenzielle Beiträge öffentlich werden und wessen Beiträge nicht.

Das *silencing* oder Zum-Schweigen-Bringen derjenigen, die von präemptiver Zeugnisungerechtigkeit betroffen sind, ist, wie andere Formen von Zeugnisungerechtigkeit auch, in hohem Maße kontextabhängig: Man würde die soziale Vorstellungskraft negativ überspannen, wenn man sich eine (ursprüngliche oder historische) Gesellschaft ausmalte, in der es soziale Gruppen gibt, deren Mitglieder *nie* nach ihrem Wissen oder ihrer Meinung zu *irgendeinem* Thema gefragt würden. Denn zum einen sind selbst in den repressivsten Gesellschaften die Angehörigen der am stärksten unterdrückten Gruppen aufeinander angewiesen und kooperieren in Erkenntnisbelangen *miteinander*, auch wenn sie die unterdrückerische Ideologie in erheblichem Maße verinnerlicht haben. Darüber hinaus ist jedoch klar, dass sich selbst die rassistischsten weißen Bürger von Maycomb County in bestimmten Fragen auf Tom Robinson verlassen und ihm in epistemischer Hinsicht vertraut haben werden: in Fragen, die seine tägliche Arbeit betrafen, und bei vielen praktischen Dingen des Alltagslebens – solange die Äußerung eines Weißen nicht infrage gestellt wurde, keine Andeutung von intellektueller Gleichrangigkeit gemacht wurde und es nichts gab, das darauf hindeutete, dass dieser N**** vergaß, wo er hingehörte. Da menschliche Vorurteile zur Inkohärenz neigen, die durch Mechanismen der psychologischen Segmentierung aufrechterhalten wird, ist es möglich, dass wesentliche Bereiche des epistemischen Vertrauens relativ unbeeinflusst bleiben, selbst wenn es um eine mächtige rassistische Ideologie geht, die in zahllosen anderen Kontexten eben dieses Vertrauen untergräbt.

Die grundlegende Bedeutung der Indikatoreigenschaften im Naturzustand lenkt unsere Aufmerksamkeit somit auf die präemptive Form der Zeugnisungerechtigkeit, und es ist vielleicht erwähnenswert, dass diese Form der Ungerechtigkeit von außen besonders schwer zu erkennen ist, da sie per definitionem im wahrsten Sinne des Wortes stillschweigend übergangen wird. Wenn wir unsere Vorstellungskraft auf die wirkliche Gesellschaft richten und das Phänomen der präemptiven Zeugnisungerechtigkeit auf soziale Machtverhältnisse beziehen, können wir unschwer erkennen, inwiefern es als Unterdrückungsmechanismus fungieren kann: Nicht gefragt zu werden, ist eine der Arten, durch die machtlose soziale Gruppen der Möglichkeit beraubt werden können, ihre Standpunkte in den kollektiven Wissensbestand einzubringen. (Wir werden im nächsten Kapitel näher auf dieses Thema eingehen.) Durch Zeugnisungerechtigkeit können Sie also zum Schweigen gebracht werden, indem Vorurteile Ihrem Wort zuvorkommen.

Es gibt noch eine zweite Weise, wie Zeugnisungerechtigkeit jemanden zum Schweigen bringen kann. Dafür wollen wir uns einem anderen Aspekt von Craigs Geschichte zuwenden, einem explizit ethischen Aspekt der Wissenspraxis im Naturzustand. Craig macht geltend, dass die Praxis des Zusammentragens von Informationen ein dezidiert *kooperatives* Ethos innerhalb der Praxis entstehen lässt. Irgendetwas an der epistemischen Zusammenarbeit, an der die Informationspartner unweigerlich beteiligt sind, erzeugt in ihnen eine eindeutig ethische Haltung. Craig räumt ein, dass sich diese ethische Haltung nur schwer fassen lässt und spricht von der «besonderen psychologischen Qualität des Teamwork in einer Gemeinschaft».[1] Ferner macht er die vielsagende Bemerkung, dass diese besondere psychologische Komponente bereits in der Unterscheidung enthalten ist, ob man eine Person als «Informationsgeberin» oder als «Informationsquelle» behandelt, und ich denke, dass dies der Schlüssel zum Verständnis nicht nur der positiven ethischen Einstellung ist, die von den Teilnehmer:innen der Praxis geteilt wird, sondern auch zum Verständnis des Unrechts, das jemand erleidet, der aufgrund von Vorurteilen aus dieser Praxis ausgeschlossen wird. Informationsgeber sind, vereinfacht gesagt, epistemische Akteure, die Informationen übermitteln, während Informationsquellen Sachverhalte sind, aus denen der Fragesteller gegebenenfalls in der Lage ist, Informationen zu gewinnen. Während also Objekte nur Informationsquellen sein können, können Menschen entweder Informationsgeber (etwa wenn jemand anderes einem etwas erzählt, das man wissen will) oder Informationsquellen sein (wenn ein Gast zerzaust eintrifft und seinen Regenschirm ausschüttelt, kann man darauf schließen, dass es geregnet hat).

Worin also besteht die ethische Besonderheit der Haltung eines Fragenden gegenüber einem Informationsgeber? «Was mir vorschwebt, ist die spezielle Eigenart von Situationen, in denen Menschen einander als Subjekte behandeln, die den gleichen Zweck verfolgen, statt als Objekte, aus denen man gewisse Leistungen – in diesem Fall wahre Überzeugungen – extrahieren kann», so Craig.[2] Und er merkt an, dass diese Idee eines gemeinsamen Zwecks in der Tatsache zum Ausdruck kommt, dass Informationsgeber im Gegensatz zu Informationsquellen ein gewisses Verständnis für die Situation des Fragenden haben, die es ihnen ermöglicht, ihm aktiv zu helfen. Doch Zeugnisungerechtigkeit – vor allem wenn sie systematisch ist – beraubt den Einzelnen außerdem zu Unrecht eines gewissen grundlegenden Respekts, und die Unterscheidung zwischen einer Informationsquelle und einem Informationsgeber macht deutlich, dass diese Aberkennung auch eine Form von *Objektifizierung* ist. Der Betroffene wird zu Unrecht aus der Gemeinschaft vertrauenswürdiger Informationsgeber ausgeschlossen, was bedeutet, dass er nicht in der Lage ist, an der Weitergabe von Wissen teilzunehmen (außer, er wird als Objekt des Wissens betrachtet und als Informationsquelle genutzt). Er wird also vom Subjekt zum Objekt degradiert, wird aus der Rolle des aktiven epistemischen Akteurs verbannt und auf die eines passiven Sachverhalts reduziert, aus dem sich Erkenntnisse gewinnen lassen. Er wird aus der Rolle eines Beteiligten an der kooperativen Ausübung der Erkenntnisfähigkeit gedrängt und in die Rolle eines passiven Beobachters zurückgestuft – eine Rolle, in der er, genau wie Gegenstände, keine andere epistemische Fähigkeit ausüben kann als die, potenziell aussagekräftige Sachverhalte zu bieten. Zeugnisungerechtigkeit spricht jemandem zu Unrecht sein Vermögen als Informationsgeber ab, und indem sie ihn auf die rein passive Funktion einer Informationsquelle reduziert, erteilt sie ihm denselben epistemischen Status wie einem abgeholzten Baum, dessen Alter sich an der Anzahl der Ringe ablesen lässt. Kurz: Zeugnisungerechtigkeit stuft die Sprecherin von einer Informationsgeberin zu einer Informationsquelle herab, vom Subjekt zum Objekt. Darin zeigt sich der eigentliche Schaden einer Zeugnisungerechtigkeit, die als *epistemische Objektifizierung* auftritt: Wenn ein Hörer die Sprecherin in ihrer Eigenschaft als Vermittlerin von Wissen untergräbt, wird die Sprecherin epistemisch zum Objekt gemacht.

Um dieses Konzept der epistemischen Objektifizierung näher zu untersuchen, empfiehlt es sich, es mit jenem überaus wirksamen Modell von Objektifizierung zu vergleichen, das der Feminismus mit dem kritischen Begriff der «sexuellen Objektifizierung» entwickelt hat. Der Begriff der sexuellen Objektifizierung wird manchmal in einem notwendigerweise abwertenden Sinne verwendet (um deutlich zu machen, dass Frauen als Objekte für die sexuelle Befriedigung von Männern dargestellt oder behandelt werden). Man kann ihn aber auch so verstehen, dass er nicht nur diese abwertende Bedeutung hat, sondern auch eine Haltung und ein Verhalten gegenüber einer anderen Person meint, die ethisch vollkommen in Ordnung sind, und, so Martha Nussbaum, sogar «ein wunderbarer Teil des Sexuallebens» sein können.[3] Nussbaum charakterisiert denjenigen, der jemand anderen zum Objekt macht, als jemanden, der «eine Sache als eine andere behandelt: Man behandelt als ein Objekt, was in Wirklichkeit kein Objekt ist, sondern ein menschliches Wesen.»[4] Diese Formulierung trifft jedoch nicht ganz die Sichtweise, zu der sie selbst am Ende gelangt. Nussbaum argumentiert, dass die Behandlung einer Person als Objekt nicht immer unangemessen, geschweige denn ethisch schlecht ist, sondern dass es immer auf den Kontext ankommt, wenn es um die Frage geht, ob ein bestimmter Fall eine ethisch verwerfliche Form von Objektifizierung darstellt. Das halte ich für absolut zutreffend. Als Objekt behandelt zu werden, ist an sich nicht das Problem, denn wir alle sind *unter anderem* auch Objekte. Die moralisch wesentliche Unterscheidung lässt sich vielleicht am besten folgendermaßen fassen: Es ist ein Unterschied, ob jemand in einem Kontext oder auf eine Weise als Objekt behandelt wird, die nicht bestreitet, dass er *auch ein Subjekt* ist, oder ob jemand als *bloßes* Objekt behandelt wird – wobei «bloß» eine allgemeinere Leugnung seiner Subjektivität kennzeichnet. Da der Mensch seinem Wesen nach mehr ist als ein bloßes Objekt, kommt letztere Behandlung einer Art Entmenschlichung gleich. Ich denke, wir täten gut daran, die von Kant geprägte Formulierung zu übernehmen und zu sagen, dass die Frage, ob die Behandlung eines Menschen eine moralisch akzeptable oder moralisch verwerfliche Art von Objektifizierung darstellt, davon abhängt, ob er als *bloßes* Mittel behandelt wird oder als ein Mittel, das zugleich ein Zweck an sich selbst ist.[5] Das entspricht einer weit verbreiteten ethischen Auffassung hinsichtlich der Frage, was es bedeutet, andere Menschen als vollwertige Menschen zu behandeln, und daher denke ich, dass wir dieses Stückchen kantischer Terminologie aufgreifen können, ohne seinen umfangreichen sonstigen philosophischen Apparat zu übernehmen.

Es gehört zum normalen Leben in einer Gemeinschaft dazu, dass man andere Menschen als Mittel gebraucht und seinerseits als Mittel gebraucht wird. Beispielsweise bedienen wir uns auf ethisch vollkommen korrekte Weise des Postboten, um unsere Briefe auszuliefern. Nussbaum nennt ein Beispiel aus dem Bereich der Sexualität, das ebenfalls eine ethisch unbedenkliche Instrumentalisierung einer anderen Person beinhaltet:

> Wenn ich mit meinem Geliebten auf dem Bett liege und seinen Bauch als Kopfkissen benutze, scheint daran überhaupt nichts Verwerfliches zu sein, vorausgesetzt […] ich tue dies mit seinem Einverständnis […] und ohne ihm unerwünschte Schmerzen zuzufügen; und außerdem vorausgesetzt, dass ich dies im Rahmen einer Beziehung tue, in der er im Allgemeinen nicht nur als Kopfkissen behandelt wird. Das bedeutet, dass nicht die Instrumentalisierung an sich problematisch ist, sondern jener Fall, in dem jemand vorrangig oder ausschließlich als ein Mittel behandelt wird. Somit kommt es auf den Gesamtkontext der Beziehung an.[6]

Ich denke, dass Kants Art der Unterscheidung in diesem Kontext angemessen ist, nicht zuletzt, weil sie die ethische Bedeutung der Unterscheidung erhellt, die uns zu dem Begriff der epistemischen Objektifizierung geführt hat: nämlich der Unterscheidung zwischen der Behandlung einer Person als Informationsgeberin und ihrer Behandlung als Informationsquelle. Vor dem Hintergrund der kantischen Unterscheidung sind wir nun in der Lage zu erkennen, inwiefern es möglicherweise einen entscheidenden moralischen Unterschied macht, ob eine Person als Informationsquelle oder, wie wir jetzt formulieren können, als *bloße* Informationsquelle behandelt wird. Jemanden als Informationsquelle zu nutzen, ist ethisch vollkommen in Ordnung (denken wir an das, was wir durch einen zerzausten Gast erfahren können, der seinen Schirm ausschüttelt und den wir einfach als einen Aspekt eines Sachverhalts lesen), vorausgesetzt, der Kontext führt nicht dazu, dass man dies in einer Weise tut, die ihm im allgemeineren Sinne seine epistemische Subjektivität abspricht. In dem Fall untergräbt nichts an der Behandlung dieses Menschen oder an der generellen Beziehung und Einstellung zu ihm seinen allgemeinen Status als Subjekt von Erkenntnis.

Natürlich gibt es nur wenige Situationen, in denen das Vorurteil eines Hörers so wahnwitzig stark ausgeprägt ist, dass er seine Gesprächspartnerin *überhaupt nicht* als Subjekt des Wissens betrachtet. Wir haben bereits auf die Kontextabhängigkeit jener Art von Vorurteilen hingewiesen, die zu Zeugnisungerechtigkeit führen: Die Geschworenen von Maycomb County hätten Tom Robinson in vielen Fragen vertraut, die mit der von ihm eingefahrenen Ernte zu tun hatten; und Herbert Greenleaf wäre bereit gewesen, Marge in vielen Angelegenheiten zu glauben, die weniger offenkundig Gefahr liefen, durch ihre weibliche Intuition verzerrt zu werden, als das Verschwinden ihres Geliebten. Kennzeichnend für eine epistemische Objektifizierung der üblen Sorte muss also sein, dass irgendetwas an der allgemeinen Beziehung zwischen Hörer und Sprecherin – zum Beispiel die Einstellung des Hörers gegenüber der Sprecherin – die epistemische Subjektivität der Sprecherin untergräbt. Dass es etwas in der Beziehung zwischen den Geschworenen von Maycomb County und Tom Robinson gibt, das seine epistemische Subjektivität ganz generell untergräbt, ist offensichtlich. Die von Atticus Finch in seinem Schlussplädoyer genannten Vorurteile sind, so ist anzunehmen, genau diejenigen, die die Wahrnehmung Toms seitens der Geschworenen prägen, und zusammengenommen untergraben sie seinen allgemeinen Status als epistemisches Subjekt auf grundlegende Weise – so sehr, dass die Geschworenen ihn epistemisch als moralisch schlecht objektifizieren. Das Vorhandensein maßgeblicher, von Identitätsvorurteilen geprägten Einstellungen gegenüber dem Sprecher untergräbt stets dessen allgemeinen Status als Subjekt des Wissens, und jede daraus resultierende epistemische Objektifizierung zählt zu der moralisch üblen Sorte. Daher können wir schließen, dass solche zentralen Fälle von Zeugnisungerechtigkeit immer eine moralisch verwerfliche Form von epistemischer Objektifizierung beinhalten.

Bei unseren beiden Hauptbeispielen handelt es sich um Fälle, in denen die epistemische Objektifizierung aus Zeugnisungerechtigkeit resultiert. Aber was ist mit Fällen, in denen die Hörerin ihren Gesprächspartner in epistemischer Hinsicht zu Recht nicht für vertrauenswürdig hält, sodass keine Ungerechtigkeit vorliegt? Auch wenn es in solchen Fällen nichts an der Gesamtbeziehung zwischen Sprecher und Hörerin gibt, das das Menschsein des Sprechers in Zweifel zieht, ist es dann nicht trotzdem so, dass man, wenn man seinen Gesprächspartner als nicht vertrauenswürdig einstuft, ihn epistemisch ausschließt und ihm damit, zumindest in gewisser Weise, epistemische Subjektivität abspricht? Das mag stimmen, doch kann es sich hierbei nicht um eine epistemische Objektifizierung der üblen Sorte handeln, denn es ist weder epistemisch noch ethisch falsch, jemanden vorurteilsfrei für nicht vertrauenswürdig zu halten, wenn er tatsächlich nicht vertrauenswürdig ist. Im Gegenteil: Es ist eine epistemische Leistung. Zweifellos sollten wir der Tatsache, dass jemand, der für nicht vertrauenswürdig gehalten wird, einstweilen seiner Funktion als Informationsgeber beraubt und auf die Funktion einer bloßen Informationsquelle beschränkt wird, ein gewisses ethisches Gewicht beimessen – vielleicht haben wir die ethische Verpflichtung, auf eine ausnahmsweise Unzuverlässigkeit nicht übermäßig zu reagieren, etwa indem wir der Person nie wieder in irgendeiner Sache trauen. Doch unter ansonsten gleichen Bedingungen geschieht hier kein Unrecht. Gewisse Arten von epistemischer Objektifizierung sind also ethisch akzeptabel, um nicht zu sagen epistemisch verdienstvoll. Entscheidend ist auch hier, dass nichts an der Situation darauf hindeutet, dass das negative Glaubwürdigkeitsurteil des Hörers Ausdruck einer allgemeinen Tendenz seinerseits ist, die epistemische Subjektivität des Sprechers ungerechtfertigt abzuwerten; dass es also nichts gibt, was ihn in seiner Eigenschaft als Wissender generell disqualifiziert.

Unser Rückgriff auf Kants Unterscheidung zwischen der Behandlung einer Person als Mittel und ihrer Behandlung als *bloßem* Mittel lädt dazu ein, unsere neu ausgearbeitete Konzeption des Unrechts, das mit epistemischer Ungerechtigkeit einhergeht – der moralisch üblen Sorte von epistemischer Objektifizierung –, und der allgemeinen kantischen Konzeption moralischen Unrechts zu vergleichen. Die Art von epistemischer Objektifizierung, mit der wir uns befassen, ist das kognitive Gegenstück zu Kants Auffassung der praktischen Vernunft im Hinblick auf das, was eine unmoralische Behandlung eines anderen Menschen darstellt – nämlich ihn auf eine Weise zu behandeln, die seinen Status als vernünftig Handelnden leugnet oder untergräbt. Bei Zeugnisungerechtigkeit untergräbt eine Person den Status einer anderen Person als Erkenntnissubjekt; laut Kants Beschreibung von Unmoral untergräbt eine Person den Status einer anderen Person als vernünftig Handelnder. Es liegt auf der Hand, dass diese beiden Arten von Unrecht eng miteinander verknüpft sind. Zumindest wird in beiden Fällen eine Dimension der Rationalität einer Person untergraben, wobei dieses Vernunftvermögen als wesentlich für die Würde eines Menschen gilt. Bei beiden geht es auch darum, dass der Übeltäter eine andere Person so behandelt, als wäre sie weniger rational. Man könnte sagen, dass er in beiden Fällen eine andere Person ontologisch verletzt, indem er sie so behandelt, als sei sie in praktischer oder kognitiver Hinsicht kein (oder kein vollständiges) rationales Wesen.

Häufig gehen diese beiden Weisen, in der die Rationalität eines anderen Menschen verletzt wird, Hand in Hand. Bei Fällen von systematischer Zeugnisungerechtigkeit ist es vielfach so, dass ein Identitätsvorurteil gegenüber der epistemischen Vertrauenswürdigkeit einer sozialen Gruppe von einem parallelen Identitätsvorurteil gegenüber ihrer praktischen Vernunft begleitet wird. Gegen Ende des Romans *Wer die Nachtigall stört* schildert Scout, die kindliche Erzählerin, wie die Einwohner von Maycomb County auf Toms Tod reagieren (er wurde, wie erwähnt, von Gefängniswärtern erschossen), und wir werden an die besonders niederträchtige Weise erinnert, wie Rassenvorurteile die praktische Vernunft einer Person of Color angreifen können:

> Maycomb interessierte sich nicht länger als zwei Tage für Tom Robinsons Tod. Zwei Tage genügten, die Nachricht in Stadt und Land zu verbreiten. «Wisst ihr schon, was passiert ist? Nein? Also, er soll plötzlich losgerannt sein, schneller als der Blitz …» Das Wort, das man immer wieder hörte, war «typisch». Typisch für einen N****, einfach loszurennen. Typisch für die Mentalität eines N*****, keinen Plan zu fassen, nicht an die Zukunft zu denken, sondern einfach bei der ersten besten Gelegenheit draufloszurennen. Dabei hätte ihn doch Atticus Finch vielleicht freibekommen. Aber ein N**** und warten? Nein, um keinen Preis. Man kennt sie ja, diese Burschen. Können nicht aus ihrer Haut heraus. Dieser Robinson ist das beste Beispiel dafür. War ordnungsgemäß verheiratet, hielt sich sauber, ging in die Kirche und so weiter, aber wenn man's bei Licht besieht, ist der Firnis verdammt dünn. Der N**** kommt eben immer wieder zum Vorschein.[7]

Wenn jemand als Wissender unterminiert wird, ist dies begrifflich und geschichtlich eng mit der Missachtung seiner praktischen Vernunft verbunden. Allerdings unterscheiden sich diese beiden Verletzungen der Menschlichkeit sehr voneinander, da sie sich auf zwei verschiedene Funktionen der Vernunft beziehen, und es scheint mir, dass sich die Moralphilosophie mit beiden befassen sollte.

Wir haben sexuelle Objektifizierung als Modell herangezogen, um den Gedanken der epistemischen Objektifizierung zu entwickeln, was die Frage aufwirft, wie diese unterschiedlichen Arten von Objektifizierung zueinander in Beziehung stehen könnten. Einer bekannten radikalfeministischen Sichtweise zufolge entsteht in einem gesellschaftlichen Klima, in dem Frauen sexuell zum Objekt gemacht werden, ein gewisses Phänomen des *silencing*: Frauen wird in diskursiven Kontexten über Sexualität so wenig Glaubwürdigkeit zugesprochen, dass ihr Wort bloß als Geräusch gilt. Dies ist typischerweise der Fall, wenn sie auf die sexuellen Avancen eines Mannes mit «Nein» reagieren oder eine Strafanzeige wegen sexueller Nötigung stellen. Diese Auffassung wird in schonungslos polemischer Weise von der feministischen Rechtsgelehrten Catharine MacKinnon vertreten. MacKinnon erklärt die Pornografie zum Kernpunkt der Unterordnung der Frau unter den Mann, da die Pornografie die Frau nicht nur so darstellt, als genieße sie es, von Männern – manchmal gewaltsam – als Sexualobjekt benutzt zu werden, sondern die Frau dadurch auch sozial als sexuelles Instrument des Mannes konstruiert wird. Somit ist die von der Mainstream-Hardcore-Pornografie verkörperte Sexualideologie eine machtvolle Kraft, die Männer und Frauen dazu bringt, ihre sexuellen Beziehungen zueinander nach dem Schema von erotisierter Dominanz und Unterwerfung auszurichten. (Die Art von Modell, um die es hier geht, lässt sich am besten als das begreifen, was wir als konstitutive Konstruktion bezeichnet haben.[8]) So wird eine bestimmte Art von sexueller Realität geschaffen, aber es ist eine sexuelle Realität, in der Frauen nicht sie selbst sind. Es ist einfach so, dass die Verfälschung, die in der pornografischen Konstruktion im Schwange ist, sich derart eingebürgert hat, dass sie quasi unsichtbar geworden ist, sogar für Frauen. (So jedenfalls bringe ich die manchmal scheinbar widersprüchlichen Aussagen von MacKinnons Text zusammen, der an einigen Stellen zu sagen scheint, dass Frauen nur so sein können, wie sie von der Pornografie konstruiert werden, während sich die übergeordnete kritische Aussage auf die Behauptung stützt, dass die Pornografie eine missbräuchliche Verfälschung von Frauen und heterosexueller Sexualität bewirke.[9])

Dass ein Großteil der Pornografie männliche Dominanz und weibliche Unterwerfung erotisiert, ist für sich genommen ein altbekannter feministischer Gedanke, den man durchaus für richtig halten kann. Aber lassen Sie mich eine einschränkende Anmerkung zu MacKinnons kompromissloser Sichtweise machen. Ihre totalisierende Sicht auf die Auswirkungen von Pornografie auf heterosexuelle Beziehungen und auf Gender-Beziehungen generell ist meines Erachtens in mehrfacher Hinsicht maßlos übertrieben. Sie reduziert den vielschichtigen Charakter der historischen Unterordnung von Frauen unter Männer auf die sexuelle Unterordnung; sie misst der Pornografie einen zu großen Einfluss auf die soziale Konstruktion von Heterosexualität bei, wo es doch viele andere kulturelle Praktiken und Institutionen gibt, die ebenfalls einen starken und manchmal entgegengesetzten Einfluss ausüben; und ihre Darstellung der sexuellen und sonstigen sozialen Beziehungen zwischen Männern und Frauen ist schlichtweg viel zu pessimistisch – ein Pessimismus, der an einigen Stellen unangenehm männerfeindlich klingt. Nichtsdestotrotz enthält das düstere Bild der Beziehungen zwischen Frauen und Männern sicherlich wichtige Einsichten über die Auswirkungen, die eine korrupte Sexualideologie, welche zweifelsohne in vielen Pornos verbreitet wird, nicht nur auf die sexuellen, sondern auch auf die epistemischen und diskursiven Beziehungen zwischen Männern und Frauen haben kann. Bevor wir uns also vom Begriff der epistemischen Objektivierung verabschieden, lohnt es sich, seine Verbindung zur sexuellen Objektifizierung und dem Begriff des Zum-Schweigen-Bringens näher zu beleuchten.

Wenn wir MacKinnons Auffassung mit unserer Darstellung von epistemischer Objektifizierung zusammenbringen, müssen wir die Möglichkeit in Betracht ziehen, dass eine Art von Objektifizierung kausal mit einer anderen Art von Objektifizierung verknüpft ist. Wenn Frauen aufgrund eines komplexen Identitätsvorurteils, das ihnen den Status eines vollwertigen menschlichen Subjekts abspricht, zum Objekt gemacht werden, steigt die Wahrscheinlichkeit, dass sie ebenfalls epistemischer Objektifizierung ausgesetzt sind. Umgekehrt gilt das Gleiche: Die verschiedenen Formen von Objektifizierung, die einer bestimmten sozialen Gruppe widerfahren, sind über ein gemeinsames verfolgendes Vorurteil miteinander verbunden, sodass es keinen speziellen Grund dafür gibt, sexuelle Objektifizierung als die Erstursache anderer Formen von Objektifizierung zu betrachten, denen Frauen ausgesetzt sein könnten. Wir sind nicht verpflichtet, eine Form der Objektifizierung als ursächliche zu bestimmen, da sich verschiedene Formen von Objektifizierung gegenseitig stützen können. Wie auch immer, wir interessieren uns nicht deshalb für die Verbindung zwischen sexueller und epistemischer Objektifizierung, weil beide über ein gemeinsames Vorurteil kausal miteinander verbunden sein könnten, sondern es geht vielmehr um die Möglichkeit, dass ein Klima der sexuellen Objektifizierung Fälle von Zeugnisungerechtigkeit nach sich ziehen kann, die so gravierend sind, dass die epistemische Ungerechtigkeit in eine grundlegende kommunikative Fehlfunktion übergeht.

MacKinnon ist der Ansicht, dass in der pornografischen Gesellschaft den Frauen aufgrund ihrer Machtlosigkeit von männlichen Gesprächspartnern so wenig Glaubwürdigkeit zugestanden wird, dass sie de facto zum Schweigen gebracht werden. Es handelt sich dabei um eine andere Art des Zum-Schweigen-Bringens als die, die wir oben als präemptive Zeugnisungerechtigkeit betrachtet haben. MacKinnons zentraler Begriff des *silencing* (den sie auf eine Reihe unterschiedlicher Phänomene anwendet[10]) beinhaltet eine verblüffend andere Form von Glaubwürdigkeitsdefizit, die die Dimension der epistemischen Objektifizierung, mit der wir uns beschäftigt haben, auf hilfreiche Weise verdeutlicht: «Pornografie macht Frauen zu Objekten. Objekte sprechen nicht. Wenn sie es tun, werden sie inzwischen als Objekte betrachtet, und nicht als Menschen, was bedeutet, dass ihnen keine Glaubwürdigkeit zugesprochen wird.»[11] In einem solchen Klima sexueller Objektifizierung würde das extreme Glaubwürdigkeitsdefizit der Frauen zu einer besonders akuten Form von Zeugnisungerechtigkeit führen. Das Zeugnis von Frauen wird in einer solchen Situation nicht vollständig ausgehebelt (sie sprechen zu Männern), aber es macht im Grunde keinen großen Unterschied, da ihr Zeugnis nicht als echtes Zeugnis aufgenommen wird. Ähnlich wie die präemptive Zeugnisungerechtigkeit enthalten solche Fälle des *silencing* im Vorhinein ein massives Glaubwürdigkeitsdefizit – hier allerdings hinsichtlich einer Äußerung, die vorgebracht *wird*. Es gibt kein echtes Glaubwürdigkeitsurteil über die Äußerung der Sprecherin, denn die entmenschlichende Sexualideologie bewirkt, dass der Mann die Frau nie wirklich *hört*; ihre Äußerung wird von seiner Zeugnissensibilität einfach nicht wahrgenommen. Dies ist eine der Konstruktionen des Zum-Schweigen-Bringens, die MacKinnon beschäftigen: eine extreme Art von Zeugnisungerechtigkeit, die sich durch eine radikale kommunikative Dysfunktion auszeichnet.

Dass Zeugnisungerechtigkeit in manchen Gesellschaftszusammenhängen die Gestalt eines derart radikalen *silencing* annehmen könnte, ist eine Möglichkeit, die sich erst zeigt, wenn man sich dem Zum-Schweigen-Bringen von der Warte der mangelnden Glaubwürdigkeit der Frauen nähert. Doch man kann den Begriff des *silencing* auf mehrere Weisen füllen, und der Vorschlag, es handele sich um eine extreme Form von Zeugnisungerechtigkeit, ist natürlich nur eine davon. Wenn wir also die Erklärung im Sinne von Zeugnisungerechtigkeit in Erwägung ziehen, sollten wir auch eine andere Erklärung berücksichtigen, die Jennifer Hornsby und Rae Langton nicht im Rahmen der Erkenntnistheorie, sondern der Sprachphilosophie erarbeitet haben, nämlich der Sprechakttheorie.[12] Beide stützen sich auf die Theorie von J. L. Austin und insbesondere auf seine These, dass illokutionäre Akte eine «Aufnahme» vom Gesprächspartner erfordern, damit die Kommunikation funktioniert. (Die Aufnahme des Hörers besteht darin, dass er begreift, dass die Sprecherin den Inhalt ihrer Äußerung tatsächlich mitteilt – beispielsweise begreift er, dass sie ihn warnt, wenn sie «Vorsicht!» sagt, oder ihn zurückweist, wenn sie «Nein» sagt.) Hornsby führt die Idee der «Gegenseitigkeit» ein – einer basalen relationalen Haltung, die Sprecher *als* Kommunizierende zueinander einnehmen. Beziehungen der Gegenseitigkeit bereiten das kommunikative Klima, das die Aufnahme ermöglicht, und wenn es hin und wieder durch eine pornografische Sexualideologie untergraben wird, dann können diese punktuellen Aushöhlungen ein Scheitern der Aufnahme verursachen, wodurch die potenziellen Illokutionen der Frauen zum Schweigen gebracht werden. Das könnte dazu führen, dass das «Nein» einer Frau, zumindest in einem sexuellen Zusammenhang, nicht die erforderliche Aufnahme durch den Mann findet, sodass es ihrer beabsichtigten Illokution nicht gelingt, sich mitzuteilen – ja, dass diese noch nicht einmal zu dem illokutionären Akt wird, der sie hätte sein sollen. (Nichtsdestotrotz ist sie vermutlich doch mehr als ein bloßes Geräusch; in einem gemeinsam verfassten Aufsatz räumen die Autorinnen ein, dass man eine beabsichtigte Illokution, die nicht aufgenommen wird, als eine nicht «vollständig gelingende» Illokution betrachten könnte.[13] Dies scheint der richtige Schritt zu sein, der zudem wichtig ist, wenn es darum geht zu zeigen, was Frauen in solchen Situationen mit ihrem «Nein» erreichen. So kann es juristisch gesehen wichtig sein, dass die nicht vollständig gelungene Illokution eines «Neins» genügt, um die Verweigerung sexueller Zustimmung zum Ausdruck zu bringen; die fehlende Aufnahme seitens des Belästigers kann mithin nicht so ausgelegt werden, dass er von einer Anklage wegen sexueller Nötigung freigesprochen wird.[14])

Hornsby und Langton bieten also eine rein kommunikationsbezogene Konzeption des *silencing*, die sich von MacKinnons ein wenig in der Gewichtung unterscheidet: Ihnen zufolge wird das kommunikative Versagen grundsätzlich durch ein Scheitern der Reziprozität verursacht, welches grundlegender ist als das Glaubwürdigkeitsversagen, das MacKinnon zu betonen scheint. Laut Hornsby und Langton erfolgt das Zum-Schweigen-Bringen vor dem Moment, in dem die Glaubwürdigkeit der Sprecherin infrage gestellt wird. Denn das Problem der zum Schweigen gebrachten Frau besteht nicht darin, dass ihr Gesprächspartner ihrer Äußerung so wenig Wert beimisst, dass er sie nicht hört, wenn sie «Nein» sagt. Vielmehr ist seine Haltung ihr gegenüber in dieser Situation dergestalt, dass sie den illokutionären Akt der Verweigerung gar nicht erst (erfolgreich) vollziehen kann. Dass er sie zum Schweigen bringt, hat nichts mit seiner epistemischen Haltung ihr gegenüber zu tun, denn die Frage nach ihrer Glaubwürdigkeit stellt sich erst gar nicht. Aus ihrer Sicht ist das *silencing* also keine Form von Zeugnisungerechtigkeit. Die von mir vertretene Auffassung hingegen – der zufolge soziale Verhältnisse denkbar sind, in denen Frauen in manchen Fragen so wenig Glaubwürdigkeit genießen, dass ihre Äußerungen von der Zeugnissensibilität männlicher Hörer überhaupt nicht registriert werden – macht deutlich, inwiefern *silencing* eine extreme Form von Zeugnisungerechtigkeit darstellen kann. Beide Konzeptionen des Zum-Schweigen-Bringens präsentieren ein kohärentes soziales Szenario, aber meiner Ansicht nach ist das epistemische Modell das empirisch wahrscheinlichere Szenario, und zwar einfach aus dem Grund, dass dort bereits eine geringere Aushöhlung des menschlichen Status von Frauen reicht, bis der Effekt des *silencing* greift.

6.2 Über den Begriff des Wissenden

Die Beschäftigung mit Craigs «praktischer Erklärung» des Wissens hat unser Verständnis desjenigen Unrechts, das bei Zeugnisungerechtigkeit eine Rolle spielt, um zwei weitere Dimensionen bereichert. Aufgrund seiner Hervorhebung der Bedeutung von Indikatoreigenschaften im Naturzustand, durch die sich gute Informationsgeber:innen auszeichnen, konnten wir die präemptive Form der Zeugnisungerechtigkeit identifizieren – die erste Art von Schweigen. Und seine quasi-ethische Unterscheidung zwischen einer Informationsquelle und einem Informationsgeber führte uns zum Begriff der epistemischen Objektifizierung – ein entsprechendes Umfeld kann zur zweiten Art von Schweigen führen, das mit Zeugnisungerechtigkeit verbunden ist. Abschließend wollen wir uns nun der Kernbotschaft von Craigs Projekt zuwenden, um herauszufinden, was sie in Bezug auf die eher erkenntnistheoretische Dimension des Unrechts der Zeugnisungerechtigkeit leistet.

Craig verfolgt zwei wesentliche Anliegen: Er will den modellierten Begriff des guten Informationsgebers auf unseren tatsächlichen Wissensbegriff beziehen, um eine praktische Explikation des letzteren zu leisten; und er will diese praktische Explikation des Wissens auf die herkömmliche analytische Erkenntnistheorie beziehen, sodass die bekannten Argumentationsmuster dieser Tradition durch die praktische Beschreibung erklärt und vielleicht sogar aufgelöst werden. Die vor uns liegende Aufgabe betrifft jedoch nur den ersten Aspekt. Wir haben in Kapitel 3 gesehen, wie Zeugnisungerechtigkeit in die Erkenntnistheorie der Zeugenschaft passt. Nun wird uns Craigs Darstellung des Wissens bei der weiteren Untersuchung des Phänomens helfen, denn sie bietet uns einen anderen, höchst originellen erkenntnistheoretischen Rahmen, in dem Zeugnisungerechtigkeit verortet werden kann.[15]

Die epistemologische Konsequenz aus dem Szenario des Naturzustands besteht für Craig darin, dass der konstruierte Begriff des guten Informationsgebers seinen Ursprung in den grundlegendsten Wissenserfordernissen hat, was zeigt, dass sich der Begriff in jeder menschlichen Gesellschaft herausbildet. Doch dies muss nun in Beziehung gesetzt werden zu dem tatsächlichen Begriff des Wissens. Hier ist einiges zu tun, denn «guter Informationsgeber» und «Wissender» haben offensichtlich einen unterschiedlichen Begriffsumfang. Craigs prägnante Beispiele für diesen Punkt sind der Mafioso Luigi – der Bescheid weiß, aber kein Informationsgeber ist, da er nichts erzählt – und Matilda (aus dem gleichnamigen Gedicht von Hillaire Belloc), die in der Vergangenheit so viele schlimme Lügen verbreitet hat, dass ihr keiner mehr glaubt, als tatsächlich ein Feuer ausgebrochen ist und sie vom Fenster aus um Hilfe ruft. Das sind keine Gegenbeispiele, da Craig keine Analyse vorlegt, zu der sie Gegenbeispiele sein könnten. Vielmehr illustrieren sie die erkennbare Kluft zwischen dem konstruierten Begriff des guten Informationsgebers und unserem tatsächlichen Begriff des Wissens. Diese Lücke wird dann mittels einer allgemeinen These über das Wesen von Begriffen geschlossen, die selbst einer kleinen Genealogie des Naturzustands gleichkommt. Die These lautet, dass Begriffe, egal wie subjektiv ihr ursprünglicher Bedeutungskern auch sein mag, generell die Tendenz haben, «objektiviert» zu werden: Sie übernehmen Bedeutungsschichten, die ihre ursprüngliche Abhängigkeit von subjektiven Erkenntnisfähigkeiten verbergen und überschreiben. Diese These wird als *Objektivierung* von Begriffen bezeichnet. Nehmen wir das Beispiel «Stuhl»:

> Es mag sein, dass ich Interesse an etwas habe, «auf das ich mich jetzt setzen kann» (es kommen nur Gegenstände infrage, die in der Nähe und mir zugänglich sind). Aber irgendwann werde ich mich, da ich davon ausgehe, dass ich mich auch zu einem späteren Zeitpunkt hinsetzen möchte, für Gegenstände interessieren, auf die ich mich setzen kann, wenn ich das möchte, oder dafür, ob es etwas geben wird, auf das ich mich setzen kann, wenn ich möchte (am Ende des Spaziergangs). Dieses Interesse wird natürlicherweise das Interesse daran wecken, die Meinung anderer darüber zu hören, wo es Gegenstände gibt, auf die ich mich setzen kann, wenn ich will, unabhängig davon, ob sie sich darauf setzen wollen oder nicht; ich werde also wollen, dass auch sie einen objektivierten Begriff verwenden. Und wenn ich etwas altruistischer werde, interessiert mich vielleicht sogar, ob es etwas gibt, auf das Fred sich setzen kann, wenn er will, unabhängig davon, ob ich auf irgendetwas sitzen will oder nicht. So entsteht der Be-

> griff von etwas, das – unabhängig davon, was eine bestimmte Person zu einer bestimmten Zeit an einem bestimmten Ort will, und sogar unabhängig davon, ob sich überhaupt jemand hinsetzen will – einfach zum Sitzen geeignet ist.[16]

Dies ist als alltägliches Beispiel für den Umstand gedacht, dass Begriffe eine generelle Tendenz zur Objektivierung haben – also die Tendenz, dass sie zu Begriffen von etwas Objektivem werden, das unabhängig von den Bedürfnissen und Fähigkeiten von Subjekten ist. Diese Tendenz wird durch das Vorhandensein verschiedener grundlegender praktischer Zwänge erklärt. Im Fall von «Stuhl» sind diese praktischen Zwänge unser Interesse daran, etwas zu haben, auf das wir uns setzen können, und zwar zu anderen Zeiten und an anderen Orten als hier und jetzt; unser Interesse daran, dass andere uns in Situationen, in denen wir uns nicht auskennen, darüber informieren können; und möglicherweise unser Interesse daran, etwas zu finden, auf das sich andere setzen können. Im Fall des Begriffs «guter Informationsgeber» sind es drei praktische Zwänge, die diesen zu seiner objektivierten Form (Träger von Wissen) treiben. Erstens braucht eine Fragestellerin vielleicht nicht immer genau hier und jetzt einen Informationsgeber, sondern muss vielmehr ein Bewusstsein dafür entwickeln, an wen sie sich wenden kann, wenn sie eine Information benötigt. (Man denke an eine Touristin, die für alle Fälle wissen möchte, wo sich das örtliche Krankenhaus befindet.) Zweitens befindet sich die Fragestellerin oft in einer Situation, in der sie darauf angewiesen ist, dass andere Personen ihr Informationsgeber empfehlen, da diese möglicherweise besser in der Lage sind, Eigenschaften zu identifizieren, die für die erforderliche Verlässlichkeit relevant sind, und/oder besser wissen, welche Eigenschaften mit dieser Verlässlichkeit gut korrelieren. (Man denke an die Bemühungen, die jemand unternimmt, um eine Empfehlung für einen guten Anwalt zu bekommen.) Schließlich kann es sein, dass es ihr gar nicht so wichtig ist, selbst die Informationen zu erhalten, ihr aber viel daran liegt, dass eine maßgebliche Person oder Stelle in der Gemeinschaft über das Wissen verfügt. (Man denke daran, wie wichtig es ist, dass jemand in der Gemeinschaft weiß, wie man wahrscheinlich auftretende Krankheiten richtig behandelt.) Diese Zwänge, so

Craig, sorgen dafür, dass der Begriff des guten Informationsgebers eine zunehmend objektivierte Form annimmt. In der Folge könnte es einen guten Informationsgeber geben, der von der Fragenden nicht als ein solcher erkannt werden kann, und der darüber hinaus von keinem in der Umgebung als ein solcher erkannt werden kann, und, mehr noch, von überhaupt niemandem bemerkt werden kann – und doch weiß er etwas. So sieht unser tatsächlicher Wissensbegriff aus. Die in seine Richtung zielenden grundlegenden praktischen Zwänge, die ihren Ausgangspunkt im guten Informationsgeber haben, überbrücken die Kluft zwischen den beiden Begriffen. Der daraus entstehende Begriff eines Wissenden erfordert sowohl wahre Überzeugung als auch das Vorhandensein einer Eigenschaft, die mit wahrer Überzeugung gut korreliert.[17] Doch die Anforderung, dass die Eigenschaft (mittels Indikatoreigenschaften) erkennbar sein muss, ist vollständig weggefallen.

Nachdem wir die Objektivierung vorgestellt haben, können wir nun fragen, wie die explanatorische Beziehung zwischen «guter Informationsgeber» und «Wissender» das Phänomen der Zeugnisungerechtigkeit erhellen kann. Wenn der Kern unseres Wissensbegriffs durch den Begriff des guten Informationsgebers erfasst wird, da (wie die Geschichte des Naturzustands zeigt) ein Wissender zu sein im Wesentlichen bedeutet, an der Weitergabe von Informationen beteiligt zu sein, dann zeigt sich nun eine zusätzliche Dimension des Unrechts, das durch Zeugnisungerechtigkeit entsteht. Wenn jemand von den epistemischen Vertrauensbeziehungen ausgeschlossen wird, die in einer kooperativen Praxis des Zusammentragens von Informationen eine Rolle spielen, wird er zu Unrecht von der Teilnahme an jener Praxis ausgeschlossen, die den Kern des Wissensbegriffs ausmacht.

Im zweiten Kapitel haben wir gesehen, dass Zeugnisungerechtigkeit auf verschiedene Weise tiefgreifende ethische Auswirkungen hat. Als wir uns anfänglich mit Zeugnisungerechtigkeit befasst haben, stellte sich heraus, dass die intrinsische Ungerechtigkeit darin besteht, dass dem Subjekt in seiner Eigenschaft als Vermittler von Wissen – und damit in einer für die menschliche Würde wesentlichen Eigenschaft – Unrecht zugefügt wird. Als wir uns näher mit dem Charakter dieses intrinsischen Schadens beschäftigt haben, habe ich darauf hingewiesen, dass er die

Herausbildung der eigenen Subjektivität beinträchtigen kann (denken Sie an das Beispiel der politisch interessierten Frau vor der Einführung des Frauenwahlrechts). Im vorangehenden Kapitel habe ich dann gezeigt, dass es sich um eine spezifische Art der Objektifizierung handelt. Und schließlich ermöglicht uns Craigs praktische Explikation des Wissens, eine spezifisch erkenntnistheoretische Annahme darüber zu formulieren, wie tief die Ungerechtigkeit reicht: Nach Craigs Darstellung ist derjenige, der einem vorurteilsbehafteten Glaubwürdigkeitsdefizit ausgesetzt ist, von der einzigen Praxis ausgeschlossen, die den Ursprung dessen verkörpert, was es bedeutet, jemand zu sein, der etwas weiß. Zeugnisungerechtigkeit verwehrt Ihnen den Zugang zu dem, was Ihnen ursprünglich den Status einer Wissenden oder eines Wissenden verleiht. Kein Wunder also, dass selbst relativ unbedeutende Vorkommnisse von Zeugnisungerechtigkeit mitunter ein symbolisches Gewicht haben, das dazu führt, dass Sprechende nicht als vollwertige epistemische Subjekte gelten: Die Ungerechtigkeit signalisiert, dass sie sich nicht für die Teilnahme an der Praxis eignen, die die eigentliche Idee eines Wissenden zuallererst hervorgebracht hat.

Damit ist unsere Untersuchung der Zeugnisungerechtigkeit abgeschlossen. Sie ist eine Form von Ungerechtigkeit, die einem Menschen psychisch und im Alltag tiefgreifenden, weitreichenden Schaden zufügen kann, und sie wird allzu oft stillschweigend übergangen. Meine Erörterung war von der Hoffnung getrieben, dass wir diese relativ verborgene Dimension von Diskriminierung in der Gesellschaft stärker adressieren. Das würde uns in die Lage versetzen, sie besser zu erkennen, dagegen aufzubegehren, wenn sie uns widerfährt, und – zumindest hin und wieder – zu verhindern, dass anderen Zeugnisungerechtigkeit zugefügt wird.

Wir können uns nun der zweiten Art von epistemischer Ungerechtigkeit zuwenden. Unser Wissen über die Gesellschaft ist im Wesentlichen eine Frage der Interpretation, und es ist gefährdet, wenn die hermeneutischen Werkzeuge, die uns zur Verfügung stehen, um den Dingen einen Sinn zu geben, von den Erfahrungen unterschiedlicher sozialer Gruppen auf ungleiche Weise geprägt sind. Im nächsten und letzten Kapitel werde ich versuchen, den Gedanken auszuarbeiten, dass einige Gruppen unfair benachteiligt sind, wenn es darum geht, ihre eigenen sozialen Erfahrungen sinnvoll zu deuten. Damit kommen wir zu der zweiten spezifischen Form von epistemischer Ungerechtigkeit: der *hermeneutischen Ungerechtigkeit.*

7

Hermeneutische Ungerechtigkeit

7.1 Der zentrale Fall von hermeneutischer Ungerechtigkeit

Der Feminismus beschäftigt sich schon seit langem mit der Frage, wie Machtverhältnisse die Fähigkeit von Frauen, ihre eigenen Erfahrungen zu verstehen, mitunter einschränken. Anfangs bediente sich dieses feministische Anliegen einer marxistischen Begrifflichkeit, was wir in der ursprünglichen und dezidiert historisch-materialistischen Bestimmung der feministischen Position ausgedrückt finden: «Die Unterdrückten leben in einer Welt, die andere gemäß ihren eigenen Zwecken gestaltet haben – Zwecke, die keineswegs die unseren sind und die in unterschiedlichem Maße für unsere Entwicklung und sogar unsere Existenz von Nachteil sind.»[1] In diesem Zitat von Nancy Hartsock hat das Wort «gestaltet» [*structured*] drei Bedeutungen. Alle drei beziehen sich auf den historisch-materialistischen Zusammenhang, auch wenn nur eine davon hier von zentraler Bedeutung ist. Hartsocks Bemerkung kann im materiellen Sinne gelesen werden, was hieße, dass die gesellschaftlichen Institutionen und Praktiken die Mächtigen begünstigen. Oder sie kann ontologisch gelesen werden, sodass sie impliziert, dass die Mächtigen in gewisser Weise die Gesellschaft konstituieren. Man kann sie aber auch als Ausdruck eines erkenntnistheoretischen Standpunkts begreifen, nämlich als Hinweis darauf, dass die Mächtigen hinsichtlich der Gestaltung kollektiver sozialer Verständnisse einen unfairen Vorteil haben. Unser Interesse an den verschiedenen Formen epistemischer Ungerechtigkeit führt uns natürlich zu der erkenntnistheoretischen Lesart. Dennoch werden die verwandten materiellen und ontologischen Fragen nie ganz fern sein, denn es ist offensichtlich, dass bestimmte materielle Vorteile den erkenntnistheoretischen Vorteil hervorbringen – wenn man über materielle Macht verfügt, hat man tendenziell Einfluss auf die Praktiken, durch die soziale Bedeutungen erzeugt werden. Und im hermeneutischen Kontext sozialen Verstehens ist ebenfalls klar: Wenn Verständnisse auf eine bestimmte Weise strukturiert sind, dann sind auch die sozialen Gegebenheiten – zumindest manchmal – entsprechend strukturiert. Wir haben bereits Fälle kausaler und konstitutiver Konstruktion von sozialer Identität kennengelernt, als wir uns mit Zeugnisungerechtigkeit befasst haben, und wir werden ähnlichen Fällen begegnen, wenn es um hermeneutische Ungerechtigkeit geht. In hermeneutischen Zusammenhängen, beispielsweise unserem Wissen über die soziale Welt, sammeln sich im Umfeld der Erkenntnistheorie natürlich auch materielle und ontologische Fragen, aber unser Hauptaugenmerk wird auf unseren epistemischen Praktiken und ihren ethischen Implikationen liegen.

Die erkenntnistheoretische Annahme, dass sich soziale Macht unfair auf kollektive Formen des sozialen Verstehens auswirkt, lässt sich so deuten, dass unsere geteilten Verständnisse die Sichtweisen verschiedener sozialer Gruppen widerspiegeln und dass ungleiche Machtverhältnisse gemeinsame hermeneutische Ressourcen verzerren können. In der Folge verfügen die Mächtigen meistens über ein angemessenes Verständnis ihrer sozialen Erfahrungen, auf das sie zurückgreifen können, wenn sie sich einen Reim darauf machen. Wohingegen die Machtlosen soziale Erfahrungen eher schemenhaft wahrnehmen und bestenfalls auf untaugliche Bedeutungen zurückgreifen können, wenn sie versuchen, ihre eigenen Erfahrungen zu verstehen. Die Geschichte der Frauenbewegung zeigt, dass das Verfahren der Bewusstseinsbildung durch «Speak-outs» und die Weitergabe von kaum verstandenen, spärlich artikulierten Erfahrungen eine unmittelbare Reaktion darauf waren, dass so viele Erfahrungen von Frauen im Verborgenen blieben und für vereinzelte Individuen sogar unaussprechlich waren. Das Teilen solcher halbverstandenen Erfahrungen weckte bisher schlummernde Ressourcen sozialer Sinnstiftung, die zu Klarheit, geistigem Selbstvertrauen und besseren kommunikativen Fähigkeiten führten. Entlang der Begrifflichkeit, die wir im vierten Kapitel im Zusammenhang mit dem ethischen Relativismus eingeführt haben, können wir sagen, dass Frauen kollektiv in die Lage versetzt wurden, die bestehenden *routinemäßigen* gesellschaftlichen Deutungsmuster zu überwinden und zu *außergewöhnlichen* Interpretationen einiger ihrer vormals verdeckten Erfahrungen zu gelangen. Gemeinsam gelang es ihnen, Ressourcen der Sinnstiftung zu erschließen, die in den gesellschaftlichen Interpretationspraktiken der damaligen Zeit bis dahin nur implizit vorhanden waren. Aus einer relativ bequemen hermeneutischen Position heraus vergisst man leicht, wie unglaublich und umwälzend eine solche kognitive Leistung sein kann. Deshalb wollen wir uns zunächst vergegenwärtigen, was eine Frau über einen universitären Workshop zu weiblicher Gesundheit und Sexualität in den späten sechziger Jahren erzählte, so wie es Susan Brownmiller in ihrem Buch über die US-amerikanische Frauenrechtsbewegung wiedergibt:

> Wendy Sanford, die in eine großbürgerliche republikanische Familie hineingeboren wurde, litt nach der Geburt ihres Sohnes unter Depressionen. Ihre Freundin Esther Rome, die dem jüdisch-orthodoxen Glauben anhing, schleppte sie zur zweiten MIT-Sitzung mit. Wendy hatte sich von politischen Gruppierungen ferngehalten. «Ich kam in den Saal», erzählt sie, «und es wurde über Selbstbefriedigung gesprochen. Ich habe kein Wort gesagt. Ich war schockiert, ich war fasziniert. Bei einer späteren Sitzung führte jemand vor, wie man stillt. Das hat mich nicht schockiert, doch dann haben wir uns in kleine Gruppen aufgeteilt. Ich hatte mich noch nie in meinem Leben «in eine kleine Gruppe aufgeteilt». In meiner Gruppe begannen die Frauen über postnatale Depression zu sprechen. In jenen fünfundvierzig Minuten wurde mir klar, dass das, wofür ich mir selbst die Schuld gab und was mein Mann mir vorwarf, nicht mein persönliches Versagen war. Es war eine Kombination aus physiologischen Faktoren und einer realen gesellschaftlichen Angelegenheit, der Vereinsamung. Diese Erkenntnis zählte zu jenen Augenblicken, die einen für immer zur Feministin machen.[2]

Dies ist die Geschichte einer Offenbarung im Hinblick auf weibliche Depression, die bis dahin von der Betroffenen nicht richtig verstanden wurde, weil sie kollektiv nicht richtig verstanden wurde. Zweifellos gibt es diverse historisch-kulturelle Faktoren, die zur Erklärung dieses spezifischen Unverständnisses beitragen könnten – so wurde allgemein nicht offen darüber gesprochen, dass Depressionen oft vorkommen –, aber insofern bei diesen Gründen auch soziale Ungerechtigkeit eine Rolle spielt, wie etwa eine strukturelle Machtdifferenz zwischen Männern und Frauen, scheint Wendy Sanfords Wahrheitsmoment nicht nur ein hermeneutischer Durchbruch für sie und die anderen Frauen gewesen zu sein, sondern auch ein Moment, in dem eine gewisse epistemische Ungerechtigkeit überwunden wurde. Die leitende Intuition ist folgende: Während jene Frauen nach einem angemessenen Verständnis dessen suchten, was wir heute ganz selbstverständlich als postnatale Depression bezeichnen, lichtete sich für Wendy Sanford plötzlich die hermeneutische Dunkelheit, die sie zu Unrecht daran gehindert hatte, einen wichtigen Bereich ihrer sozialen Erfahrung zu verstehen, wodurch es ihr nicht möglich gewesen war, einen wichtigen Teil ihrer selbst zu verstehen. Wenn es uns gelingt, diese Intuition zu untermauern, werden wir sehen, dass die hermeneutische Finsternis, in der Wendy bis zu diesen lebensverändernden fünfundvierzig Minuten gelebt hatte, ein Unrecht war, das ihr in ihrer Eigenschaft als Wissende angetan wurde, und somit eine spezifische Art von epistemischem Unrecht darstellt: eine *hermeneutische Ungerechtigkeit.*

Lassen Sie uns dieser Intuition weiter nachgehen. Um die Konturen einer solchen Ungerechtigkeit genauer zu erfassen, wollen wir uns einem weiteren Beispiel aus Brownmillers Erinnerungen zuwenden, in dem es um die Erfahrung dessen geht, was wir heutzutage als sexuelle Belästigung [*sexual harassment*] bezeichnen:

> Eines Nachmittags wandte sich eine ehemalige Universitätsmitarbeiterin hilfesuchend an Lin Farley. Carmita Wood, vierundvierzig Jahre alt, geboren und aufgewachsen in der Apfelplantagenregion des Cayuga Lake, New York, und alleinige Ernährerin von zweien ihrer Kinder, hatte acht Jahre lang in der Abteilung für Kernphysik an der Cornell University gearbeitet; im Zuge dessen war sie von einer Laborassistentin zur Bürokraft aufgestiegen, die sich um administrative Aufgaben kümmerte. Wood wusste nicht, warum sie ausgewählt worden war, oder ob sie überhaupt ausgewählt wor-

den war, aber ein renommierter Professor schien einfach nicht die Finger von ihr lassen zu können. Wood zufolge wiegte sich der angesehene Mann in den Leisten, wenn er neben ihrem Schreibtisch stand und seine Post durchsah, oder er streifte absichtlich ihre Brüste, wenn er nach irgendwelchen Papieren griff. Eines Abends, als die Labormitarbeiter von der Weihnachtsfeier nach Hause gingen, drängte er sie im Aufzug in die Ecke und küsste sie gegen ihren Willen mehrfach auf den Mund. Nach diesem Vorfall benutzte Camilla nur noch die Treppen des Laborgebäudes, um eine wiederholte Begegnung zu vermeiden. Doch der Stress, den die heimlichen Belästigungen verursachten, und ihre Versuche, den Wissenschaftler auf Distanz zu halten, während sie sich zugleich um einen freundschaftlichen Kontakt zu seiner Frau bemühte, die sie mochte, lösten bei ihr zahlreiche gesundheitliche Beschwerden aus. Wood bekam chronische Rücken- und Nackenschmerzen. Ihr rechter Daumen kribbelte und wurde taub. Sie bat um die Versetzung in eine andere Abteilung, und als diese nicht bewilligt wurde, kündigte sie. Sie fuhr nach Florida, um sich auszuruhen und zu Kräften zu kommen. Nach ihrer Rückkehr beantragte sie Arbeitslosengeld. Als der zuständige Sachbearbeiter sie fragte, warum sie ihren Job nach acht Jahren aufgegeben hatte, wusste Wood nicht, wie sie die abscheulichen Vorfälle beschreiben sollte. Sie schämte sich und es war ihr peinlich. Unter dem Druck wiederholter Nachfragen – das Formular musste ausgefüllt werden – sagte sie, ihre Gründe seien persönlicher Natur gewesen. Ihr Antrag auf Arbeitslosenunterstützung wurde abgelehnt.

«Die Studentinnen von Lin hatten in ihrem Seminar von unerwünschten sexuellen Annäherungsversuchen berichtet, die sie bei ihren Sommerjobs erlebt hatten», so Sauvigne. «Und dann kam Carmita Wood herein und erzählte Lin ihre Geschichte. Uns wurde klar, dass jede von uns – die Mitarbeiterinnen, Carmita, die Studentinnen – irgendwann eine solche Erfahrung gemacht hatte, verstehen Sie? Und keine von uns hatte je jemand anderem davon erzählt. Es war einer dieser Aha-Momente, eine echte Offenbarung.»

Die Frauen hatten ihr Thema gefunden. Meyer machte zwei feministische Anwältinnen in Syracuse ausfindig, Susan Horn und Maurie Heins, die sich um Carmita Woods Einspruch gegen die verwehrte Arbeitslosenunterstützung kümmerten. «Und dann», berichtet Sauvigne, «beschlossen

> wir, dass wir eine öffentliche Kundgebung abhalten mussten, um das Schweigen über diese Sache zu brechen.»
>
> Die «Sache», über die sie das Schweigen brechen wollten, hatte keinen Namen. «Acht von uns saßen in einem Büro der Personalabteilung», erinnert sich Sauvigne, «und überlegten, was wir auf die Plakate für unsere Kundgebung schreiben sollten. Wir bezeichneten sie als ‹sexuelle Einschüchterung›, ‹sexuelle Nötigung› oder ‹sexuelle Ausbeutung am Arbeitsplatz›. Aber keine dieser Bezeichnungen schien zu passen. Wir suchten nach etwas, das eine Vielzahl an subtilen und weniger subtilen gängigen Verhaltensweisen abdeckte. Jemand schlug ‹Belästigung› vor. *Sexuelle Belästigung!* Wir waren uns sofort einig. Genau das war es.»[3]

Diese Geschichte zeigt, dass in den vorhandenen kollektiven hermeneutischen Ressourcen mitunter dort eine Leerstelle klafft, wo eigentlich die Bezeichnung einer bestimmten sozialen Erfahrung stehen sollte. Anhand dieser Schilderung wird deutlich, dass Frauen wie Carmita Wood aufgrund einer Lücke in den kollektiven hermeneutischen Ressourcen (unter anderem) einen akuten kognitiven Nachteil erleiden. Aber diese Beschreibung trifft es noch nicht ganz, denn wenn das epistemische Unrecht, das Carmita Wood zugefügt wurde, bloß eine Frage kognitiver Benachteiligung wäre, dann ist nicht klar, warum nur sie epistemisches Unrecht erleidet und nicht auch ihr Peiniger. Denn das mangelnde Verständnis für die Erfahrungen von Frauen, die sexuell belästigt wurden, war ein kollektiver Nachteil, der mehr oder weniger alle betraf. Bevor sexuelle Belästigung als solche kollektiv wahrgenommen wurde, war, so ist anzunehmen, das Unverständnis darüber, was Männer Frauen antaten, wenn sie sie so behandelten, ziemlich verbreitet. Verschiedene Gruppen werden aus den unterschiedlichsten Gründen hermeneutisch benachteiligt, weil die stets im Wandel begriffene soziale Welt fortlaufend neue Erfahrungen hervorbringt, die wir möglicherweise erst nach und nach verstehen. Aber nur einige dieser kognitiven Benachteiligungen erscheinen uns als ungerecht. Damit etwas ungerecht ist, muss es nicht nur Schaden anrichten, sondern auch nicht richtig sein – sei es, dass es jemanden diskriminiert, sei es, dass es aus anderen Gründen unfair erscheint. Im vorliegenden Beispiel sind sowohl der Belästiger als auch die Belästigte durch die hermeneutische Lücke kognitiv beeinträchtigt – denn keiner von beiden begreift auf angemessene Weise, wie der Mann die Frau behandelt. Doch die kognitive Beeinträchtigung stellt für den Belästiger keinen erheblichen Nachteil dar. Vielmehr dient sie ganz offensichtlich seinen Interessen. (Zumindest dient sie seinem unmittelbaren Interesse, da sein Verhalten nicht beanstandet wird. Damit soll nicht in Abrede gestellt werden, dass – wenn er im Grunde ein anständiger Mensch ist, sodass ein besseres Verständnis dafür, wie schwerwiegend sein Fehlverhalten ist, dazu geführt hätte, dass er sich zurückhält – die hermeneutische Leerstelle für ihn zu einer Quelle epistemischen und moralischen Unglücks wird.) Im Gegensatz dazu hat die kognitive Beeinträchtigung für die Belästigte schwerwiegende Nachteile. Aufgrund der kognitiven Beeinträchtigung kann sie einen bedeutenden Teil ihrer eigenen Erfahrung nicht verstehen: einen Bereich der Erfahrung, den zu verstehen für sie sehr wichtig ist, denn ohne dieses Verständnis ist sie verstört, verwirrt und isoliert, ganz zu schweigen davon, dass sie möglicherweise weiterhin belästigt wird. Die hermeneutische Benachteiligung führt dazu, dass sie unfähig ist, sich einen Reim auf ihre fortwährende Belästigung zu machen, und das wiederum macht es ihr unmöglich, dagegen aufzubegehren, geschweige denn wirksame Gegenmaßnahmen zu ergreifen.

Die Tatsache, dass die hermeneutische Leerstelle für die belästigte Person zu einer dermaßen asymmetrischen Benachteiligung führt, verstärkt den Gedanken, dass ihre kognitive Benachteiligung ein Unrecht darstellt. Wir würden nicht sagen, dass ihr ein Unrecht widerfährt, wenn es nicht *speziell für sie* einen erheblichen Nachteil darstellen würde. Aber es gibt mehr von dem Unrecht zu sagen, dass sie erleidet. Wir müssen herausfinden, woher die Intuition rührt, dass ihr eine epistemische Ungerechtigkeit widerfährt. Schließlich kann man sich leicht andere schwerwiegende hermeneutische Benachteiligungen vorstellen, die keine epistemische Ungerechtigkeit darstellen. Wenn jemand beispielsweise eine Krankheit hat, die sich auf sein Sozialverhalten auswirkt – und zwar zu einer Zeit, da diese Krankheit noch weitgehend unbekannt ist und in der Regel nicht diagnostiziert wird –, erleidet er möglicherweise einen hermeneutischen Nachteil, der zwar alle betrifft, aber sich für ihn besonders nachteilig auswirkt. Er kann seine Erfahrungen nicht durch den Hinweis darauf, dass er an einer Störung leidet, verständlich machen, sodass er zum einen selbst nicht weiß, was los ist, zum anderen vielleicht ernsthaft unter negativen Folgen leidet, die daher rühren, dass die anderen mit seinem Zustand nichts anfangen können. Dennoch widerfährt ihm keine hermeneutische Ungerechtigkeit, sondern es handelt sich vielmehr um einen schmerzlichen Fall von epistemischem Unglück.

Um den tieferen Grund für unsere Vermutung ausfindig zu machen, dass es in den Beispielen bei Brownmiller um epistemische Ungerechtigkeit geht, sollten wir unseren Blick auf die gesellschaftlichen Rahmenbedingungen richten, die zu der entsprechenden hermeneutischen Leerstelle geführt haben. Die Situation der Frauen zur Zeit der zweiten Welle des Feminismus war immer noch eine Position ausgeprägter sozialer Ohnmacht gegenüber Männern. Die ungleichen Machtverhältnisse verhinderten insbesondere, dass Frauen mit Männern auf Augenhöhe an jenen Praktiken mitwirkten, durch die kollektive soziale Bedeutungen erzeugt werden. Am stärksten ausgeprägt sind solche Praktiken in Berufsfeldern wie Journalismus, Politik, Wissenschaft und Recht, und es ist kein Zufall, dass Brownmiller in ihrem Buch von so vielen bahnbrechenden feministischen Aktionen im Umfeld dieser Berufsfelder und ihrer Institutionen berichtet. Die Machtlosigkeit der Frauen bedeutete, dass sie sozial nicht gleichberechtigt an hermeneutischen Prozessen teilhatten, und eine solche Art von Ungleichheit bildet die entscheidende Hintergrundbedingung für hermeneutische Ungerechtigkeit.

7.2 Hermeneutische Marginalisierung

Hermeneutische Ungleichheit lässt sich zwangsläufig schwer erkennen. Unsere Deutungsbemühungen sind naturgemäß interessegeleitet, da wir uns besonders stark bemühen, Dinge zu verstehen, die zu verstehen uns nützlich sind. Folglich zeigt sich die ungleiche hermeneutische Teilhabe einer Gruppe eher punktuell an hermeneutischen Hotspots – also an Orten des sozialen Lebens, wo die Mächtigen kein Interesse an einer korrekten Interpretation haben, ja, vielleicht sogar durchaus ein Interesse daran haben, die bestehende Fehldeutung aufrechtzuerhalten (zum Beispiel wenn wiederholte sexuelle Annäherungsversuche am Arbeitsplatz immer bloß als eine Form des «Flirtens» gelten und ihre beklommene Zurückweisung seitens der Adressatin nur ein Zeichen für ihren «mangelnden Humor» ist). Doch an einem solchen Brennpunkt bleibt die ungleiche hermeneutische Teilhabe durch die bisherige Bedeutung, die dem Verhalten zugeschrieben wird («Flirten»), bestens kaschiert und ist daher umso schwerer zu entdecken. Daher ist es nicht verwunderlich, dass die Momente ihrer Enthüllung für manche wie eine Erleuchtung sein können, die das Leben grundlegend verändern. Im Gegensatz zu dem Beispiel eines Menschen, der an einer Krankheit leidet, die die Medizin noch nicht diagnostizieren kann, war das, womit Frauen wie Carmita Wood am Arbeitsplatz zu kämpfen hatten, nicht bloß epistemisches Pech, denn es war kein Zufall, dass ihre Erfahrungen durch die Ritzen der Hermeneutik rutschten. Während sie sich allein abmühten, ihren diversen Erfahrungen des Belästigtwerdens einen angemessenen Sinn zu geben, zielte die gesamte soziale Bedeutungsmaschinerie darauf ab, diese verborgenen Erfahrungen unter Verschluss zu halten. Die ungleiche hermeneutische Teilhabe ist der tieferliegende Grund, warum die kognitive Beeinträchtigung von Carmita Wood eine Ungerechtigkeit darstellt.

Wenn es also in einem oder mehreren maßgeblichen Bereichen der sozialen Erfahrung eine ungleiche hermeneutische Beteiligung gibt, werden die Mitglieder der benachteiligten Gruppe *hermeneutisch marginalisiert.* Der Begriff der Marginalisierung stammt aus dem moralischen und politischen Diskurs und verweist auf Unterordnung und den Ausschluss aus einer Praxis, die für die Teilnehmerin von Wert wäre. Selbstverständlich gibt es mehr oder weniger hartnäckige und/oder schwerwiegende Fälle von hermeneutischer Marginalisierung. Obwohl der Begriff am besten auf jene Fälle passt, bei denen dem Betroffenen die umfängliche hermeneutische Partizipation an einem breiten Spektrum sozialer Erfahrungen anhaltend verweigert wird, können wir den Begriff auch bei weniger schwerwiegenden Fällen anwenden. Beispielsweise kommt es vor, dass jemand nur flüchtig hermeneutisch marginalisiert wird oder nur in Bezug auf einen sehr begrenzten Ausschnitt seiner sozialen Erfahrung. Aber hermeneutische Marginalisierung ist immer etwas, das jemandem gesellschaftlich aufgezwungen wird. Wenn Sie sich freiwillig aus der umfänglichen Teilnahme an hermeneutischen Praktiken ausklinken (vielleicht haben Sie von allem die Nase voll und beschließen, ein moderner Eremit zu werden), dann gelten Sie nicht als hermeneutisch marginalisiert – Sie haben sich ausgeklinkt, aber Sie hätten sich genauso gut beteiligen können. Hermeneutische Marginalisierung – egal ob sie strukturell auftritt oder ein Einzelfall bleibt – bedeutet immer eine Form von Ohnmacht. Natürlich haben Menschen mehr oder weniger komplexe soziale Identitäten, und so kann eine Person in einem Kontext marginalisiert sein, in dem es vor allem um einen Aspekt ihrer Identität geht («Frau»), während dies in anderen Zusammenhängen, in denen andere Aspekte ihrer Identität den Grad ihrer Teilhabe bestimmen («Mittelschicht»), nicht der Fall ist. Das bedeutet unterm Strich, dass eine hermeneutisch marginalisierte Person zwar in einigen Bereichen des sozialen Lebens an der Erzeugung von Bedeutung gehindert werden kann, doch in anderen Bereichen daran umfassend beteiligt ist. Wenn die Person einen gut bezahlten Job in einem großen Unternehmen hat, in dem eine machomäßige Arbeitsethik herrscht, ist sie vielleicht gar nicht in der Lage – auch nicht vor sich selbst –, Inhalte zu formulieren, die die Notwendigkeit familienfreundlicher Arbeitsbedingungen betreffen. (Solche Gefühle sind doch bloß ein Zeichen für mangelnde Professionalität, mangelnden Ehrgeiz und halbherziges Engagement im Job!) Und dennoch befindet sie sich möglicherweise in einer komfortablen hermeneutischen Position, was ihre Fähigkeit angeht, andere, weniger genderbezogene Bereiche ihres Arbeitslebens einzuordnen. Die Komplexität sozialer Identität bewirkt also, dass Menschen von hermeneutischer Marginalisierung auf unterschiedliche Weise betroffen sind. In anderen Worten: Sie können in ihrer Zugehörigkeit zu einer bestimmten sozialen Identität betroffen sein, nicht aber in einer anderen.

Manchmal wird jemand aufgrund materieller Macht marginalisiert: Wegen seiner sozioökonomischen Herkunft liegen jene beruflichen Tätigkeiten, die eine volle hermeneutische Teilhabe ermöglichen, größtenteils außerhalb seiner Möglichkeiten. Manchmal ist die Marginalisierung eine Folge von Identitätsmacht: Der Grund, weshalb er keine solche Tätigkeit ausübt, besteht unter anderem darin, dass in der Gesellschaft Stereotype im Schwange sind, denen zufolge Menschen wie er als ungeeignet gelten – und die Entscheidungen von Arbeitgebern negativ beeinflussen. Am wahrscheinlichsten ist eine Mischung aus beiden Faktoren. Wenn Identitätsmacht im Spiel ist, wirkt sie mitunter rein strukturell, insofern es möglicherweise keinen sozialen Akteur gibt (individuell oder institutionell), den man für die Marginalisierung verantwortlich machen kann. Manchmal ist es aber durchaus sinnvoll, eine Partei verantwortlich zu machen, zum Beispiel wenn Arbeitgeber das altersdiskriminierende Stereotyp vom langsamen älteren Arbeitnehmer verbreiten, dem es an Ehrgeiz mangelt, um zu rechtfertigen, dass sie niemanden über 50 einstellen. In einem solchen Fall setzen Arbeitgeber Identitätsmacht gegen die ältere Bevölkerung in einer Weise ein, die (unter anderem) mit hermeneutischer Marginalisierung droht: Ältere werden von jenen Jobs ausgeschlossen, die eine umfassendere hermeneutische Teilhabe ermöglichen. Hermeneutische Marginalisierung muss nicht die Folge von Identitätsmacht und schierer materieller Macht sein – aber oft ist sie das.

Jetzt können wir jene Art von hermeneutischer Ungerechtigkeit definieren, die Frauen wie Carmita Wood erleiden: *die Ungerechtigkeit, dass aufgrund von anhaltender, umfassender hermeneutischer Marginalisierung ein wichtiger Bereich der eigenen sozialen Erfahrung aus dem kollektiven Verständnis verdrängt wird.*

Doch das klingt etwas umständlich, sodass es gut wäre, wenn wir noch etwas deutlicher machten, was an anhaltender, umfassender hermeneutischer Marginalisierung so schlimm ist. Aus epistemischer Sicht ist das Schlimme an dieser Art von hermeneutischer Marginalisierung, dass sie die kollektiven hermeneutischen Ressourcen *strukturell mit Vorurteilen belastet,* denn sie wird dazu tendieren, verzerrte und voreingenommene Deutungen der sozialen Erfahrungen der betroffenen Gruppe hervorzubringen: Weil diese Gruppe nicht genügend Einfluss auf jene Ressourcen hat, werden Gruppen mit mehr hermeneutischer Macht unverhältnismäßig viel Einfluss auf die Deutung haben. (So wird zum Beispiel sexuelle Belästigung als Flirten abgetan, Vergewaltigung in der

Ehe gilt nicht als Vergewaltigung, postnatale Depression wird als Hysterie gedeutet, die Ablehnung von familienunfreundlichen Arbeitszeiten wird als Unprofessionalität ausgelegt, und so weiter.) Außerdem sind es in der Regel gesellschaftlich machtlose Gruppierungen, die von hermeneutischer Marginalisierung betroffen sind. Aus moralischer Sicht besteht somit das Problematische an dieser Art von hermeneutischer Marginalisierung darin, dass die von ihr verursachte strukturelle Voreingenommenheit in den kollektiven hermeneutischen Ressourcen im Kern diskriminierend ist: Das Vorurteil betrifft Menschen aufgrund ihrer Zugehörigkeit zu einer gesellschaftlich machtlosen Gruppierung und aufgrund eines Aspekts ihrer sozialen Identität. Es ähnelt somit dem Identitätsvorurteil. Wir wollen es als *strukturelles Identitätsvorurteil* bezeichnen. Mithilfe dieses Begriffs können wir nun unserer Definition einen etwas anderen Akzent geben, sodass sie dem diskriminierenden Charakter von hermeneutischer Ungerechtigkeit besser gerecht wird:

> Hermeneutische Ungerechtigkeit ist *die Ungerechtigkeit, dass ein wichtiger Bereich der eigenen sozialen Erfahrung aufgrund eines in der kollektiven hermeneutischen Ressource herrschenden strukturellen Identitätsvorurteils dem kollektiven Verständnis entzogen wird.*

Indem diese Definition den diskriminierenden Charakter hervorhebt, unterstreicht sie die Familienähnlichkeit mit der Zeugnisungerechtigkeit. Bei beiden Arten von epistemischer Ungerechtigkeit leiden Betroffene unter einem Vorurteil, das sich aufgrund ihrer sozialen Identität gegen sie richtet.

Unsere Definition ist aus der Bemühung erwachsen, jene Art von hermeneutischer Ungerechtigkeit zu identifizieren, die Carmita Wood erlitten hat, weshalb die Definition nicht allgemeingültig ist. Vielmehr erfasst sie insbesondere den zentralen oder systematischen Fall von hermeneutischer Ungerechtigkeit – den Fall, der aus der allgemeinen Sicht sozialer Gerechtigkeit am relevantesten ist. Was aber genau bedeutet «systematisch» im hermeneutischen Kontext? Bei der Zeugnisungerechtigkeit war eine Ungerechtigkeit nur dann systematisch, wenn das sie verursachende Identitätsvorurteil die Betroffenen durch verschiedene

Bereiche gesellschaftlichen Handelns hindurch verfolgte, sodass sie neben der Zeugnisungerechtigkeit noch für andere Formen von Ungerechtigkeit anfällig wurden. Genau wie das Identitätsvorurteil die Betroffenen auf diese Weise verfolgen kann, gilt das auch für die Marginalisierung. Ja, in systematischen Fällen *beinhaltet* die hermeneutische Marginalisierung eine sozioökonomische Marginalisierung, weil sie mit einem Ausschluss von Berufen einhergeht, die eine maßgebliche hermeneutische Partizipation ermöglichen (Journalismus, Politik, Rechtswesen, und so weiter). Wenn also von Marginalisierung verfolgte Personen jenseits von hermeneutischer Benachteiligung in diversen anderen sozialen Aktivitäten beeinträchtigt sind, dann haben die hermeneutischen Ungerechtigkeiten, die dadurch hervorgerufen werden, einen systematischen Charakter. Systematische hermeneutische Ungerechtigkeiten fallen daher in das allgemeine Anfälligkeitsmuster einer sozialen Gruppe für verschiedene Arten von Ungerechtigkeit. Wie Fälle von systematischer Zeugnisungerechtigkeit sind sie durch Unterdrückung gekennzeichnet. Beide Sorten von systematischer epistemischer Ungerechtigkeit haben ihren Ursprung in struktureller Machtungleichheit.

Bisher haben wir uns auf den zentralen Fall von hermeneutischer Ungerechtigkeit konzentriert. Doch es gibt auch Fälle von hermeneutischer Ungerechtigkeit, die nicht in das allgemeine Muster sozialer Macht fallen, sondern Einzelfälle darstellen. Sie sind nicht systematisch, sondern treten *zufällig* oder *gelegentlich* auf. Während systematische Fälle eher eine anhaltende, weitreichende hermeneutische Marginalisierung beinhalten, ist die hermeneutische Marginalisierung bei den zufälligen Vorkommnissen nur flüchtig oder betrifft nur einen sehr begrenzten Teil der Erfahrung der betroffenen Person. Gelegentliche hermeneutische Ungerechtigkeiten sind also nicht auf strukturelle Machtunterschiede zurückzuführen, sondern eher auf vereinzelte Momente von Ohnmacht.

Wie könnte eine gelegentliche hermeneutische Ungerechtigkeit aussehen? In Ian McEwans Roman *Liebeswahn* wird die Hauptfigur Joe von einem jungen Mann namens Jed Parry gestalkt, einem religiösen Fanatiker, der die wahnhafte Vorstellung hat, er und Joe liebten einander. Als Joe seiner Lebensgefährtin Clarissa davon erzählt, erntet er zunächst liebevollen Spott, doch später – obwohl sie seinen Schilderungen im

Wesentlichen glaubt – begegnet Clarissa seinem Gemütszustand eher mit besorgter Zurückhaltung. Schließlich ruft Joe bei der Polizei an, muss jedoch feststellen, dass die Art von Stalking, der er ausgesetzt ist, vom Gesetz nicht erfasst ist und als Bagatelle gilt:

> «Sind Sie die belästigte Person?»
> «Ja, ich bin …»
> «Und ist die Person, die Ihr Ärgernis erregt, jetzt bei Ihnen?»
> «Er steht genau in diesem Augenblick unten vor meinem Haus.»
> «Hat er Ihnen eine Verletzung zugefügt?»
> «Nein, aber er …»
> «Hat er Ihnen damit gedroht?»
> Ich begriff, dass meine Beschwerde in ein bereits vorhandenes bürokratisches System gepresst werden musste. Keine Einrichtung konnte sich auf eine subjektive Schilderung einlassen. Da mir die Erleichterung einer Strafanzeige versagt blieb, tröstete ich mich mit dem Versuch, meine Geschichte in eine handhabbare öffentliche Form zu kleiden. Parrys Benehmen musste zu einem Straftatbestand verallgemeinert werden.
> «Hat er Drohungen gegen Ihr Eigentum ausgestoßen?»
> «Nein.»
> «Oder gegen Dritte?»
> «Nein.»
> «Versucht er, Sie zu erpressen?»
> «Nein.»
> «Glauben Sie, Sie können beweisen, dass er die Absicht hat, Ihnen etwas anzutun?»
> «Eh, nein.»
> Die Stimme glitt aus amtlicher Unbeteiligtheit in beinahe echte Neugier über. Ich glaubte, einen Yorkshire-Akzent ausmachen zu können. «Können Sie mir sagen, was er denn nun tut?»
> «Er ruft mich zu jeder Tages- und Nachtzeit an. Er redet mit mir in …»
> Die Stimme fiel schnell wieder in ihre Standardfunktion zurück, das Flussdiagramm des Verhörs. «Verhält er sich obszön oder beleidigend?»
> «Nein. Schauen Sie, warum lassen Sie es mich nicht erzählen. Er ist ein Spinner. Er will mich einfach nicht in Ruhe lassen.»

> «Wissen Sie, worauf er es wirklich abgesehen hat?»
> […]
> Ich sagte: «Er will mich erlösen.»
> «Sie erlösen?»
> «Sie wissen schon, mich bekehren. Er ist besessen. Er will mich einfach nicht in Ruhe lassen.»
> Schließlich bemächtigte sich der Stimme doch noch Ungeduld, und er fiel mir ins Wort. «Es tut mir leid. Dies ist keine Angelegenheit für die Polizei. Solange er Ihnen oder Ihrem Eigentum keinen Schaden zufügt oder damit droht, begeht er keine strafbare Handlung. Der Versuch, Sie zu bekehren, ist kein Gesetzesverstoß.» Dann beendete er meinen Notruf mit einem leichten Verweis seinerseits. «Schließlich genießen wir hierzulande Religionsfreiheit.»[4]

Joes eigene Einschätzung seiner Stalking-Erfahrung wird durch die fehlende hermeneutische Anerkennung seiner Partnerin und der Polizei nur geringfügig beeinträchtigt. Dennoch hindert ihn eine kollektive hermeneutische Leerstelle daran, seine Erfahrung mitzuteilen und verständlich zu machen. Von Anfang an liegt ihm viel daran, seine Erfahrung mit bestimmten anderen Menschen zu teilen, doch das gelingt ihm nicht: Wie es wirklich für ihn ist, von Jed Parry gestalkt zu werden, wird durch zwei irreführende Deutungsmuster verdeckt, die seine Erfahrung auf unterschiedliche Weise bagatellisieren: Der einen zufolge kann er anscheinend nicht mehr das Lustige an der ganzen Angelegenheit sehen und ist von ihr auf beunruhigende Weise besessen; laut einer anderen übertreibt er das Ausmaß der Bedrohung und will sogar die Religionsfreiheit eines anderen Menschen beschneiden. Doch selbst wenn die Undurchsichtigkeit von Joes Erfahrung eine hermeneutische Ungerechtigkeit darstellt, ist dies etwas vollkommen anderes als generelle soziale Ohnmacht oder strukturelle Nachrangigkeit als Formen sozialer Sinnstiftung, denn seine soziale Identität ist die des sprichwörtlichen weißen, gebildeten, heterosexuellen Mannes. Dennoch ringt er mit einem Einzelfall von hermeneutischer Marginalisierung. Die rivalisierenden Reaktionen von Clarissa und dem Polizisten, die beide seine Erfahrung bagatellisieren, zeigen, dass Joes hermeneutische Teilhabe an einem wichtigen, wenn auch sehr kleinen Teil seiner sozialen Erfahrung beeinträchtigt wird, weshalb sein Fall auch eine hermeneutische Ungerechtigkeit darstellt. Die Ungerechtigkeit ist aber nicht auf ein strukturelles Identitätsvorurteil zurückzuführen – im Gegenteil, er erleidet die Ungerechtigkeit nicht wegen, sondern vielmehr trotz des sozialen Typus, den er verkörpert. Offensichtlich handelt es sich bei Joes hermeneutischer Ungerechtigkeit nicht um einen systematischen Fall, sondern einen kontingenten.

Das Wissen um solche Fälle ermöglicht eine allgemeinere Definition von hermeneutischer Ungerechtigkeit als die bisher formulierten, die darauf abzielten, das zu beschreiben, was wir nun klarer als eindeutig systematischen Fall identifizieren können. Die neue, allgemeine Definition bestimmt hermeneutische Ungerechtigkeit per se als *die Ungerechtigkeit, dass aufgrund hermeneutischer Marginalisierung ein wichtiger Bereich der eigenen sozialen Erfahrung dem Verständnis der Allgemeinheit entzogen wird.*

Diese Definition lässt einfach das weg, was am systematischen Fall das Besondere ist: nämlich dass die hermeneutische Marginalisierung «anhaltend und umfassend» ist, oder anders formuliert, dass «in der kollektiven hermeneutischen Ressource ein strukturelles Vorurteil herrscht». Diese allgemeine Definition erfasst also sowohl den systematischen als auch den gelegentlichen Fall. Wie immer ist aus unserer Sicht der systematische Fall von zentraler Bedeutung. Aber der Umstand, dass eine hermeneutische Ungerechtigkeit kontingent auftritt, bedeutet nicht, dass sie nicht in ethischer Hinsicht gravierend erscheint – man denke an unsere Diskussion von systematischer und zufälliger Zeugnisungerechtigkeit. Tatsächlich erschüttert es Joe zutiefst, dass andere seine Erfahrung nicht von Anfang an besser verstehen. Dadurch kann Jed Parrys Stalking lebensbedrohliche Ausmaße annehmen und befördert letzten Endes das Scheitern von Joes und Clarissas langjähriger Beziehung. Fälle von gelegentlicher hermeneutischer Ungerechtigkeit können sich also auf das Leben eines Menschen verheerend auswirken. Was systematische Fälle unterscheidet, ist, wie schon gesagt, nicht die Schwere des einzelnen Unrechts, sondern etwas Allgemeineres: Sie tragen dazu bei, den Stellenwert von hermeneutischer Ungerechtigkeit im Gefüge der sozialen Ungerechtigkeiten zu verdeutlichen.

Es gibt also zwei Arten von hermeneutischer Ungerechtigkeit: systematische und gelegentliche. Wenn jemand wie Joe benachteiligt wird, weil seine Erfahrung aufgrund einer Leerstelle in der kollektiven hermeneutischen Ressource im Dunkeln bleibt, dann berechtigt uns das im Großen und Ganzen dazu, von gelegentlicher hermeneutischer Ungerechtigkeit zu sprechen, selbst wenn die hermeneutische Marginalisierung lokal auftritt und einmalig ist. Wenn hingegen jemand wie Carmita Wood dadurch benachteiligt wird, dass ihre Erfahrung aufgrund einer Leerstelle in den kollektiven hermeneutischen Ressourcen im Dunkeln bleibt, wobei die Leerstelle durch umfassende und anhaltende hermeneutische Marginalisierung verursacht und aufrechterhalten wird, dann handelt es sich um systematische hermeneutische Ungerechtigkeit. Denn in solchen Fällen ist die hermeneutische Marginalisierung Teil einer generelleren Anfälligkeit für verschiedene Arten von sozialer Marginalisierung, sodass jedes Vorkommnis von hermeneutischer Ungerechtigkeit ebenfalls Teil einer generelleren Anfälligkeit für verschiedene Arten von Ungerechtigkeit ist. Es gibt also eine gewisse strukturelle Parallele zu den Formen von Zeugnisungerechtigkeit. Anders als bei der Zeugnisungerechtigkeit gibt es jedoch bei hermeneutischer Ungerechtigkeit, egal ob sie gelegentlich oder systematisch vorkommt, keinen Schuldigen. Kein Akteur *verübt* hermeneutische Ungerechtigkeit – es handelt sich um einen rein strukturellen Begriff. Die Hintergrundbedingung für hermeneutische Ungerechtigkeit ist die hermeneutische Marginalisierung des Subjekts. Aber hermeneutische Ungerechtigkeit tritt erst dann auf, wenn die Hintergrundbedingung in einem mehr oder weniger zum Scheitern verurteilten Versuch des Subjekts zum Tragen kommt, eine Erfahrung verständlich zu machen – entweder für sich selbst oder gegenüber Gesprächspartner:innen. Die hermeneutische Ungleichheit, die in einer von hermeneutischer Marginalisierung gekennzeichneten Situation schlummert, bricht sich nur dann als Ungerechtigkeit Bahn, wenn ein konkreter Versuch durch jene behindert wird, eine Sache oder ein Vorkommnis sinnvoll zu deuten.

Die Tatsache, dass sich hermeneutische Ungerechtigkeit meistens darin äußert, dass eine Sprecherin bei einem Austausch von Bezeugungen darum kämpft, sich verständlich zu machen, lässt die düstere Vermutung aufkommen, dass hermeneutische Ungerechtigkeit durch Zeugnisungerechtigkeit oft noch verstärkt wird. Tatsächlich geschieht dies häufig dann, wenn die hermeneutische Ungerechtigkeit systematisch auftritt, weil die Angehörigen von mehrfach marginalisierten Gruppen tendenziell Identitätsvorurteilen ausgesetzt sind. Wenn sie versuchen, ihren Gesprächspartner:innen eine kaum verstandene Erfahrung zu schildern, wird ihrer Äußerung aufgrund ihrer geringen Verständlichkeit wenig Glaubwürdigkeit zugeschrieben. Wenn eine Sprecherin zusätzlich mit einem Identitätsvorurteil behaftet ist, sieht es noch übler aus. In einem solchen Fall wird der Sprecherin doppeltes Unrecht zugefügt: einmal durch das im geteilten hermeneutischen Hintergrund vorherrschende strukturelle Vorurteil und einmal durch den Hörer, der ein von Identitätsvorurteilen geprägtes Glaubwürdigkeitsurteil fällt.

Stellen Sie sich vor, eine Person in Carmita Woods Lage versucht, ihren Arbeitgeber über das Verhalten des Professors zu informieren. Die hermeneutische Lücke an derjenigen Stelle, an der die Wörter «sexuelle Belästigung» hätten stehen sollen, führt dazu, dass es bereits ein ernsthaftes Problem hinsichtlich der Plausibilität dessen gibt, was auch immer sie mit ihrer Schilderung artikulieren könnte (vielleicht gelingt es ihr zu sagen, dass sie sich durch sein beharrliches «Flirten» «unwohl» fühlt). Falls sie dann noch eventuellen Identitätsvorurteilen in Bezug auf Geschlecht, ethnische Zugehörigkeit oder sozialer Klasse ausgesetzt ist, wird deutlich, dass sie ebenfalls anfällig für Zeugnisungerechtigkeit ist. Menschen in ihrer Position sind also anfällig für eine doppelte epistemische Ungerechtigkeit. Mehr noch: Was wir hier sehen, sind die idealen Bedingungen für einen ausufernden Glaubwürdigkeitsverlust. Denn die Unglaubwürdigkeit des Gesagten erzeugt eine Sichtweise, die die persönliche Glaubwürdigkeit der Sprecherin möglicherweise übermäßig infrage stellt, was wiederum zu einer Perspektive führt, die die Glaubwürdigkeit des Gesagten noch stärker entwertet und so weiter und so fort.[5] Brownmillers Darstellung lässt vermuten, dass Carmita Woods Versuch, den Charakter ihrer Erfahrung zu vermitteln, einem solchen ausufernden Glaubwürdigkeitsverlust ausgesetzt war. Es ist das schlimmste denkbare Szenario für Sprecher:innen, wenn es um epistemische Ungerechtigkeit geht.

Die Beobachtung, dass hermeneutische Ungerechtigkeit tendenziell bei kommunikativen Bemühungen in Erscheinung tritt, lenkt unsere Aufmerksamkeit auf eine etwas andere Variante der Ungerechtigkeit. Bisher haben wir hermeneutische Leerstellen nur als das Fehlen angemessener Interpretationen betrachtet, als Lücken, an deren Stelle eine Bezeichnung für eine Erfahrung stehen sollte, die verständlich zu machen im Interesse der Betroffenen liegt. Man muss jedoch berücksichtigen, dass eine hermeneutische Lücke nicht (oder nicht nur) den Inhalt, sondern auch die Form dessen betrifft, was gesagt werden kann. So kann die für eine soziale Gruppe spezifische Ausdrucksweise für ihre kommunikativen Bemühungen ein ebenso ungerechtes Hindernis darstellen wie eine mangelnde Deutung. Wenn etwa Frauen, wie Carol Gilligan bekanntlich argumentiert hat, in Bezug auf ethische Urteile eine «andere Stimme» haben (zumindest zu einem bestimmten Zeitpunkt in der Geschichte), und zwar eine Stimme, die nicht als vernünftig anerkannt, sondern als moralisch unreif marginalisiert wird, dann sind die Bemühungen von Frauen, sich in moralischen Fragen verständlich zu machen, durch eine solche hermeneutische Lücke beeinträchtigt.[6] Und die Beeinträchtigung ihrer Ausdrucksbemühungen ist insofern ungerecht, als sie eine Folge der hermeneutischen Marginalisierung ist – das heißt, insofern sie sich aus der Tatsache ergibt, dass die Machtlosigkeit Frauen von der vollen Teilnahme an jenen Praktiken ausschließt, durch die soziale Bedeutungen hervorgebracht werden. Denn dies sind auch diejenigen Praktiken, durch die bestimmte Ausdrucksweisen als vernünftig und dem Anlass angemessen anerkannt werden. Denken wir daran, wie Herbert Greenleaf auf die Versuche von Marge Sherwood reagiert hat, ihm ihren Verdacht gegen Ripley verständlich zu machen: «Marge, es gibt weibliche Intuition, und es gibt Fakten.» Wenn man in einer Gesellschaft oder einem sozialen Umfeld lebt, wo bereits der Umstand, dass man auf intuitive oder emotionale Weise kommuniziert, dazu führt, dass die eigenen Äußerungen nicht als wirklich vernünftig gelten, ist man dadurch zu Unrecht von einer hermeneutischen Lücke betroffen – man ist einer hermeneutischen Ungerechtigkeit ausgesetzt.

7.3 Das Unrecht der hermeneutischen Ungerechtigkeit

Ich habe bisher gesagt, dass hermeneutische Ungerechtigkeit eine asymmetrische kognitive Benachteiligung beinhaltet. Damit ist gemeint, dass sich die geteilte hermeneutische Verarmung auf die Mitglieder unterschiedlicher Gruppen auf unterschiedliche Weise auswirkt. Es hat dem Belästiger von Carmita Wood nicht geschadet, dass ihm (wie das Beispiel zeigt) das Bewusstsein für die Art und Weise fehlte, wie er sie behandelt hat; aber es hat Carmita Wood sehr geschadet, dass sie nicht in der Lage war, die Sache angemessen zu verstehen – für sich selbst, geschweige denn, sie anderen zu vermitteln. Die Asymmetrie ergibt sich aus dem konkreten sozialen und praktischen Kontext, in dem der kollektive hermeneutische Missstand auftrifft. Nur wenn die kollektive Verarmung in konkreten sozialen Situationen verortet ist, wirkt sie sich auf einige Gruppen nachteilig aus, nicht jedoch auf andere. Hermeneutische Leerstellen sind wie Ozonlöcher – es sind die Menschen, die unter ihnen leben, die Verbrennungen erleiden. Im Grunde ist hermeneutische Ungerechtigkeit also eine Art struktureller Diskriminierung.

Man stelle sich eine Gesellschaft vor, in der der Wohlfahrtsstaat eine kostenlose Gesundheitsversorgung anbietet, bei der die staatliche Versorgung aber eine Lücke aufweist: Es gibt keine kostenlose zahnärztliche Versorgung. Formal gesehen ist der allgemeine Mangel an kostenloser zahnärztlicher Versorgung nicht ungerecht, denn er betrifft alle gleichermaßen – es handelt sich sozusagen um eine kollektive Lücke im System der Sozialversicherung. Es besteht also formal Gleichheit. Doch sobald man sich ansieht, wie sich diese formale Gleichheit im realen Leben auswirkt, tritt schnell eine *situierte* Ungleichheit zutage: Menschen, die sich keine private Zahnbehandlung leisten können, leiden unter der fehlenden Versorgung; während Menschen, die sie sich leisten können, das nicht tun. In solchen Fällen formaler Gleichheit, aber gelebter Ungleichheit besteht die Ungerechtigkeit darin, dass eine oder mehrere Gruppen durch einen flächendeckenden kollektiven Mangel auf asymmetrische Weise benachteiligt werden; und genauso verhält es sich auch bei hermeneutischer Ungerechtigkeit. Eine hermeneutische Ungerechtigkeit liegt vor, wenn eine geteilte hermeneutische Lücke dazu führt, dass eine oder mehrere Gruppen erheblich im Nachteil sind und andere nicht, sodass die Art und Weise, wie sich die kollektive Verarmung in der Praxis bemerkbar macht, konkrete diskriminierende Folgen hat.

Wir können also sagen, dass der primäre Schaden der hermeneutischen Ungerechtigkeit in einer *situierten hermeneutischen Ungleichheit* besteht: Die konkrete Situation ist so beschaffen, dass das Subjekt nicht in der Lage ist, eine Sache kommunikativ verständlich zu machen, deren sinnvolle Vermittlung für ihn oder sie besonders wichtig ist. Hier zeigt sich eine weitere enge Verbindung zum Unrecht der Zeugnisungerechtigkeit. Der primäre Schaden von (dem zentralen Fall der) Zeugnisungerechtigkeit betrifft den Ausschluss von der Praxis des Zusammentragens von Wissen aufgrund von Identitätsvorurteilen aufseiten des Hörers; der primäre Schaden von (dem zentralen Fall von) hermeneutischer Ungerechtigkeit betrifft den Ausschluss von der Praxis des Zusammentragens von Wissen aufgrund von strukturellen Identitätsvorurteilen innerhalb der geteilten hermeneutischen Ressourcen. Der erste vorurteilsbehaftete Ausschluss bezieht sich auf die Sprecherin, der zweite auf das, was sie zu sagen versucht und/oder die Art und Weise, wie sie es sagt. Die Ungerechtigkeiten, die aus den beiden Arten von epistemischer Ungerechtigkeit resultieren, teilen also eine erkenntnisbezogene Dimension, nämlich den vorurteilsbehafteten Ausschluss von der Teilhabe an der Verbreitung von Wissen.

Das ist der primäre Schaden. Gibt es auch einen (durch den primären Schaden verursachten) sekundären Schaden, der sich auf sinnvolle Weise unterscheiden lässt? Ja, denn der primäre Schaden der situierten hermeneutischen Ungleichheit zieht per definitionem weitere praktische Schäden nach sich – Schäden, aufgrund derer die kollektive hermeneutische Verarmung der geschädigten Partei asymmetrisch zum Nachteil gereicht. Um das zu verdeutlichen, kommen wir nochmal auf Carmita Wood zurück. Der primäre epistemische Schaden, der ihr zugefügt wurde, bestand darin, dass ein Teil ihrer sozialen Erfahrung, den zu verstehen für sie sehr wichtig war, von der Allgemeinheit nicht verstanden wurde und daher weitgehend unverständlich blieb, auch für sie selbst. Der Geschichte zufolge beinhalteten die sekundären Schäden unter anderem Folgendes: Carmita entwickelte körperliche Stresssymptome, es gelang ihr nicht, eine Versetzung zu bewirken, weil sie keinen triftigen Grund angeben konnte, und schließlich musste sie ihre Anstellung kündigen. Als sie dann Arbeitslosengeld beantragen wollte und keinen benennbaren Grund für die Situation angeben konnte, stand sie auf verlorenem Posten – die Leistungen wurden ihr verweigert. Mit ein wenig Fantasie kann man sich vorstellen, welch weitreichende Konsequenzen ein solcher Fall von hermeneutischer Ungerechtigkeit haben kann. Hätten Carmita Wood und andere Frauen wie sie nie die Veranstaltungen zur Bewusstseinsbildung besucht, dann wären die Erfahrungen sexueller Belästigung noch viel länger im Verborgenen geblieben und hätten das berufliche Fortkommen, das persönliche Selbstbewusstsein und, was in unserem Kontext am wichtigsten ist, das allgemeine epistemische Vertrauen von Frauen noch stärker beschädigt, als es dank der zweiten Feminismus-Welle tatsächlich der Fall war.

Wenn man sich in einer Situation befindet, in der man scheinbar der Einzige ist, der die Diskrepanz zwischen dem gängigen Verständnis einer bestimmten Erfahrung und der eigenen Wahrnehmung dieser Erfahrung spürt, erschüttert das den Glauben daran, die Welt oder zumindest den jeweiligen Ausschnitt der Welt sinnvoll deuten zu können. Wir sehen also, dass hermeneutische Ungerechtigkeit (ebenso wie Zeugnisungerechtigkeit) nicht nur sekundäre praktische Nachteile, sondern auch sekundäre epistemische Nachteile mit sich bringt. Die epistemischen Nachteile, um die es hier geht, sind nämlich dieselben wie diejenigen, die wir im Zusammenhang mit der Zeugnisungerechtigkeit ausführlich erörtert haben: Denn auch sie ergeben sich im Wesentlichen aus dem Verlust des epistemischen Selbstvertrauens der Betroffenen. Der Verlust epistemischen Selbstvertrauens behindert auf verschiedene Weise die eigene Entwicklung als kognitives Subjekt. Er kann, um es nochmals zu wiederholen, zu einem buchstäblichen Verlust von Wissen führen, den Erwerb von neuem Wissen verhindern und sich allgemein so auswirken, dass es einem nicht möglich ist, wichtige erkenntnisbezogene Tugenden wie intellektuellen Mut zu entwickeln.

Da nun die primären und sekundären Aspekte des Schadens durch hermeneutische Ungerechtigkeit expliziert wurden, können wir uns vielleicht etwas intensiver mit dem Charakter des primären Aspekts befassen – der situierten hermeneutischen Ungleichheit –, um zu sehen, ob er sich eventuell auf den Prozess der individuellen Entfaltung auswirkt, so wie es bei der Zeugnisungerechtigkeit der Fall ist. Kann hermeneutische Ungerechtigkeit manchmal so viel Schaden anrichten, dass sie die Entwicklung des Selbst hemmt? Nehmen wir ein neues Beispiel. In seinem autobiografischen Roman *Selbstbildnis eines Jünglings* schildert Edmund White seine Jugend in den 1950er Jahren in Amerika und zeigt, auf welch unterschiedliche Weise die hermeneutischen Ressourcen der damaligen Zeit seine sexuellen Erfahrungen mit irreführenden Sinnzuschreibungen befrachteten. In der folgenden Passage übernachtet er im Haus der Familie von Tom, einem neuen Schulfreund, in den er sich verliebt hat. Sie enthält mehrere Konstruktionen von Homosexualität der damaligen Zeit, die zum Teil die tatsächliche Erfahrung seines eigenen Begehrens und seiner sexuellen Identität prägen – und zugleich in einem erheblichen Spannungsverhältnis dazu stehen.

> «Weißt du», sagte Tom eines Tages, «du kannst jederzeit hierbleiben, wenn du willst. Harold – der Pfarrerssohn, mein alter Spielkamerad bei ‹Eichhörnchen› –, hat mich gewarnt, du würdest im Schlaf über mich herfallen. Du musst mir verzeihen. Es ist nur, ich stehe nicht auf diesen komischen Kram.»
>
> Ich schluckte mühsam und flüsterte: «Ich …» Ich räusperte mich und sagte viel zu affektiert: «Ich auch nicht.»
>
> Der medizinische Geruch, dieser Lysolgeruch der Homosexualität, verpestete von neuem die Luft, als der gummibereifte, mit Medikamenten und Desinfektionsmitteln voll beladene Metallwagen geräuschlos vorbeirollte. Ich sehnte mich danach, das Fenster zu öffnen, für eine Stunde wegzugehen und in ein Zimmer zurückzukehren, in dem es diesen Gestank, den Geruch der Scham nicht mehr gäbe.
>
> Ich zweifelte absolut nicht daran, dass Homosexualität eine Krankheit sei; im Gegenteil, ich sah es als Beweis dafür an, wie schonungslos objektiv ich war, dass ich eben dieser Krankheit ins Auge zu sehen vermochte. Aber in irgendeinem anderen Teil meines Inneren konnte ich nicht glauben, dass der Lysolgeruch auch mich umgeben, dass dieser Geruch nach abge-

> standenem Kohlenrauch meine Liebe zu Tom durchdringen müsse. Vielleicht wurde ich so verschwommen, so angeregt vor lauter Verschwommenheit, nur um die Erkenntnis der Schlussfolgerung des Syllogismus aufzuschieben, der beginnt: Wenn ein Mann einen anderen liebt, ist er ein Homosexueller; ich liebe einen Mann …
>
> Ich hatte gehört, dass Jungen ein Stadium der Homosexualität durchmachen, dass dieses Stadium normal, geradezu universell sei – dann musste es das sein, was mir gerade widerfuhr. Ein Stadium. Ein längeres Stadium. Schnell genug würde dieses Stadium vorübergehen, und nachdem ich Toms Schlafzimmer hinter mir gelassen hätte, würden herbeirollen weißer Organdy, blaue Bänder, ein lächelndes Mädchen mit ausgebreiteten Armen … Aber das käme später. Was die Gegenwart betraf, so konnte ich noch, solange ich wollte, in Toms Augen von der Farbe verblichenen Lapislazulis blicken, unter Brauen, so blond, dass sie nur an den Wurzeln zu beiden Seiten seiner Nase sichtbar waren – ein zarter Hauch, der golden wurde, während er sich verschmälerte und nach außen auf die Schläfen zulief.[7]

Diese Abfolge von Konstruktionen geht schnell von der Schuljungen-Propaganda, dass der Protagonist über den schlafenden Tom «herfallen» würde, und dem Gedanken, dass Homosexualität eine Krankheit sei, zu der irrigen Vorstellung über, dass homosexuelles Begehren bloß ein «Stadium» auf dem Weg zur Normalität sei, die da Heterosexualität heißt. Die Passage endet jedoch mit einer so zärtlichen Betrachtung von Toms Gesichtszügen, dass deutlich wird, dass das Begehren nach Tom seitens des jungen Erzählers ganz einfach und unbelastet eine Form der sexuellen Liebe ist. Die natürliche Wahrheit seines Begehrens lässt die hermeneutische Farce von Überfällen und Krankheiten und Entwicklungsstadien zutiefst lächerlich erscheinen.

Aber das jüngere Ich des Erzählers wird durch die Perspektive all dieser Konstruktionen geprägt, sodass das, wonach er sich sehnt, nämlich dass sein Begehren von einem Mann erwidert wird, keine Option darstellt, wenn es darum geht, welche Subjektposition er einnehmen könnte. Im Laufe seines Heranwachsens muss er sich mit verschiedenen wirkmächtigen Schreckgespenstern des **Homosexuellen** auseinandersetzen. Keines davon trifft auf ihn zu, aber diese kollektiven Vorstellungen sind so mächtig und die Aussicht auf persönliche Erfahrungen mit einem alternativen Verständnis so einsam und unklar, dass die Schreckgespenster sehr viel Kraft besitzen: Sie wirken sich nicht nur in erheblichem Maße auf die Konstruktion seiner Erfahrung aus (sein Begehren erscheint beschämend und so weiter), sondern auch auf die Konstruktion seines Selbst. Das geht nicht ohne Kampf ab, und diese autobiografische Geschichte zeigt uns vor allem einen jungen Menschen, der voller Mut und Witz mit diesen tyrannischen Möchtegern-Ichs ringt, wobei er mal ihren Bemühungen nachgibt, seine Identität zu vereinnahmen, während er sich ein andermal dagegen wehrt. Noch deutlicher wird dies in einer anderen Passage, in der es um seinen Besuch bei dem Psychoanalytiker Dr. O'Reilly geht. Hier wird deutlich, wie eine bestimmte Deutung des ‹widernatürlichen› Homosexuellen – als eines Mannes, der einem Vampir gleicht – dazu führt, dass der heranwachsende Protagonist diese Bezeichnung fürchtet und seine eigene aufkeimende Identität als Homosexueller als eine erschreckende Aussicht empfindet, etwas, dem man um jeden Preis zuvorkommen muss und das, sofern es bereits existiert, verschleiert werden muss:

> Wie Jahre zuvor, als ich bei einem Pfarrer Verständnis gesucht hatte, wandte ich mich jetzt an einen Psychoanalytiker um Hilfe. Ich wollte dieses Etwas überwinden, zu dem ich mich entwickelte und das ich bedrohlich bald sein würde, ein Homosexueller, als sei diese Bezeichnung die Gussform, in der das Wasser gefror und erste Kristalle bereits eine zarte Haut bildeten. Durch die Verwirrung, die Angst und die Trauer, die mich bedrängten – und ausgelöst worden waren durch mein Erlebnis mit dem Stricher, verstärkt durch Mr. Pouchets rücksichtsvolles Schweigen und zur Unheimlichkeit gesteigert durch meine Faszination von dem «Ehernen Zeitalter» –, war ich in einen Code verschlüsselt worden, den niemand entziffern konnte, am allerwenigsten ich, einen Code, der vielleicht dazu bestimmt war, auch den besten Entschlüsseler scheitern zu lassen. [...]
>
> Ich sehe jetzt, dass ich von Männern geliebt werden und sie wiederlieben wollte, ohne ein Homosexueller zu sein. Denn ich war von dem Verlangen nach dem Umgang mit Männern, nach ihrem Blick, ihrer Berührung und ihrem Geruch besessen, und nichts ließ mich mehr erstarren

> als der Anblick eines Mannes, der sich rasierte und anzog, für mich köstliche Rituale. Männer waren es, nicht Frauen, die mir fremd und begehrenswert erschienen, und ich verkleidete mich als Kind oder Mann oder was auch immer notwendig war, um in ihre geheime, hieratische Gesellschaft einzudringen, und meine Verkleidung war so vollkommen, dass ich nie aufhörte, meine Identität zu bezweifeln. Ich wollte das Gesicht hinter meiner Maske auch gar nicht genau studieren, damit sich nicht herausstellte, dass es die geschürzten Lippen, die Totenblässe und die rasierten Augenbrauen zeigte, an denen man jederzeit den Homosexuellen erkennen kann. Ich brauchte einen Taschenspielertrick, ein Alibi oder einen überzeugenden Akt der Arglist, um mir zu beweisen, dass ich kein Vampir sei.[8]

In gewisser Weise war seine eigene sexuelle Erfahrung nichts anderes als die Liebe zu Männern. Doch da dieser Aspekt seiner Erfahrung nicht ausgesprochen werden konnte, war die einzige psychologische Rebellion, die er gegen das, was dies für seine Identität bedeutete, vielleicht noch zustande bringen konnte, die Verleugnung. Verleugnung ist das erste Stadium des Doppel-denkens (der Taschenspielertrick, die Selbsttäuschung), das notwendig ist, um gegen verinnerlichte, aber verfälschende hermeneutische Konstruktionen der eigenen sozialen Identität zu rebellieren. Denn autoritative Konstruktionen können, wie wir gesehen haben, zu einer konstitutiven Konstruktion der eigenen Identität führen, sodass man sozial als vampirähnliches Wesen gilt, auch wenn das einem nicht entspricht. In Kapitel 2 hatten wir gezeigt, dass die konstitutive Konstruktion hinter der kausalen Konstruktion zurückbleibt: Denn während Erstere eine Frage dessen ist, als was man gesellschaftlich zählt, geht es bei Letzterer darum, dass man tatsächlich zu einer Person wird, die mit der Konstruktion übereinstimmt. Whites autobiografische Geschichte liefert uns keinen speziellen Grund zu glauben, er sei Gegenstand einer kausalen Konstruktion. Dennoch ist es durchaus denkbar, dass, wenn man konstitutiv als widernatürliches, vampirähnliches Wesen mit schändlichen Begierden konstruiert wird, dies einen dazu ermutigen könnte, ein vertrautes Motiv der umgekehrten Rebellion auszuleben, indem man sich in trotziger Bejahung der eigenen Sünden immer mehr wie ein solches Wesen verhält. Möglicherweise gelingt es einem, dies auf ironische Weise zu tun, aber vielleicht auch nicht. Jedenfalls reicht die Feststellung, dass vieles von dem, womit sich der jüngere Erzähler während seiner Jugend auseinandersetzt und was sich als seine soziale Identität um ihn herum verdichtet, als autoritativ betrachtet werden kann: Es handelt sich um von der Allgemeinheit getragene Bedeutungen, die mit Homosexualität verbunden sind und die die Macht haben, ihn nicht nur mit Schreckensbildern seines Selbst zu verfolgen, sondern tatsächlich sein soziales Sein zu definieren. Der zuweilen spielerische Widerstand, den er gegen diese Konstruktionen seiner Identität leistet, ist in Bezug auf sein soziales Sein eine Frage von Leben und Tod.

Soweit Widerstand möglich ist, ist dies zum Teil eine Frage historischer Kontingenz. Unser Erzähler hatte die Geschichte auf seiner Seite, denn die sechziger Jahre standen vor der Tür, in denen alle möglichen Arten von sexueller Befreiung geäußert, ja gefordert wurden. Aber es gibt noch andere Faktoren, die Widerstand ermöglichen: Andere Aspekte der eigenen Identität (wie z. B. Bildung und die Herkunft aus der Mittelschicht) können Mittel für Auflehnung bereitstellen, ebenso wie bestimmte persönliche Eigenschaften (unser Erzähler war ohne Zweifel äußerst intelligent, psychisch robust und in sozialer Hinsicht erfindungsreich). Autoritäre Konstruktionen im geteilten hermeneutischen Hintergrund betreffen also uns alle, aber sie tun dies nicht gleichermaßen. Die Uneinheitlichkeit ihres Einflusses auf uns führt möglicherweise zu einer empfundenen Dissonanz zwischen einer Erfahrung und den verschiedenen Konstruktionen, die sich verbünden, um ihre im Entstehen begriffene, eigentlich Bedeutung zu verdrängen. Für den Einzelnen haben einige autoritäre Stimmen eine besondere Macht, während dies bei anderen, aus welchen Gründen auch immer, nicht der Fall ist. Unser Erzähler zum Beispiel kümmert sich nicht im Geringsten um die negativen christlichen Konstruktionen der Homosexualität, weil er einfach nicht an die Versprechen des Himmels und die ewige Verdammnis in der Hölle glaubt: Aufgrund seiner klaren antiautoritären Haltung ist er auf wunderbare Weise immun gegen jeglichen Einfluss, den religiöse Kritik auf ihn ausüben könnte. Als er Thanksgiving bei den Scotts verbringt – einem Lateinlehrer und seiner Frau, beides glühende Christen, die ihn unbedingt bekehren wollen (und ihn ebenso gern verführen möchten, da ihre Angst, spießig zu sein, größer ist als ihre Angst, zu sündigen) –, machen sie ihn mit Pater Burke bekannt, «ihrem ‹Beichtiger› und ‹geistigem Vormund›»:[9]

> «Na ja», sagte ich, «ich besuche einen Psychiater, weil ich Schwierigkeiten mit bestimmten homosexuellen Neigungen habe.»
>
> Bei diesen Worten taumelte Vater Burkes Gesicht aus seinen Händen nach oben. Das war nicht die ängstliche kleine Beichte, die er erwartet hatte. Er gewann seine Fassung zurück und beschloss, herzhaft zu lachen, das Lachen katholischer Jahrhunderte. «*Schwierigkeiten*?» wieherte er und hatte mittlerweile Lachtränen in den Augen. Dann wurde der Pfarrer eine Sekunde lang sachlich und setzte leise, beiläufig hinzu: «Aber verstehst du, mein Sohn, Homosexualität ist nicht bloß eine *Schwierigkeit*, die *behoben* werden muss» – seine Stimme pickte diese Worte auf, als wären sie ein ekelerregender Abfall –, «Homosexualität ist auch eine Sünde.»
>
> Ich glaube, er hatte keine Vorstellung, wie wenig Eindruck das Wort «Sünde» auf mich machte. Er hätte genausogut sagen können: «Homosexualität ist ein böser Fetisch.»[10]

Allerdings gewährt Immunität gegen die Sünde keinen dauerhaften Schutz, denn dem Pfarrer gelingt es im Handumdrehen – vielleicht bloß aufgrund seiner Identität als Pfarrer oder der eines heterosexuellen männlichen Beichtvaters –, einen Wust an zutiefst kränkenden Stereotypen heraufzubeschwören, die sofort eine unaufhaltsame Identitätsmacht in Gang setzen, die das diskursive Verhalten und die Selbstwahrnehmung des jungen Erzählers steuert und einengt. Im Text heißt es weiter:

> «Aber ich fühle mich zu anderen Männern sehr hingezogen», sagte ich. Etwas Trotziges in mir zwang mich, diese Worte zu sagen, und doch spürte ich, wie ich im selben Moment, in dem ich sie aussprach, zu einem Monstrum wurde. Mein Haar wurde wasserstoffblond, mein Handgelenk schlaff, meine Krawatte ein Spitzenjabot: Ich war die affektierte Tunte am Flügel, die ihrer Mutter und deren Bridgeklub die Popmelodien des letzten

> Jahres am Klavier vorklimperte. Es gab keine Möglichkeit, mich zu rechtfertigen. Das einzige, wofür ich kämpfen konnte, war das Recht, mir mein Exil, meine Vernichtung selbst auszusuchen.[11]

Das ausgeprägte Empfinden einer Dissonanz ist also eine zerbrechliche Sache, denn eine Konstruktion, die man vielleicht einfach nur als absurd empfindet, kann sehr schnell von einer anderen Konstruktion abgelöst werden, die die eigene Persönlichkeit beherrscht. Doch zumindest ist ein Sinn für Dissonanz möglich. Das liegt daran, dass sich, wenn man eine oder mehrere der gängigen Konstruktionen der eigenen Sexualität als beschämend oder offenkundig falsch, ja als lächerlich empfindet, die Frage stellt, ob nicht auch andere damit verbundene Diskurse ebenfalls fragwürdig sind. Die Einsicht, dass etwas potenziell Maßgebliches absurd ist, verleiht kritischen Mut; eine hermeneutische Rebellion beflügelt die nächste. Das Gefühl von Dissonanz ist also der Ausgangspunkt sowohl für kritisches Denken als auch für den geistig-moralischen Mut, den eine Rebellion erfordert. Das gehört, wie ich meine, zum Prozess der Bewusstseinsbildung dazu. Wenn man mehrere Menschen zusammenbringt, die in einem Bereich der sozialen Erfahrung eine gewisse Dissonanz empfunden haben, und sich klar macht, dass jeder und jede von ihnen eine andere Mischung aus Immunität und Anfälligkeit gegenüber verschiedenen autoritären Diskursen mitbringt, dann wundert es nicht, wenn das Empfinden von Dissonanz zunimmt und ein kritischeres Denken oder Verhalten befördert.

Der primäre Schaden hermeneutischer Ungerechtigkeit besteht also nicht nur darin, dass Betroffene aufgrund einer Lücke im geteilten hermeneutischen Hintergrund unfair benachteiligt werden, sondern er betrifft auch die Konstruktion des Selbst (ob konstitutiv und/oder kausal). In bestimmten gesellschaftlichen Zusammenhängen kann hermeneutische Ungerechtigkeit bedeuten, dass jemand sozial als etwas konstituiert und vielleicht sogar zu etwas gemacht wird, was er nicht ist und als das zu gelten seinen Interessen widerspricht. Wie wir bereits in unserer Diskussion über das Unrecht der Zeugnisungerechtigkeit dargelegt haben, könnte so jemand daran gehindert werden, zu werden, wer er ist. Zeugnisungerechtigkeit und hermeneutische Ungerechtigkeit teilen diese identitätsstiftende Macht als mögliches Merkmal ihres primären Schadens. Doch in anderer Hinsicht unterscheiden sie sich durch die bewirkten primären Schäden grundlegend. Das Unrecht der Zeugnisungerechtigkeit wird einem Menschen von einem anderen Menschen zugefügt, sodass sich die Frage von Schuld oder Nichtschuld der Hörerin unmittelbar stellt. Oder, um es allgemeiner zu formulieren, wir können fragen, welche Tugend wir als Hörer:innen in uns selbst kultivieren sollten. Im Gegensatz dazu geht hermeneutische Ungerechtigkeit nicht auf irgendeine Akteurin zurück, sondern wird durch einen Aspekt der kollektiven hermeneutischen Ressourcen verursacht: bei gelegentlichen Fällen durch einen einzelnen blinden Fleck und bei systematischen Fällen durch eine Leerstelle, die durch ein strukturelles Identitätsvorurteil im hermeneutischen Repertoire bedingt ist. Die Frage der Schuld stellt sich also nicht in gleicher Weise. Dennoch stellt sie sich, denn das Phänomen sollte uns zu folgender Frage veranlassen: Welche Art von Zuhörer:innen sollten wir versuchen in einer Gesellschaft zu sein, in der es wahrscheinlich Sprecher:innen gibt, die versuchen, ihre Erfahrungen kommunikativ zu vermitteln, aber daran zu Unrecht gehindert werden? Es wird nicht genügen, die Tugend der Zeugnisgerechtigkeit zu praktizieren, denn das wirkt lediglich der Gefahr der Zeugnisungerechtigkeit entgegen – es gewährleistet bloß, dass man die Aussagen anderer verlässlich und unvoreingenommen zur Kenntnis nimmt. Was wir in Anbetracht der hermeneutischen Ungerechtigkeit brauchen, ist eine Tugend, durch die wir die Äußerungen von anderen auf eine Weise aufnehmen, welche die nachteiligen Auswirkungen auf die ihnen zur Verfügung stehenden Deutungswerkzeuge konterkariert, zu denen ihre hermeneutische Marginalisierung bereits geführt hat. Diesem Thema wollen wir uns abschließend zuwenden.

7.4 Die Tugend der hermeneutischen Gerechtigkeit

Die Tugend, um die es im Folgenden geht, ähnelt der Tugend der Zeugnisgerechtigkeit darin, dass auch sie korrigierend wirkt. Aber während Zeugnisgerechtigkeit im Hinblick auf das eine oder andere Vorurteil naiv sein kann – womit gemeint ist, dass die Hörerin völlig frei von Vorurteilen ist und sich nicht (durch Reflektieren oder auch auf unreflektierte Weise) darum kümmern muss, ob diese ihr Urteil beeinflussen –, ist die Tugend der hermeneutischen Gerechtigkeit immer korrigierend. Bei sämtlichen Fällen dieser Art von Ungerechtigkeit hat die betreffende Lücke in den hermeneutischen Ressourcen die kommunikative Verständlichkeit des Sprechers auf die eine oder andere Weise tatsächlich gemindert (sei es inhaltlich oder formal), sodass seine relative Unverständlichkeit nichts ist, wogegen der tugendhafte Hörer auf naive Weise immun sein könnte. Im Gegenteil: Wenn ein Hörer schlichtweg nicht bemerkt, dass die Bemühungen seiner Gesprächspartnerin, sich verständlich zu machen, gehemmt wurden, kann es sich nur um ein Versäumnis des Hörers handeln. Die Tugend der hermeneutischen Gerechtigkeit muss also als Wachsamkeit oder Empfänglichkeit für die Möglichkeit auftreten, dass die Schwierigkeit, die die Gesprächspartnerin damit hat, etwas verständlich zu kommunizieren, nicht darauf zurückzuführen ist, dass sie ein Trottel ist oder etwas Unsinniges sagt, sondern auf irgendeine Lücke in den geteilten hermeneutischen Ressourcen. Es geht darum zu erkennen, dass die Sprecherin mit einer objektiven Schwierigkeit ringt und nicht mit einem subjektiven Versagen.

Eine solche Sensibilität setzt wiederum ein gewisses reflexives Bewusstsein aufseiten des Hörers voraus, denn die Äußerungen einer Sprecherin, deren kommunikative Bemühungen durch hermeneutische Ungerechtigkeit behindert werden, mögen für den einen Hörer überhaupt keinen Sinn ergeben (etwa wenn Marge Herbert Greenleaf auf emotionale beziehungsweise intuitive Weise von ihrem Verdacht erzählt), während ein anderer Hörer (möglicherweise eine Frau) finden kann, dass sie offensichtlich ein vernünftiges Argument vorbringt. Tugendhafte

Hörer:innen müssen also ein reflexives Bewusstsein davon haben, wie sich die Beziehung zwischen der eigenen sozialen Identität und der der Sprecherin auf die Verständlichkeit dessen auswirkt, was sie sagt und wie sie es sagt. Greenleaf hätte berücksichtigen müssen, dass Marges intuitive Ausdrucksweise auf ihn nicht sehr rational wirkt, was in erster Linie daran liegt, dass er ein Mann ist und gelernt hat, sich auf andere Weise auszudrücken und ihren Sprachstil für vernünftig zu halten. Die Tugend der hermeneutischen Gerechtigkeit teilt natürlich diese Forderung nach reflexiver Achtsamkeit mit der Tugend der Zeugnisgerechtigkeit, denn beide Tugenden regeln explizit das epistemische Verhalten in einem sozial situierten Kontext: Beide schützen vor diversen Identitätsvorurteilen und sind deshalb vor allem Tugenden des reflexiven sozialen Bewusstseins.

Diese Art von reflexiver Sensibilität ermöglicht eine gewisse Korrektur des ursprünglichen Glaubwürdigkeitsurteils, falls die lückenhafte Verständlichkeit des Gesagten dazu geführt hat, dass die Glaubwürdigkeit für gering befunden wurde. In einem diskursiven Austausch, der auf soziale Verständigung bezogen ist, lässt sich das Glaubwürdigkeitsurteil des Zuhörers vielleicht am besten dahingehend fassen, dass es nicht bloß um eine Einschätzung der Wahrscheinlichkeit geht, dass die Aussage des Sprechers wahr ist, sondern eher um eine Einschätzung der Wahrhaftigkeit der angebotenen Interpretation. Diese Neubeschreibung trägt dem Umstand Rechnung, dass in hermeneutischen Kontexten die Ausrichtung auf die Wahrheit die Möglichkeit zulassen muss, dass es mehr als eine Interpretation mit gleichem Wahrheitsanspruch gibt, und zwar in dem Sinne, dass es manchmal einfach keine Antwort auf die Frage geben kann, ob die Deutung von Sprecher A oder die von Sprecherin B die einzig wahre ist. In hermeneutischen Zusammenhängen ist somit das Glaubwürdigkeitsurteil des verantwortlichen Hörers eine Bewertung dessen, inwieweit das Gesagte *wirklich Sinn ergibt* – das heißt, inwieweit es eine wahrheitsgemäße Interpretation darstellt. In Fällen, in denen die Bemühungen des Sprechers durch eine hermeneutische Ungerechtigkeit beeinträchtigt werden, wird die tugendhafte Hörerin dies registrieren und Zugeständnisse machen. Sie wird also ihr anfänglich geringes Glaubwürdigkeitsurteil nach oben korrigieren, um die Beeinträchtigung auszugleichen. Sofern es möglich ist, wird die tugendhafte Hörerin ein Glaubwürdigkeitsurteil fällen, das widerspiegelt, inwieweit die Interpretation, die der Sprecher zum Ausdruck zu bringen versucht, *Sinn ergeben würde, wenn sein Bemühen in einem inklusiveren hermeneutischen Klima stattfände – einem Klima ohne strukturelle Identitätsvorurteile*. Bei einem solchen Glaubwürdigkeitsurteil werden die nachteiligen Auswirkungen der hermeneutischen Marginalisierung des Sprechers korrigiert. Idealerweise wird der Grad der Glaubwürdigkeit nach oben korrigiert, um die kognitive und expressive Behinderung auszugleichen, die dem hermeneutisch marginalisierten Sprecher durch das nicht-inklusive hermeneutische Klima, das strukturelle Identitätsvorurteil, auferlegt wird. Natürlich ist das in der Praxis eine schwammige Angelegenheit, aber ich denke, dass das Ideal intuitiv genügend verständlich erscheint, um unser Verhalten als Hörer:innen wirklich daran auszurichten.

Louise Antony macht einen knappen Vorschlag, der unserem Leitideal ähnelt. Ihr zufolge könnte es vernünftig sein, dass Männer «eine Art erkenntnisbezogene *affirmative action* anwenden: Wenn eine Frau oder ein Angehöriger einer mit Stereotypen belegten Gruppe etwas Seltsames sagt, sollten sie grundsätzlich davon ausgehen – gewissermaßen als Arbeitshypothese –, dass es an *ihnen* liegt, wenn sie nichts verstehen, statt dass die Frau spinnt.»[12] Eine solche Annahme ist natürlich eng mit der Tugend der hermeneutischen Gerechtigkeit verbunden, denn beide haben ihren Grund in dem Gedanken, dass Sprecher:innen, die objektiv benachteiligt sind, was den Ausdruck oder die Interpretation ihrer Äußerungen betrifft, einen angemessenen Ausgleich in der Beurteilung ihrer diskursiven Leistung erhalten sollten. Ich denke jedoch, dass sich das Modell der Arbeitshypothese nur schwer weiterentwickeln ließe, denn der Hörer muss im Hinblick darauf, wie er die Hypothese umsetzt, unendlich sensibel für den Kontext sein. Es wäre nicht gerechtfertigt, in sämtlichen Bereichen eine Politik der *affirmative action* anzuwenden, da, wie ich bereits dargelegt habe, die soziale Identität so komplex ist, dass hermeneutische Marginalisierungen einzelne Sprecher:innen auf unterschiedliche Weise betreffen: Eine weiße Frau aus der Mittelschicht ist als Frau möglicherweise nicht in der Lage, in einem bestimmten Kontext bestimmte Bedeutungen zu formulieren, während sie als Weiße aus der

Mittelschicht in anderen Zusammenhängen keineswegs benachteiligt ist, wenn es darum geht, die erforderlichen Inhalte zum Ausdruck zu bringen. (In Situationen der ersten Art sollte ihre vermeintliche Spinnerei Anlass geben, über eine mögliche hermeneutische Ungerechtigkeit nachzudenken; wenn sie in Situationen der zweiten Art zu spinnen scheint, tut sie das vielleicht wirklich.) Aus dem gleichen Grund wäre eine Politik, die man auf Sprecher:innen allein aufgrund ihrer Zugehörigkeit zu einer negativ stereotypisierten oder machtlosen Gruppe anwendet, nicht gerechtfertigt: Die Sprecherin mag eine Frau sein, aber da sie weiß ist und aus der Mittelschicht stammt, gibt es möglicherweise gar keine hermeneutische Lücke, die ihr die Ausdrucksmittel vorenthält, die sie in der gegebenen Situation benötigt, um sich verständlich zu machen. Daher bin ich der Meinung, dass man den Gedanken der Kompensation am besten in Form einer unbegrenzten kontextsensiblen Urteilsfähigkeit einlöst – also in Form einer Tugend.

Stellen wir uns nun vor, was der tugendhafte Hörer tatsächlich tut. In praktischen Zusammenhängen, in denen genügend Zeit vorhanden und das Thema hinreichend wichtig ist, kann der tugendhafte Hörer durch die richtige Art von Dialog tatsächlich zu einem inklusiveren hermeneutischen Mikroklima beitragen. Ein solcher Dialog erfordert in erster Linie eine proaktivere und gesellschaftlich bewusstere Art des Zuhörens, als es bei einem unkomplizierten Gespräch normalerweise erforderlich ist. Bei dieser Art des Zuhörens geht es darum, sowohl auf das, was *nicht* gesagt wird, als auch auf das, was gesagt wird, zu achten. Ob die Ausübung eines solchen tugendhaften Verhaltens für einen Zuhörer schwierig ist, hängt von den Umständen ab, insbesondere davon, wie viele einschlägige soziale Erfahrungen Hörer:innen und Sprecher:innen miteinander teilen. Das Verhalten der tugendhaften Zuhörer:innen ist durch ihre eigene soziale Identität im Vergleich zu der von Sprecher:innen eingeschränkt. Alternativ kann eine tugendhafte Hörerin (wenn die konkrete Situation es zulässt) nach weiteren bekräftigenden Hinweisen fahnden, indem sie zum Beispiel Menschen befragt, die eine ähnliche soziale Identität haben wie ein besonderer Sprecher. Ich stimme mit Karen Jones überein, die im Verlauf ihrer aufschlussreichen Diskussion einiger erstaunlicher Berichte geltend macht, dass es in Fällen, in denen es für einen Hörer einen Grund gibt, an der Zuverlässigkeit seiner eigenen Vertrauensmuster zu zweifeln – wie bei hermeneutischer Ungerechtigkeit –, vernünftig ist, wenn er seine Vorbehalt gegen eine Zustimmung zu der Äußerung fallen lässt und sich stärker bemüht, unterstützendes Beweismaterial zu sammeln.[13] Diese beiden Normen sind offensichtlich ein wesentlicher Bestandteil der kontextabhängigen Urteile hermeneutisch gerechter Hörer:innen.

In Situationen, in denen es an Zeit mangelt oder in denen man von der jeweiligen Hörerin, wie tugendhaft sie auch sein mag, nicht erwarten kann, dass sie die Bedeutung, die im Gesagten steckt, «durchdringt», besteht die Tugend der hermeneutischen Gerechtigkeit möglicherweise einfach darin, sich des Urteils zu *enthalten*, sodass die Hörerin offen bleibt, was die Glaubwürdigkeit betrifft. Was sie in den diskursiven Austausch mit einbringt, ist eine soziale «Theorie» im Hinterkopf, die darum weiß, dass es so etwas wie hermeneutische Ungerechtigkeit gibt, sodass sie es vielleicht schafft, sich nicht mit einer allzu geringen Einschätzung der Glaubwürdigkeit zu begnügen. Eine solche «Theorie» sagt ihr oft nicht viel mehr, als dass sie misstrauisch gegenüber ihren spontanen Glaubwürdigkeitsurteilen sein sollte, wenn es um bestimmte Sprecher:innen und bestimmte Themen geht. Im Idealfall wäre ein tugendhafter Herbert Greenleaf in der Lage gewesen, Marge als eine Person wahrzunehmen, deren emotionaler und intuitiver Stil in eine hermeneutische Lücke fällt, und er hätte ihr in einer Weise zugehört, die zumindest offen für die Möglichkeit war, dass sie nicht ganz Unrecht hatte. Realistischer ist allerdings, dass ein tugendhafter Greenleaf lediglich gespürt hätte, dass ihm als Mann ihre intuitive Art und Weise als Frau zutiefst fremd war, und sich des Urteils enthalten hätte. Das wäre vielleicht tugendhaft genug gewesen.

Interessanterweise können wir aus dem Profil, das wir von der Tugend erstellt haben, ersehen, dass es Grenzen dafür gibt, inwiefern man sie «vollständig» besitzen – also spontan ausüben – kann. Denn einige der Reaktionen, die sie bei Hörer:innen hervorruft, wirken nicht so, als ob sie ohne Nachdenken möglich wären: zum Beispiel die aktive Suche nach zusätzlichem unterstützenden Beweismaterial. Im Gegensatz dazu scheint proaktives Zuhören etwas zu sein, zu dessen spontaner Ausübung die eigene Zeugnissensibilität geschult werden könnte. Vielleicht funktioniert ein solches Zuhören sogar nur dann richtig gut, wenn es mit einem gehörigen Maß an Spontaneität geschieht. Eventuell ist es deshalb so, dass spontane hermeneutische Gerechtigkeit nur bei einigen tugendhaften Reaktionen möglich ist. Wo das der Fall ist, ist unsere Erklärung für diese Spontaneität die gleiche wie im Fall der Tugend der Zeugnisgerechtigkeit: Die Zeugnissensibilität der Zuhörerin ist durch individuelle und kollektive Erfahrungen so geschult, dass sie ihr Glaubwürdigkeitsurteil ohne Nachdenken korrigiert oder aussetzt. Sofern diese Tugend als eine spontane Eigenschaft erworben wurde, ist die soziale «Theorie», die die Glaubwürdigkeitsurteile der Hörerin prägt (im Hinblick auf ein hinreichend breites soziales Spektrum an Sprecher:innen), zur zweiten Natur geworden.

Wie steht es nun um die Frage, ob die Tugend der hermeneutischen Gerechtigkeit eine intellektuelle oder eine ethische Tugend ist? Wie genau sieht die Struktur der Tugend aus? Wie bei unserer Untersuchung der Tugend der Zeugnisgerechtigkeit gilt, dass die Tugend durch ihren mittelbaren Zweck bestimmt wird. Dem hermeneutisch tugendhaften Hörer gelingt es zuverlässig, dem Zweck einer psychologisch verankerten Motivation zu genügen – nämlich der Motivation, dass sein Glaubwürdigkeitsurteil die Tatsache widerspiegelt, dass die Bemühungen einer Sprecherin um verständlichen Ausdruck durch strukturelle Identitätsvorurteile im geteilten hermeneutischen Hintergrund objektiv beeinträchtigt werden. Das mittelbare Ziel der Tugend besteht also darin, *die Auswirkungen des strukturellen Identitätsvorurteils auf das eigene Glaubwürdigkeitsurteil zu neutralisieren.* Und wie sieht es mit dem Endzweck der Tugend aus? Wie bei unserer Auseinandersetzung mit der Zeugnisgerechtigkeit können wir auch hier sagen, dass es Situationen geben wird, in denen Fragen der sozialen Verständigung im Vordergrund stehen. Dann ist es angemessen, hermeneutische Gerechtigkeit als etwas zu begreifen, bei dem es letztlich um Verstehen geht, womit sie als intellektuelle Tugend figuriert. Aber es wird andere Zusammenhänge geben, in denen Verstehen weniger wichtig ist als Gerechtigkeit. In diesen Fällen zielt die Tugend auf Gerechtigkeit ab und ist mithin als ethische Tugend zu betrachten. Und schließlich wird es Kontexte geben, in denen Verstehen und Gerechtigkeit gleich wichtig sind, sodass die sinnvollste Lesart der Tugend lautet, dass sie letztendlich auf ein gemeinsames intellektuelles und ethisches Ziel ausgerichtet ist.

Wenn Greenleaf tatsächlich jener anständige Mann ist, dem Marge wichtig ist, so wie ich es dargestellt habe, dann liefern uns ihre gemeinsamen Gespräche über Marges Verdacht gegen Ripley Material, anhand dessen wir die Tugend der hermeneutischen Gerechtigkeit imaginieren können, die auf einen solchen gemeinsamen Endzweck ausgerichtet ist. Greenleaf hätte erkennen müssen, dass Marge (in der Art und Weise, wie sie sich ausdrückt) hermeneutisch marginalisiert ist, und diesem Umstand in seinem Glaubwürdigkeitsurteil irgendwie Rechnung tragen müssen. Das hätte sowohl ethischen als auch epistemischen Zwecken gedient, denn durch ein tugendhafteres Glaubwürdigkeitsurteil hätte er eine Ungerechtigkeit gegenüber einem Menschen, der ihm am Herzen liegt, abschwächen können, und vielleicht wäre es ihm dadurch sogar möglich gewesen, die wichtige Wahrheit zu begreifen, die zu vermitteln sie verzweifelt versuchte: Alles deutet auf Ripley hin. Will man feststellen, ob die Tugend der hermeneutischen Gerechtigkeit zu einem bestimmten Zeitpunkt einen intellektuellen oder ethischen Charakter hat, ist die Antwort die gleiche wie bei der Tugend der Zeugnisgerechtigkeit: Das entscheidet allein die jeweilige Situation. Manchmal tritt sie als intellektuelle Tugend auf, manchmal als ethische Tugend, und manchmal als beides zugleich. Hermeneutische Gerechtigkeit ist, genau wie Zeugnisgerechtigkeit, eine hybride Tugend – was, wie man wohl sagen kann, auf jede Tugend zutrifft, die einer epistemischen Ungerechtigkeit entgegenwirkt.

Lassen Sie uns abschließend der Tugend der hermeneutischen Gerechtigkeit eine sekundäre ethische Rolle zuerkennen, die positiv ist und bei der die Tugend eine Bedeutung erlangt, die über den Umgang des Hörers mit seiner Gesprächspartnerin bei einer bestimmten Gelegenheit hinausgeht. Auch wenn diese Tugend einen gegebenen Fall von hermeneutischer Ungerechtigkeit nur abmildern, nicht aber verhindern kann, so könnte die kollektive Ausübung der Tugend doch letztlich zur Beseitigung von hermeneutischer Ungerechtigkeit führen. Insofern die Ausübung der Tugend zumindest manchmal ein inklusiveres hermeneutisches Mikroklima für Hörer:innen und Sprecher:innen erzeugt, trägt ihre allgemeine Ausübung offensichtlich zur Entwicklung neuer Bedeutungen bei, durch die hermeneutische Lücken gefüllt werden, wodurch sie auch dazu beiträgt, die Auswirkungen von hermeneutischer Marginalisierung zu verringern. Insoweit dies der Fall ist, zielt die Ausübung der Tugend letzten Endes auf die tatsächliche Beseitigung der Ungerechtigkeit ab, die sie eigentlich nur korrigieren soll. Diese ermutigende Überlegung muss jedoch durch den Gedanken gedämpft werden, dass hermeneutische Marginalisierung im Allgemeinen vor allem aus ungleichen gesellschaftlichen Machtverhältnisse resultiert und deshalb nichts ist, was wir als tugendhafte Hörer:innen durch unser bloßes Verhalten abschaffen können. Um eine Veränderung der ungleichen Machtverhältnisse herbeizuführen, die die Bedingungen für hermeneutische Ungerechtigkeit (nämlich hermeneutische Marginalisierung) schaffen, braucht es mehr als das tugendhafte Verhalten von Einzelpersonen. Es braucht gemeinschaftliches politisches Handeln, um gesellschaftlichen Wandel zu bewirken. Die vorrangige ethische Aufgabe der Tugend der hermeneutischen Gerechtigkeit besteht also weiterhin darin, die negativen Auswirkungen von hermeneutischer Ungerechtigkeit auf Sprecher:innen abzuschwächen. In Hinblick auf gesellschaftlichen Wandel mag dies nur ein Tropfen auf den heißen Stein sein, doch in Bezug auf die Tugend des einzelnen Hörers, ganz zu schweigen davon, wie die einzelne Sprecherin diesen Austausch erlebt, ist dies der Gerechtigkeit genug.

Schluss

Das Bild, das ich gezeichnet habe, enthält zwei Arten von epistemischer Ungerechtigkeit, nämlich Zeugnisungerechtigkeit und hermeneutische Ungerechtigkeit, sowie zwei Tugenden, die in der Lage sind, diese Ungerechtigkeiten zu vermeiden beziehungswiese zu mildern: Zeugnisgerechtigkeit und hermeneutische Gerechtigkeit. Zudem habe ich dargelegt, dass diese Tugenden hybride Tugenden sind, insofern sie entweder als intellektuelle Tugenden oder als ethische Tugenden fungieren – oder auch als beides zusammen. In der Einleitung habe ich gesagt, dass eine sinnvolle Antwort auf den Niedergang des Postmodernismus darin besteht, neue Wege zu finden, wie wir uns mit der Ethik der Macht in unserem Leben als Wissende auseinandersetzen können. Dies ist eine Weise, wie man den Beitrag verstehen kann, den ich mit der Ausarbeitung der Begriffe der Zeugnisungerechtigkeit und der hermeneutischen Ungerechtigkeit zu leisten versucht habe. Vor allem aber wollte ich dadurch, dass ich dies in der Sprache der Tugend-Epistemologie getan habe, zeigen, dass eine theoretische Untersuchung mit sozial situierter Ausrichtung in Bezug auf Fragen von Wert und Wissen an einen historisch reichen, neu aufkeimenden philosophischen Denkansatz anknüpfen kann, und ich hoffe insbesondere gezeigt zu haben, dass der tugend-epistemologische Rahmen eine attraktive nicht-inferentialistische Position innerhalb der Epistemologie der Bezeugung bietet. Auf jeden Fall wurde hier der Bereich einer Ethik erster Ordnung unserer Erkenntnispraxis erkundet. Ich denke, allein der Gedanke, dass es tatsächlich eine Ethik erster Ordnung der epistemischen Praxis *gibt*, zeigt einen gangbaren Weg auf, wie unsere philosophischen Diskussionen darüber, was es bedeutet, ein Wissender oder eine Wissende zu sein, auf angemessenere Weise die Tatsache widerspiegeln könnten, dass die menschliche Existenz notwendigerweise eine sozial situierte Existenz ist.

Bei der Identifizierung von Tugenden epistemischer Gerechtigkeit aufseiten der Hörer:innen geht es unter anderem darum, eine klarere und umfassendere Vorstellung davon zu gewinnen, was in einem sozialen Kontext gutes erkenntnisbezogenes Verhalten ausmacht. Dies bedeutet aber auch, dass wir eine Grundlage für eine Konzeption der entsprechenden institutionellen Tugenden schaffen müssen – Tugenden, über die zum Beispiel Angehörige der Justiz, der Polizei und der Kommunalverwaltung sowie Arbeitgeber:innen verfügen müssen. Die Bekämpfung epistemischer Ungerechtigkeit erfordert offensichtlich, dass sowohl Institutionen als auch Einzelpersonen über die Tugenden epistemischer Gerechtigkeit verfügen. Schön wäre es, wenn die Tugenden der Zeugnisgerechtigkeit und der hermeneutischen Gerechtigkeit, so wie ich sie entwickelt habe, nicht nur auf individueller, sondern auch auf institutioneller Ebene einigermaßen funktionieren würden. Indem dieses Buch epistemische Ungerechtigkeit als ethisches Phänomen untersucht, weist es somit auch auf eine andere mögliche Art der Auseinandersetzung hin, die sich stärker mit institutionellem Handeln befasst und daher eher in einem politischen Rahmen anzusiedeln ist. Wie ich jedoch eingangs sagte, steht für unser philosophisches Verständnis von epistemischer Ungerechtigkeit das Ethische im Vordergrund, und entsprechend habe ich mich darauf konzentriert.

Die Untersuchung verschiedener Formen von epistemischer Ungerechtigkeit in Kombination mit einer sozial situierten Konzeption epistemischer Subjekte, die für eine solche Untersuchung erforderlich ist, macht deutlich, dass es so etwas wie epistemische Gerechtigkeit gibt und dass ein philosophischer Ansatz, der Fragen der sozialen Identität und Macht ausblendet, sie niemals erklären kann. Ich bin davon überzeugt, dass wir die normativen Anforderungen, die unser Leben als Wissende und Erkennende an uns stellt, nur dann vollständig verstehen können, wenn wir unseren philosophischen Blick dahingehend verändern, dass wir bis zu dem negativen Raum epistemischer Ungerechtigkeit vordringen. Das ist es, was ich in diesem Buch zu tun versucht habe.

Anmerkungen

Vorwort

1 *Metaphilosophy* 34:1/2 (2003), S. 154–173; nachgedruckt in: M. Brady und D. Pritchard (Hg.), *Moral and Epistemic Virtues*, Oxford: Blackwell, 2003, S. 139–158.
2 *Proceedings of the Aristotelian Society* 98:2 (1998), S. 159–177.
3 *Episteme* 3:1–2 (2006), S. 96–108.

Einleitung

1 Diesen Standpunkt vertrete ich in «Pluralism without Postmodernism», in: M. Fricker und J. Hornsby (Hg.), *The Cambridge Companion to Feminism in Philosophy*, Cambridge: Cambridge University Press, 2000.
2 «Sozial situiert»: Dieser Begriff ist in der feministischen Philosophie weit verbreitet, doch soweit ich weiß, hat Donna Haraway ihn als Erste verwendet, vgl. Donna Haraway, «Situiertes Wissen. Die Wissenschaftsfrage im Feminismus und das Privileg einer partialen Perspektive», in: dies. (Hg.), *Die Neuerfindung der Natur. Primaten, Cyborgs und Frauen*, Frankfurt am Main u. a.: Campus 1995, S. 73–97. PDF: https://monoskop.org/images/2/2c/Haraway_Donna_1988_1995_Situiertes_Wissen.pdf.
3 Anm. d. Übers.: Der Begriff bei Fricker lautet «testimony» bzw. »testimonies». Er wird im Folgenden alternierend mit «Zeugnis», «Zeugenaussage» oder «Bezeugung» übersetzt. Fricker meint damit (Sprech-) Akte, in denen Erfahrungsurteile mit Wissensanspruch artikuliert werden. Es geht also um Akte der Bezeugung oder des Zeugnis-Ablegens im weiten Sinne.
4 «Tugend der Wahrheit» ist ein Begriff von Bernard Williams. Vgl. Bernard Williams, *Wahrheit und Wahrhaftigkeit*, Berlin: Suhrkamp, 2013, S. 19 f.

1 Zeugnisungerechtigkeit

1 Anthony Minghella, *The Talented Mr Ripley. Based on Patricia Highsmith's Novel*, London: Methuen, 2000, S. 130.

2 Michel Foucault, «Wie wird Macht ausgeübt?», in: Hubert L. Dreyfus/Paul Rabinow, *Michel Foucault. Jenseits von Strukturalismus und Hermeneutik*, Frankfurt am Main: Athenäum, 1987, S. 251–261, Zitat auf S. 254.

3 «Der ‹Delinquent› verknüpft nun gerade diese beiden Linien [zwei Erscheinungen, die das Strafsystem geschaffen hat: das moralische oder politische ‹Monster› und das rehabilitierte Rechtssubjekt] und stellt unter dem Schutz der Medizin, der Psychologie und der Kriminologie ein Individuum dar, in dem der Rechtsbrecher und das Objekt einer gelehrten Technik – beinahe – eins werden.» Michel Foucault, *Überwachen und Strafen. Die Geburt des Gefängnisses*, Frankfurt am Main: Suhrkamp, 1976, S. 328.

4 «[Menschen] befinden sich immer in der Situation, diese Macht zugleich zu erfahren und auszuüben [...]. Anders gesagt: Die Individuen sind die Träger von Macht und nicht deren Anwendungspunkte», in: Michel Foucault, *Power/Knowledge: Selected Interviews and Other Writings 1972–1977*, herausgegeben von C. Gordon, Hemel Hempstead: Harvester Wheatsheaf, 1980, S. 198.

5 Thomas E. Wartenberg, «Situated Social Power», in: Thomas Wartenberg (Hg.), *Rethinking Power*, Albany, NY: State University of New York Press, 1992, S. 79–101.

6 «Macht ist niemals hier oder dort, befindet sich nie in den Händen von irgendjemandem, wird nie als Ware oder als Vermögen angeeignet. Macht wird mittels einer netzartigen Organisationsform eingesetzt und ausgeübt. Und die Individuen bewegen sich nicht nur zwischen den Fäden; sondern sie sind immer in der Position, diese Macht gleichzeitig zu erfahren und auszuüben.» Foucault, *Power/Knowledge*, S. 98.

7 Vgl. Steven Lukes, *Power: A Radical View*, London: Macmillan, 1974.

8 Wartenberg, «Situated Social Power», S. 89.

9 Minghella, *The Talented Mr. Ripley*, S. 130.

10 In dem Aufsatz «Why Female Intuition?», in: *Women: A Cultural Review*, 6:2 (1995), S. 234–248, vertrete ich die Auffassung, dass Intuition keine Quelle kognitiven Scheiterns ist, sondern vielmehr eine wichtige Erkenntnisressource darstellt. Eine kürzere Fassung ohne eine eigene Erörterung der weiblichen Intuition trägt den Titel «Intuition and Reason» und ist erschienen in: *Philosophical Quarterly* 45:179 (1995), S. 181–189.

11 In der Erkenntnistheorie der Zeugenschaft gibt es zwei bekannte Sichtweisen. Die erste ist die von Thomas Reid, wonach wir beim Austausch von

Zeugnissen ganz selbstverständlich die gegensätzlichen Prinzipien der Aufrichtigkeit und Gutgläubigkeit anwenden (siehe Thomas Reid, *Inquiry into the Human Mind*, Kap. 6, Abschnitt xxiv: «Of the Analogy between Perception and the Credit We Give to Human Testimony» – erstmals 1764 veröffentlicht). Die zweite Position, von Tyler Burge, ist die Auffassung, dass wir *ceteris paribus* von vornherein das Recht haben, das zu glauben, was andere uns sagen (siehe «Content Preservation», in: *Philosophical Review* 102:4, 1992, S. 457–488). Ich werde diese Ansichten in Kapitel 3 erörtern, wenn ich das Phänomen der Ungerechtigkeit bei Bezeugungen allgemeiner in der Epistemologie der Zeugenschaft verorte.

12 Ich habe Verständnis für Coadys Zweifel daran, dass es diesbezüglich keine präzise wissenschaftliche Methode gibt, kein «Kriterium für die Glaubwürdigkeit», um zu bestimmen, welches Maß an Überzeugtheit seitens des Zuhörers angemessen ist (siehe C. A. J. Coady, *Testimony: A Philosophical Study*, Oxford: Clarendon Press, 1992, S. 210).

13 Ich danke Hugh Mellor für dieses Beispiel, das ich etwas weiter ausgeführt habe.

14 In «Rational Authority and Social Power: Towards a Truly Social Epistemology», in: *Proceedings of the Aristotelian Society* 98:2 (1998), S. 159–177, habe ich die Angelegenheit so beschrieben, als ob sowohl Defizit als auch Überschuss Fälle von epistemischer Ungerechtigkeit wären (die einzige Sorte, die ich damals berücksichtigt habe, war, was ich hier spezifischer als Zeugnisungerechtigkeit bezeichne). Doch aufgrund der Überlegungen, die ich im vorliegenden Buch anstelle, habe ich meine Meinung geändert. Außerdem verwende ich nun den Glaubwürdigkeitsbegriff in einem allgemeineren Sinne, als ich es in jenem Aufsatz getan habe.

15 David Hume, *Ein Traktat über die menschliche Natur*, Hamburg: Meiner, 2013, Buch 3, Abschnitt 2.

16 Harper Lee, *Wer die Nachtigall stört …*, Reinbek bei Hamburg: Rowohlt Taschenbuch Verlag, 2021 (8. Aufl.), S. 310 f. [Übersetzung leicht verändert]

17 Lee, *Wer die Nachtigall stört*, S. 313 f.

18 Ebd., S. 325. Die Auslassungssterne stehen nicht in der angegebenen Übersetzung, sondern wurden hier hinzugefügt.

19 Ebd., S. 327.

20 Ebd., S. 77.

2 Vorurteile in der Glaubwürdigkeitsökonomie

1 Siehe z. B. Charles Stangor (Hg.), *Stereotypes and Prejudice: Essential Readings*, Philadelphia: Psychology Press, 2000; C. Neil Macrae/Charles Stangor/Miles Hewstone (Hg.), *Stereotypes and Stereotyping*, New York/London: The Guilford Press, 1996; Craig McGarty/Vincent Y. Yzerbyt/Russell Spears (Hg.), *Sterotypes as Explanations: The Formation of Meaningful Beliefs about Social Groups*, Cambridge: Cambridge University Press, 2002.

2 Vgl. die Definition von Jacques-Philippe Leyens, Vincent Y. Yzerbyt und Georges Schadron als «geteilte Überzeugungen bezüglich der Eigenschaften – in der Regel geht es um Persönlichkeitsmerkmale, aber oft auch um Verhaltensweisen – einer bestimmten Personengruppe», in: *Stereotypes and Social Cognition*, London: Sage Publications, 1994, S. 11. Eine dermaßen doxastische Auslegung dessen, was es heißt, einem Stereotyp anzuhängen, dürfte zu eng gefasst sein, zumindest für unsere Zwecke.

3 Man denke an Lawrence Blums Deutung von Stereotypen als falsche und negative Assoziationen zwischen einer Gruppe und einem Merkmal. Diese stellen sicherlich die ethisch problematischste Art von Stereotypisierung dar und passen daher sehr gut in die Analyse dessen, was an der Stereotypisierung von Menschen moralisch falsch ist; für unsere Zwecke wäre das jedoch zu eng gefasst. Was Blum als Stereotype bezeichnet, bezeichne ich als vorurteilsbehaftete negative Identitätsstereotype. Siehe Blum, «Stereotypes and Stereotyping: A Moral Analysis», in: Ward E. Jones/Thomas Martin (Hg.), *Immoral Believing*, Sonderausgabe der *Philosophical Papers*, 33:3 (November 2004), S. 251–289.

4 Shelley E. Taylor, «The Availability Bias in Social Perception and Interaction», in: D. Kahneman/P. Slovic/A. Tversky (Hg.), *Judgement under Uncertainty: Heuristics and Biases*, Cambridge: Cambridge University Press, 1982, S. 190–200, hier S. 198. Siehe auch Daniel Kahneman/Amos Tversky, «On the Psychology of Predication», in: *Psychological Review*, 80 (1973), S. 237–251; und Tversky/Kahneman, «Judgment under Uncertainty: Heuristic and Biases», in: *Science*, 185 (1974), S. 1124–1131.

5 Für eine Darstellung, die Vorurteile unabhängig von der Vorstellung definiert, dass sie eine Fehleinschätzung seitens des Subjekts beinhalten, siehe Rupert Brown, *Prejudice: Its Social Psychology*, Oxford: Blackwell, 1995. Er definiert Vorurteile einfach als «eine negative Einstellung, Emotion oder ein negatives Verhalten gegenüber den Mitgliedern einer Gruppe aufgrund ihrer Zugehörigkeit zu dieser Gruppe» (S. 14; siehe auch S. 8). Je nachdem, wie man sie interpretiert, besteht das offensichtliche Problem einer derart weit gefassten Definition darin, dass sie eine Person als voreingenommen be-

zeichnen würde, die eine negative Einstellung gegenüber Mitgliedern einer neonazistischen Partei hat, eben weil sie Mitglied in dieser Partei sind – was die meisten Menschen nicht als Vorurteil bezeichnen würden. In der Sozialpsychologie mag es durchaus methodologische Überlegungen geben, die für die Annahme einer so weit gefassten Definition sprechen, aber aus philosophischer Sicht ist es ein Fehler, den Zusammenhang zwischen Vorurteil und Fehleinschätzung zu kappen.

6 Siehe Thomas Nagel, «Moralische Kontingenz», in: *Letzte Fragen*, herausgegeben von Michael Gebauer, Darmstadt: Wissenschaftliche Buchgesellschaft, 1996, S. 45–63. Der Text war eine Replik auf den gleichnamigen Aufsatz von Bernard Williams (Bernard Williams, «Moral Luck» in: *Philosophical Papers 1973–1980*, Cambridge: Cambridge University Press, 1981). Beide Essays erschienen ursprünglich in *Proceedings of the Aristotelian Society*, Supp. Bd. 50 (1976). Für eine Diskussion der Analogie zwischen moralischer und epistemischer Kontingenz siehe Daniel Statman, «Moral and Epistemic Luck», in: *Ratio*, 4 (Dezember 1991), S. 146–156.

7 Nomy Arpaly, *Unprincipled Virtue: An Inquiry into Moral Agency*, Oxford: Oxford University Press, 2003, S. 103.

8 Lippmann, Walter, *Die öffentliche Meinung*, Frankfurt am Main: Westend, 2018; erstmals 1922 veröffentlicht.

9 Ein Verdienst der Idee des «sozialen Imaginären» [*social imaginary*] besteht darin, dass sie erklärt, wie es kommt, dass wir widersprüchlichen Ideen und/oder Bildern ungewollt kognitiv Raum geben. So sagt zum Beispiel Moira Gatens: «Manche […] unterstützen und verteidigen ohne nachzudenken ein sexuell Imaginäres [*sexual imaginary*], dem zufolge Frauen ein Paradox verkörpern: Einerseits betrachtet man sie als freie und rationale Mitglieder eines demokratischen Gemeinwesens, andererseits als Geschöpfe, die der ‹natürlichen› Autorität der Männer untergeordnet sind.» Moira Gatens, *Imaginary Bodies: Ethics, Power and Corporeality*, London: Routledge, 1996, S. 141. Ich verwende den Begriff des sozialen Imaginären jedoch nicht, da ich der Meinung bin, dass man ihn nur sehr schwer von seinen psychoanalytischen Wurzeln lösen kann; man muss also den Begriff mehr oder weniger neu entwickeln, um ihn unabhängig von einer psychoanalytischen Theorie zu verwenden, auf die man sich möglicherweise nicht verpflichten möchte. Eine solche Neuschöpfung ist eine interessante Sache, aber für unsere Zwecke ist der weniger theoretisch gefärbte Begriff der sozialen Imagination bzw. der sozialen Vorstellungskraft unkomplizierter. (Die Idee des sozialen Imaginären geht auf Cornelius Castoriadis zurück, vgl. z. B. *World in Fragments: Writings on Politics, Society, Psychoanalysis, and the Imagination*, Stanford, Kalifornien: Stanford University Press, 1997.) Für eine Darstellung der verschiedenen Weiterentwicklungen des Begriffs durch

feministische Autorinnen siehe Susan James, «Freedom and the Imaginary», in: Susan James/Stephanie Palmer (Hg.), *Visible Women: Essays on Feminist Legal Theory and Political Philosophy*, Oxford/Portland, Oregon: Hart Publishing, 2002, S. 175–195.

10 Shklar, Judith, *Über Ungerechtigkeit. Erkundungen zu einem moralischen Gefühl*, übers. von Christiana Goldmann, Berlin: Matthes & Seitz, 2021, S. 31.

11 Für dieses Beispiel bedanke ich mich bei Penelope Mackie.

12 Siehe Alvin Goldman, *Knowledge in a Social World*, Oxford: Clarendon Press, 1999.

13 Siehe Onora O'Neill, «Vindicating Reason», in: Paul Guyer (Hg.), *The Cambridge Companion to Kant*, Cambridge: Cambridge University Press, 1992, sowie dies., *Constructions of Reason: Explorations of Kant's Practical Philosophy*, Cambridge: Cambridge University Press, 1989, Kapitel 1 und 2. Axel Gelfert hat sich in einem Aufsatz mit Kants Auffassung vom Zeugnis und dessen Beziehung zur Herrschaft der Vernunft befasst, sowohl begrifflich als auch im Hinblick auf die gesellschaftlichen Einrichtungen. Interessanterweise scheint Kant übermäßigem Unglauben eine moralische Dimension zuzuschreiben (das betrifft z. B. jemanden, der sich weigert, etwas als wahr zu akzeptieren, es sei denn, es liegen theoretisch schlüssige Gründe vor). Aber er definiert diese moralische Dimension nicht in Bezug auf den Schaden, der der Sprecherin zugefügt wird, sondern eher in Bezug auf den Würdeverlust des Hörers, der sich nicht in moralisch angemessener Weise für die Aufrechterhaltung jener allgemeinen Vertrauenspraktiken einsetzt (von denen Versprechen die offensichtlichste ist), die für das soziale Miteinander wesentlich sind. S. Axel Gelfert, «Kant on Testimony», in: *British Journal for the History of Philosophy*, 14:4 (2006), S. 627–652.

14 Harper Lee, *Wer die Nachtigall stört*, S. 325.

15 Elisabeth Young-Bruehl, *The Anatomy of Prejudices*, Cambridge, Mass.: Harvard University Press, 1996, S. 344 und S. 364.

16 Thomas Hobbes, *Leviathan*, übers. von Walter Euchner, Berlin: Suhrkamp, 2011, Kapitel 7, S. 68 und S. 69.

17 Die Veranstaltungen wurden vom Cambridge Programme for Industry und dem College New Hall der University of Cambridge organisiert. Ich danke Melissa Lane und ihren Mitorganisator:innen für die Gelegenheit zur Teilnahme.

18 Linda Martín Alcoff, «On Judging Epistemic Credibility: Is Social Identity Relevant?», in: Naomi Zack (Hg.), *Women of Color and Philosophy*, Oxford: Blackwell, 2000, Kapitel 10; das Zitat steht auf S. 248, die Kursivierung ist hinzugefügt.

19 Ich gehe davon aus, dass er seine unbegründeten Vorwürfe guten Glaubens erhoben hat. Doch falls die Vorwürfe auch aus seiner Sicht frei erfunden

waren, hat er der Professorin zwar schweres Unrecht getan, aber es handelt sich nicht um Zeugnisungerechtigkeit. Diese setzt voraus, dass der Hörer die Glaubwürdigkeit der Sprecherin tatsächlich als zu gering erachtet.

20 Bei Keith Lehrer, der Wissen im Sinne eines kohärenzorientierten Ansatzes versteht, wonach es vom Selbstvertrauen des Individuums abhängt, gibt es einen ganz unmittelbaren Zusammenhang zwischen der Erosion epistemischen Vertrauens und der Fähigkeit, über Wissen zu verfügen. (Ich gehe davon aus, dass der Verlust von epistemischem Vertrauen gleichbedeutend ist mit dem Verlust epistemischen Selbstvertrauens beziehungsweise diesen nach sich zieht). S. Keith Lehrer, *Self-Trust: A Study of Reason, Knowledge, and Autonomy*, Oxford: Clarendon Press, 1997.

21 James A. Montmarquet, *Epistemic Virtue and Doxastic Responsibility*, Lanham, Md.: Rowman and Littlefield, 1993, S. 23.

22 Ich verwende den Begriff des Zeugnisses hier in einem erweiterten Sinne, der nicht nur alle möglichen Arten des Erzählens umfasst, sondern auch die Fälle, in denen einem Gesprächspartner gegenüber Urteile, Ansichten und Meinungen geäußert werden. Ich denke, dass der wahre Stellenwert von Zeugnisungerechtigkeit im menschlichen Austausch diese umfassendere Verwendung erlaubt, obwohl die ethische Struktur und auch die Epistemologie der Zeugnisungerechtigkeit am deutlichsten dann zum Tragen kommen, wenn etwas erzählt wird, da der wesentliche kommunikative Sinn des Erzählens die Weitergabe von Wissen ist.

23 Simone de Beauvoir, *Memoiren einer Tochter aus gutem Hause*, Reinbek bei Hamburg: Rowohlt, 1960, S. 329 f.

24 In dem Text «Life-Story in Beauvoir's Memoirs», in: Claudia Card (Hg.), *The Cambridge Companion to Simone de Beauvoir*, Cambridge: Cambridge University Press, 2003, habe ich mich näher mit ihren Gründen dafür beschäftigt.

25 Bernard Williams, *Wahrheit und Wahrhaftigkeit*, S. 289 f.

26 Ebd., S. 292. Williams fährt mit der Behauptung fort, dass «ähnliche Faktoren uns dabei helfen können, unsere Wünsche und Begierden zu formen», aber ich bin mir nicht sicher, welche Faktoren das sein sollen. Es gibt die verbreitete Vorstellung, dass der Druck, nur denjenigen Propositionen gegenüber eine Glaubenshaltung einzunehmen, die es verdienen, dazu führt, dass man keine Dinge glauben sollte, die bloß eine Haltung des Begehrens verdienen. Daher der grundlegende soziale Druck, luftige Fantasien im Denken zu vermeiden und geistige Festigkeit zu erlangen. Wenn sich Williams' Bemerkung aber insbesondere auf die Entstehung von Begierden bezieht, dann geht es vielleicht darum, dass uns die Anwesenheit und die Anforderungen von vertrauenswürdigen Gesprächspartnern helfen, unsere Begierden zu gestalten und zu stabilisieren, weil sie sie auf den aufrichtigen Ausdruck dieser Begierden ausrichtet.

27 Williams, *Wahrheit und Wahrhaftigkeit*, S. 305. Der Zusammenhang zwischen geistiger Gefestigtheit und dem Umstand, dass sich andere auf ein gewisses Maß an Beständigkeit der eigenen Behauptungen und Handlungen verlassen können, legt nahe, dass eine interne Beziehung besteht zwischen der Entwicklung zu einem denkenden und sprechenden Subjekt und der Entwicklung zu einem *ethischen* Subjekt. Sabina Lovibond befasst sich mit der Annahme, dass ein solcher innerer Zusammenhang zwischen dem, dass man meint, was man sagt, und der Entwicklung eines verantwortlichen Selbst besteht. Ihr zufolge lernt man, ein «Autor» der eigenen Worte zu sein – man lernt, «es ernst zu meinen» – und zwar durch «Beherrschung der sozialen Praxis des Argumentierens und Begründens» (S. 85). Dazu gehört, dass man Verantwortlichkeit erlangt, sodass «wir nur das sagen, wofür wir Rechenschaft abzulegen bereit sind» (S. 84). Siehe Sabina Lovibond, *Ethical Formation*, Cambridge, Mass.: Harvard University Press, 2002, Kapitel 4.

28 Im Zusammenhang mit der Herausbildung des psychiatrischen Diskurses über den «Delinquenten» etwa lässt sich unschwer erkennen, inwiefern Macht nicht nur repressiv, sondern auch produktiv sein kann. Macht kann erstens die begriffliche und diskursive Neuerung selbst hervorbringen, sodass die Vorstellung einer bestimmten sozialen Identität geschaffen wird (der «Kriminelle»); und zweitens ist sie am Werk, wenn Menschen dahingehend kategorisiert werden, dass sie konstitutiv und vielleicht sogar kausal als Delinquenten konstruiert werden. Begriffe wie «Delinquent» oder «Perverser», die neue Mittel der Kategorisierung und institutionellen Organisation sind, machen einen bestimmten sozialwissenschaftlichen Diskurs – den der Psychologie und Kriminologie – zu dessen eigenen Gegenstand und tragen so dazu bei, diesen Diskurs als wissenschaftlich zu etablieren; siehe Michel Foucault, *Überwachen und Strafen*, S. 328.

29 Um soziale Konstruktion geht es ebenfalls bei Rae Langton, «Subordination, Silence, and Pornography's Authority», in: Robert Post (Hg.), *Censorship and Silencing: Practices of Cultural Regulation*, Los Angeles: Getty Research Institute for the History of Art and the Humanities, 1998, S. 261–284; sowie Sally Haslanger, «Ontology and Social Construction», in: S. Haslanger (Hg.), *Philosophical Topics: Feminist Perspectives on Language, Knowledge, and Reality*, 23:2 (1995), S. 95–125.

30 Offenbar waren bestimmte Aspekte der in dieser Studie verwendeten Methode zunächst umstritten, haben sich aber später als korrekt erwiesen. Eine kurze Darstellung dieses Sachverhalts findet sich in: Lee Jussim/Christopher Fleming, «Self-fulfilling Prophecies and the Maintenance of Social Stereotypes: The Role of Dyadic Interactions and Social Forces», in: C. Neil Macrae/Charles Stangor/ Miles Hewstone (Hg.), *Stereotypes and Stereotyping*, New York/London: The Guilford Press, 1996, S. 161–192.

31 Robert Rosenthal/Lenore Jacobson, *Pygmalion in the Classroom: Teacher Expectation and Pupils' Intellectual Development*, New York: Holt, Rinehart and Winston Inc., 1968, S. vii-viii; s. insbesondere die Kapitel 6 und 7. Richard Nisbett und Lee Ross zitieren auch spätere Studien, die «besonders überzeugende Beweise für die Tendenz der Menschen liefern, anderen ein Verhalten entsprechend ihren ursprünglichen Hypothesen zu entlocken» (*Human Inference: Strategies and Shortcomings of Social Judgement* (Englewood Cliffs, NJ: Prentice-Hall, 1980). Eine besonders aussagekräftige Studie ist die von M. Snyder, E. D. Tanke und E. Berscheid: «Social Perception and Interpersonal Behavior: On the Self-fulfilling Nature of Social Stereotypes», in: *Journal of Personality and Social Psychology*, 35 (1977), S. 656 f. Für eine aktuellere Übersicht über ähnliche Studien, die die selbsterfüllende Tendenz von Stereotypen belegen, siehe Jussim/Fleming, «Self-fulfilling Prophecies and the Maintenance of Social Stereotypes», in: Macrae/Stangor/Hewstone (Hg.), *Stereotypes and Stereotyping.*

32 Siehe Claude M. Steele/Joshua Aronson, «Stereotype Threat and the Intellectual Test Performance of African Americans», in: Stangor (Hg.), *Stereotypes and Prejudice*, S. 369–389.

33 Iris Marion Young, «Five Faces of Oppression», in: Thomas E. Wartenberg (Hg.), *Rethinking Power*, S. 175–176.

34 Sandra Lee Bartky, «On Psychological Oppression», in: dies., *Femininity and Domination: Studies in the Phenomenology of Oppression*, New York/London: Routledge, 1990, S. 30.

3 Bezeugungen im Licht der Tugend-Epistemologie

1 An dieser Stelle sollte nicht unerwähnt bleiben, dass C. A. J. Coady in seinem bahnbrechenden Buch *Testimony. A Philosophical Study*, Oxford: Clarendon Press, 1992, den illokutionären Zweck der Bezeugung nicht als Wissensvermittlung, sondern als Bereitstellung von Beweisen interpretiert. Er stellt die Vermittlung von Wissen als einen besonders gelungenen Fall von Beweiserbringung dar. Aber in meinen Augen ist das etwas weit hergeholt. Nehmen wir an, meine Gesprächspartnerin fragt mich, wann ich geboren wurde, und ich nenne ihr mein Geburtsdatum – dies als einen *Beweis* zu bezeichnen, überfrachtet den Gedanken, dass aus Bezeugungen gewonnenes Wissen unmittelbar oder nicht-inferentiell sein kann (also nicht aus Schlussfolgerungen gewonnen wurde), und genau das will Coady in erster Linie zeigen.

Coady berücksichtigt diesen Einwand und erklärt, dass der von ihm angestrebte Beweisbegriff erkenntnistheoretisch extrem sparsam ist. Zudem besteht ihm zufolge der allgemeinere illokutionäre Zweck einer Zeugenaussage darin, zu informieren, genau wie beim Behaupten, Widersprechen oder Argumentieren; das Erbringen von Beweisen ist eben die charakteristische Weise, wie Zeugnisse dies tun (S. 43). Aber meines Erachtens ist es sehr schwer, den Begriff des Beweises so minimalistisch zu interpretieren, wie Coady es gern hätte, und die Behauptung, dass die Sprecherin ihr Wort als einen Beweis «anbietet», scheint am Normalfall psychologisch ziemlich vorbeizugehen. Coady orientiert sich in seinen Ausführungen zur alltäglichen, informellen Zeugenaussage an der offiziellen Zeugenaussage im Gerichtssaal, und man könnte meinen, er nähme zu Recht an, dass dies die Auffassung unterstützt, der Zweck der informellen Zeugenaussage sei das Bereitstellen von Beweisen. Ich glaube nicht, dass dies stimmt. Gewiss, wenn Zeugen vor Gericht aussagen, geben sie Beweise. Aber die meisten Zeugenaussagen im Gerichtssaal werden angefordert, weil sie sich auf eine *andere* Angelegenheit beziehen, die das Gericht zu klären hat (ist der Angeklagte schuldig im Sinne der Anklage?). Es ist völlig offen, ob die Aussage eines Zeugen, *dass p*, auch als *Beweis für p* aufgefasst werden sollte. Es wirkte in Bezug auf eine informelle Zeugenaussage seltsam, und jetzt erscheint es auch im Hinblick auf eine offizielle Zeugenaussage seltsam. Zweifellos besteht der verfahrenstechnische oder institutionelle Zweck einer formellen Zeugenaussage darin, Beweise zu erbringen, aber der illokutionäre Zweck kann auch schlicht und einfach darin bestehen, Wissen weiterzugeben.

2 Die wichtigste historische Vorlage für die inferentialistische Sichtweise ist sicherlich Hume; siehe David Hume, *Untersuchung über den menschlichen Verstand*, Kap. 10 (erstmals 1739 veröffentlicht). Allerdings ist hier etwas Vorsicht angebracht. In meinen Augen stellt es ein schlechtes interpretatives Vorgehen dar anzunehmen, dass die inferentialistische Sichtweise, die Hume zu einigen erstaunlichen Berichten formuliert hat, eine allgemeine Position zum Thema Zeugnis darstellt (das Einzige, was er über Zeugnisse geschrieben hat, ist «Über Wunder»). Man kann sich problemlos eine andere Sichtweise vorstellen, die ihm genauso entsprochen und die er hinsichtlich der Epistemologie alltäglicher, weniger erstaunlicher Berichte vertreten hätte; nämlich dass der menschliche Verstand durch Erfahrung darauf konditioniert ist, von der Aussage eines Sprechers, dass *p*, spontan zur Wahrheit von *p* zu gelangen. Michael Welbourne plädiert dafür, Hume so zu deuten, dass er sich für eine solche assoziative Voreinstellung zugunsten des Glaubens stark macht (s. Michael Welbourne, *Knowledge*, Chesham, Bucks: Acumen, 2001, Kap. 5); Paul Faulkner warnt davor, Hume für einen skeptischen Reduktionisten zu halten (siehe Paul Faulkner, «David Hume's Reductionist Epistemology of Testimony», in: *Pacific Philosophical Quarterly*, 79 (1998),

S. 302–313); während Robert Fogelin meint, dass Hume in dieser Frage eine neutrale Haltung einnimmt (s. Robert Fogelin, *A Defense of Hume On Miracles*, Princeton: Princeton University Press, 2003, S. 90, Anm. 3). Zu neueren inferentialistischen Ansätzen siehe Elizabeth Fricker, «Against Gullibility», in: B. K. Matilal/A. Chakrabarti (Hg.), *Knowing from Words: Western and Indian Philosophical Analysis of Understanding and Testimony*, Dordrecht: Kluwer, 1994 und «Second-hand Knowledge», in: *Philosophy and Phenomenological Research*, 73:3, S. 592–618; Jack Lyons, «Testimony, Induction and Folk Psychology», in: *Australasian Journal of Philosophy*, 75:2 (1997), S. 163–177; und Peter Lipton, «The Epistemology of Testimony», in: *Studies in History and Philosophy of Science*, 29 (1998), S. 1–31.

3 Die Ansicht, dass wir von Natur aus dazu neigen zu glauben, was andere uns erzählen, wurde in der Vergangenheit maßgeblich von Thomas Reid vertreten; siehe *An Inquiry into the Human Mind on the Principle of Common Sense* (erstmals 1764 veröffentlicht), Kap. 6, Abschnitt xxiv, «Of the Analogy between Perception and the Credit We Give to Human Testimony». Die beiden Prinzipien der «Leichtgläubigkeit» und der «Wahrhaftigkeit», die Gott unserer Natur eingepflanzt hat, sorgen zusammengenommen dafür, dass wir berechtigt sind zu glauben, was uns erzählt wird, es sei denn, die Erfahrung des reifen Subjekts gibt in einem bestimmten Fall Anlass zu Zweifel. Für einige neuere nicht-inferentialistische Ansätze siehe Coady, *Testimony. A Philosophical Study*; John McDowell, «Knowledge by Hearsay», in: *Meaning, Knowledge, and Reality*, Cambridge, Mass.: Harvard University Press, 1998, Essay 19. Eine kommunitaristische, nicht-inferentialistische Position findet sich bei Martin Kusch, *Knowledge by Agreement: The Programme of Communitarian Epistemology*, Oxford: Oxford University Press, 2002, Teil I.

4 Die Ansicht, dass eine standardmäßige Akzeptanz a priori gerechtfertigt ist, vertritt Tyler Burge in: «Content Preservation», in: *Philosophical Review*, 102:4 (Oktober 1992), S. 457–488; siehe auch «Interlocution, Perception, and Memory», in: *Philosophical Studies*, 86 (1997), S. 21–47.

5 Coady, *Testimony*, S. 122 f.

6 McDowell, «Knowledge by Hearsay», S. 415. Er geht davon aus, dass der Inferentialismus verlangt, dass ein solcher Beweis die Hörerin mit *Wissen* über das Gesagte ausstattet; aber das wäre eine besonders strenge Form von Inferentialismus, da sie voraussetzt, dass man über einen Beweis verfügt, der den Wahrheitsgehalt dessen, was einem gesagt wird, gewährleistet. Ein moderaterer Inferentialismus würde lediglich voraussetzen, dass der Beweis die Hörerin mit einer *Rechtfertigung* dafür ausstattet zu glauben, was ihr erzählt wird. Mir scheint daher, dass eines der Hauptargumente von McDowell gegen den Inferentialismus – nämlich dass dem Hörer niemals ein Beweis zur Verfügung stünde, der belastbar genug wäre, um eine entspre-

chende Gewähr zu bieten – gegenüber dem moderateren Inferentialismus unwirksam ist.

7 Siehe Burge, «Content Preservation», S. 468.

8 Burge versucht, sich mit einer formalen Begründung aus der Affäre zu ziehen: «Eine der Hauptaufgaben der Vernunft ist die Wahrheitsfindung, ungeachtet persönlicher Sonderinteressen. Lügen ist manchmal insofern rational, als es den Interessen des Lügenden entgegenkommt. Aber das Lügen verursacht eine Unstimmigkeit zwischen den einzelnen Instanzen der Vernunft. Es steht im Widerspruch zu der überpersönlichen Aufgabe der Vernunft, losgelöst von individuellen Interessen die Wahrheit zu vermitteln.» (ebd. S. 475). Diese Argumentation ist jedoch unzureichend und kann lediglich so etwas wie die Ansicht stützen, dass die Wahrheit zu sagen dem Lügen strukturell vorausgeht, was sicherlich der Fall ist. Aus dieser Vorrangigkeit folgt, dass es keine Gesellschaft geben kann, in der auf Bezeugungen generell kein Verlass ist; aber daraus folgt nicht, dass wir berechtigt sind, unter sonst gleichen Bedingungen von Wahrhaftigkeit auszugehen, selbst wenn wir zugestehen, dass der an sich nur für eine hohe Ebene der Idealisierung zu gelten braucht. Denn es bleibt die unbequeme Tatsache, dass die begriffliche Verbindung, die in einem beliebigen Fall zum Tragen kommt, nicht die zwischen Vernunft und Wahrhaftigkeit ist, sondern die zwischen Vernunft und Verlogenheit.

9 McDowell, «Knowledge by Hearsay», S. 430.

10 Ebd., S. 437 f.

11 Burge, «Content Preservation», S. 469.

12 Coady, *Testimony*, S. 47.

13 Robert Audi, *Epistemology: A Contemporary Introduction to the Theory of Knowledge*, London: Routledge, 1998, S. 133.

14 Thomas Hobbes, *Leviathan*, übers. von Walter Euchner Berlin: Suhrkamp, 2011, Kapitel 7, S. 68 f.

15 Martha Nussbaum, «The Discernment of Perception: An Aristotelian Conception of Private and Public Rationality», in: *Love's Knowledge: Essays on Philosophy and Literature*, Oxford: Oxford University Press, 1990, S. 74.

16 John McDowell, «Tugend und Vernunft», in: ders., *Wert und Wirklichkeit. Aufsätze zur Moralphilosophie*, Frankfurt am Main: Suhrkamp, 2002, S. 84.

17 Siehe Cora Diamond, «Wittgenstein, Mathematics and Ethics: Resisting the Attractions of Realism», in: Hans Sluga/David Stern (Hg.), *The Cambridge Companion to Wittgenstein*, Cambridge: Cambridge University Press, 1996, S. 226–260; sowie Sabina Lovibonds Replik in ihrem Buch *Ethical Formation*, Cambridge, Mass./London: Harvard University Press, 2002, Kapitel 2.

18 Iris Murdoch, «The Idea of Perfection», in: *The Sovereignty of Good*, London: Routledge, 1970, S. 28.

19 Coady, *Testimony*, S. 210 f.

20 Siehe z. B. Luc Bovens/Stephan Hartmann, *Bayesianische Erkenntnistheorie*, Paderborn: mentis, 2006. In Kapitel 5 entwerfen sie ein Modell für «So seltsam, dass es wahr sein muss»-Erwägungen, dem zufolge wir einer ungewöhnlichen Geschichte, die von mehreren unabhängigen Zeugen erzählt wird, mehr Glaubwürdigkeit zugestehen als einer weniger außergewöhnlichen Geschichte, die mehrere unabhängige Zeugen erzählen.

21 Eine aufschlussreiche Diskussion, die bestimmte Normen in Bezug auf erstaunliche Berichte vorstellt, insbesondere in Kontexten, in denen Vorurteile im Spiel sein könnten, findet sich in «The Politics of Credibility» von Karen Jones, in: Louise M. Antony/Charlotte E. Witt (Hg.), *A Mind of One's Own: Feminist Essays on Reason and Objectivity*, Boulder, Colorado: Westview Press, 2002. Auch Jones ist sich darüber im Klaren, dass solche Grundsätze zwar in «endgültige Beurteilungen der Glaubwürdigkeit» einfließen, diese aber nicht bestimmen. Letztendlich bleiben Glaubwürdigkeitsurteile eine Frage des Urteilsvermögens.

22 John McDowell, *Wert und Wirklichkeit*, Frankfurt am Main: Suhrkamp, 2002, S. 144.

23 Die Grundlage dieser empiristischen Haltung ist David Humes *Ein Traktat über die menschliche Natur*, Hamburg: Meiner, 2013, II, iii, Abschnitt 3.

24 Frühe feministische Beiträge zu diesem Thema und insbesondere zu der Frage, inwiefern uns Emotionen etwas über Moral und Politik vermitteln können, finden sich bei Alison Jaggar, «Love and Knowledge: Emotion in Feminist Epistemology», und Elizabeth Spelman, «Anger and Insubordination», beide in: A. Garry/M. Pearsall (Hg.), *Women, Knowledge, and Reality: Explorations in Feminist Philosophy*, Boston: Unwin Hyman, 1989, S. 129–155 und S. 263–274; außerdem: Miranda Fricker, «Reason and Emotion», in: *Radical Philosophy*, 57 (1991), S. 14–19.

25 Nussbaum, «Discernment of Perception», in: dies., *Love's Knowledge*, S. 78. Für eine ausführliche kognitivistische Auseinandersetzung mit Emotionen siehe dies., *Upheavals of Thought: The Intelligence of the Emotions, Cambridge: Cambridge University Press, 2003*. Peter Goldie liefert eine Darstellung, bei der die Intentionalität der Emotionen im Sinne eines «Hinfühlens» [*feeling towards*] gefasst wird: *The Emotions: A Philosophical Exploration*, Oxford, Clarendon Press, 2000.

26 Karen Jones vertritt die Auffassung, dass Vertrauen Empathie voraussetzt; siehe «Trust as an Affective Attitude», in: *Ethics*, 107:1 (Oktober 1996), S. 4–25.

27 Aristoteles, *Nikomachische Ethik*, Griechisch/Deutsch, übers. und hg. von Gernot Krapinger, Stuttgart: Reclam, 2020, S. 65–67; II. I., 1103a 14–25.

28 Ebd., S. 67; 1103b 1–25.

29 Das Thema unserer Verantwortung für das, was wir sind, durchzieht Sabina Lovibonds *Realism and Imagination in Ethics*, Oxford: Blackwell, 1983, und auch ihr Buch *Ethical Formation* (siehe z. B. Kap. 9, Abschnitt 5).

30 Alasdair MacIntyre, *Der Verlust der Tugend. Zur moralischen Krise der Gegenwart*, Frankfurt am Main: Suhrkamp, 1995.

31 Diesen Gedanken habe ich in meinem Aufsatz «Confidence and Irony» weiter ausgeführt, in: Edward Harcourt (Hg.), *Morality, Reflection, and Ideology*, Oxford: Oxford University Press, 2000.

32 Ich greife John McDowells Verwendung dieses Begriffs auf, den er «nahezu explizit in der Erklärung [findet], die Aristoteles darüber gibt, wie der ethische Charakter geformt wird» und den er dahingehend ausweitet, dass er nicht nur unsere ethische Erziehung («praktische Weisheit» bei Aristoteles) betrifft, sondern unsere erkenntnismäßige Erziehung im Allgemeinen. Siehe John McDowell, *Geist und Welt*, München/Paderborn: Schöningh, 1998, S. 109.

4 Die Tugend der Zeugnisgerechtigkeit

1 Anthony Minghella, *The Talented Mr Ripley*. Minghellas Drehbuch lehnt sich eng an Patricia Highsmiths Roman an. Die Figur der Marge Sherwood und ihre Beziehung zu Dickie Greenleaf werden bei Minghella allerdings etwas anders entwickelt, was für unsere Zwecke von entscheidender Bedeutung ist.

2 Ebd., S. 120 f.

3 Ebd., S. 121.

4 Ebd., S. 135.

5 Das Zitat stammt aus Atticus Finchs Schlussplädoyer. Lee, *Wer die Nachtigall stört*, S. 325.

6 Aristoteles, *Nikomachische Ethik*, V.2, S. 235–245, 1129^{b}30–1130^{b}8.

7 Lee, *Wer die Nachtigall stört*, S. 306. Übersetzung leicht geändert.

8 Ebd., S. 316.

9 Ebd., S. 306.

10 Ebd., S. 320.

11 Christopher Hookway, «Epistemic Akrasia and Epistemic Virtue», in: A. Fairweather/L. Zagzebski (Hg.), *Virtue Epistemology: Essays on Epistemic Virtue and Responsibility*, Oxford: Oxford University Press, 2001, z. B. S. 182.

12 Linda Zagzebski, *Virtues of the Mind: An Inquiry into the Nature of Virtue and the Ethical Foundations of Knowledge*, Cambridge: Cambridge University Press, 1996.

13 Im zweiten Kapitel haben wir den Fall eines extrem schüchternen Sprechers erörtert, dessen Verhalten einem verlässlichen Stereotyp von Unaufrichtigkeit entsprach, sodass die Hörerin ihn zu Recht für unaufrichtig hielt. Hätten wir dies als einen Fall von Zeugnisungerechtigkeit eingestuft, hätte es sich um nicht-schuldhafte Zeugnisungerechtigkeit gehandelt. Aber ich habe dort argumentiert, dass es bei dem Beispiel gar nicht um Zeugnisungerechtigkeit ging.

14 Wie Bernard Williams über Ödipus sagt: «Die Befleckung war das Resultat seiner Tat – der schreckliche Fluch, den er blind auf sich lud» (*Scham, Schuld und Notwendigkeit. Eine Wiederbelebung antiker Begriffe der Moral*, übers. von Martin Hartmann, Berlin: Akademie Verlag, 2000, S. 70). Ödipus wurde von Schamgefühlen zerrissen, aber in einem anderen historischen Kontext mit einem anderen Repertoire an moralischen Gefühlen könnte jemand, der ohne eigenes Verschulden etwas Schreckliches getan hat, von einer anderen Form moralischen Bedauerns geplagt sein: nicht nur von Scham, sondern auch von Reue und Schuld. Die verschiedenen Formen moralischen Bedauerns führen dem Bewusstsein des Subjekts eine bereute Tat auf leicht unterschiedliche Weise vor Augen. Scham, egal wie sehr man sie verinnerlicht hat, ist im Grunde ein Gefühl, bei dem man sich vor missbilligenden Blicken verstecken will; Reue richtet sich auf die Person, der man geschadet hat, und beinhaltet in erster Linie ein empathisches Gefühl geteilten Schmerzes; bei Schuldgefühlen handelt es sich um ein schlechtes Gewissen, sie zeichnen sich durch ein Bedürfnis nach Katharsis aus, also das Bedürfnis, sich von etwas Schlimmem zu befreien und – vielleicht durch eine Art Beichte – ein «schlechtes» Gewissen loszuwerden. (Vgl. dazu jedoch Raimond Gaita, der jegliche «Schuldgefühle» pauschal mit Reue gleichsetzt: Raimond Gaita, *Good and Evil: An Absolute Conception*, Abingdon, Oxon.: Routledge, 2004, S. 51.) Meines Erachtens ist keine dieser unterschiedlich ausgerichteten Formen des moralischen Bedauerns unvereinbar mit einem Kontext, in dem sich sogar die handelnde Person vollkommen darüber im Klaren ist, dass sie keine Schuld trägt für das, was sie getan hat.

15 Siehe Bernard Williams, «Internal Reasons and the Obscurity of Blame», in: ders., *Making Sense of Humanity and Other Philosophical Papers*, Cambridge: Cambridge University Press, 1995, Kapitel 3, S. 35. Der einschlägige frühere Aufsatz heißt «Internal and External Reasons», in: ders., *Moral Luck: Philosophical Papers 1973–1980*, Cambridge: Cambridge University Press, 1981.

16 Wie diese alternativen Darstellungen von Greenleafs Fall zeigen, gibt es zwar in der Praxis kaum einen Unterschied zwischen der internen und der externen Interpretation, doch besteht ein signifikanter Unterschied in ihren jeweiligen Auffassungen darüber, wie sich Individuen zu Gründen verhalten. Die interne Konzeption atmet den Geist des politischen Individualismus,

denn was der Theoretiker der internen Gründe im Wesentlichen behauptet und der Theoretiker der externen Gründe im Wesentlichen leugnet, ist, dass die Ablehnung von moralischen Gründen, die nicht den eigenen entsprechen, im Extremfall eine rationale Option darstellt. Natürlich steckt darin ein Erbe Humes, aber ich denke, dass der nietzscheanische Zug in Williams' Ethik schlichtweg zu dieser grundlegenden Verpflichtung auf die Souveränität des Individuums als Subjekt von Gründen dazugehört.

17 Dieser Punkt geht auf einen hilfreichen E-Mail-Austausch mit Karen Jones zurück.

18 Siehe Bernard Williams, «Der Relativismus – ein Exkurs», in: ders., *Der Begriff der Moral. Eine Einführung in die Ethik*, Stuttgart: Reclam, 1978, S. 28–33.

5 Die Genealogie der Zeugnisgerechtigkeit

1 Edward Craig, *Knowledge and the State of Nature: An Essay in Conceptual Synthesis*, Oxford: Clarendon Press, 1990.

2 Williams, *Wahrheit und Wahrhaftigkeit*, S. 70.

3 Ebd., S. 73.

4 Für eine umfassendere Diskussion der Art und Weise, in der Überzeugungen vom Willen bestimmt werden, siehe Linda Zagzebski, *Virtues of the Mind: An Inquiry into the Nature of Virtue and the Ethical Foundations of Knowledge*, Cambridge: Cambridge University Press, 1996, Teil I, Abschnitt 4.2. Eine gegenteilige Sichtweise, der zufolge alle Tugenden Fertigkeiten sind, vertritt Paul Bloomfield in «Virtue Epistemology and the Epistemology of Virtue», in: *Philosophy and Phenomenological Research*, V 60:1 (2000), S. 23–43.

5 Williams setzt die Ausdrücke «nicht-instrumentell» und «intrinsisch» weitgehend gleich. Der Unterschied zwischen nicht-instrumentellen oder intrinsischen Werten und bloß instrumentellen Werten besteht darin, dass intrinsische Werte zwar durch Bezugnahme auf instrumentelle Interessen erklärt werden, diese Erklärung aber nicht reduktionistisch ist, siehe *Wahrheit und Wahrhaftigkeit*, Kapitel 4.

6 Ebd., S. 93.

7 Es gibt im wirklichen Leben eine interessante parallele Diskussion über das Streben nach wissenschaftlichen Erkenntnissen und deren Zusammenführung, bei der es darum geht, inwieweit rein «strategisches» oder instrumentelles Vertrauen (neben verschiedenen institutionellen Zwängen wie Replikation von Ergebnissen und Peer-Reviews) für die Art von Zusammenarbeit

ausreicht, die nötig ist, um Fehler und Betrug auszuschließen. Michael Blais ist der Ansicht, dass dies ausreicht, siehe «Epistemic Tit for Tat», in: *Journal of Philosophy*, 84 (Juli 1987), S. 363–375; John Hardwig hingegen sagt, dass dies nicht genügt, siehe «The Role of Trust in Knowledge», in: *Journal of Philosophy*, 88 (1991), S. 693–708.

8 Williams, *Wahrheit und Wahrhaftigkeit*, Kapitel 4.

9 Die übermäßige Präferenz der Epistemologie für die Position der Sprechenden war etwas, auf die Williams in *Problems of the Self*, wie Craig bemerkt, die Erkenntnistheorie aufmerksam gemacht hat. Williams erläutert den Unterschied zwischen den beiden Standpunkten folgendermaßen: «In der Philosophie gibt es ein tief verwurzeltes Vorurteil: Wissen muss mindestens so toll sein wie Überzeugung; das, was Wissen ist, ist Überzeugung plus noch viel mehr, genauer gesagt, Überzeugung plus Wahrheit und triftige Gründe. Ich halte diesen Ansatz für weitgehend verfehlt. Er wird gefördert durch die Fokussierung auf eine ganz bestimmte Situation, die in wissenschaftlichen Texten über Erkenntnis besonders beliebt ist und die man als *Prüfungssituation* bezeichnen könnte: die Situation, in der ich weiß, dass *p* wahr ist, eine andere Person behauptet hat, dass *p* wahr ist, und ich die Frage stelle, ob diese andere Person es wirklich weiß oder es nur glaubt. Ich werde als jemand dargestellt, der die Glaubwürdigkeit eines anderen in Bezug auf etwas überprüft, von dem ich bereits weiß. Aber das ist alles andere als die Standardsituation, wenn es um Wissen geht. Die Standardsituation in Bezug auf Wissen (im Zusammenspiel mit anderen Menschen) besteht vielmehr darin, dass wir versuchen, jemanden zu finden, der etwas weiß, was wir nicht wissen. Wir versuchen also jemanden zu finden, der eine zuverlässige Informationsquelle für etwas darstellt […]. Doch unsere Standardfrage lautet nicht: ‹Weiß Jones, dass *p*?› Unsere Standardfrage lautet vielmehr ‹Wer weiß, ob *p*?›» (Bernard Williams, «Deciding to Believe», in: ders., *Problems of the Self: Philosophical Papers 1956–1972*, Cambridge: Cambridge University Press, 1973, S. 146.)

10 Die Auffassung, Vorurteile gehörten schlichtweg zur menschlichen Psyche dazu, wird gestützt durch Elisabeth Young-Bruehls Überzeugung, dass Vorurteile nicht pathologisch sind: Siehe dies., *The Anatomy of Prejudices*, Cambridge, Mass.: Harvard University Press, 1996, z. B. S. 32 und S. 209.

11 Steven Shapin, *A Social History of Truth: Civility and Science in Seventeenth-Century England*, Chicago/London: University of Chicago Press, 1994, S. 75; die Kursivierung entspricht dem Original.

12 Ebd., S. 88.

13 Humfrey Gifford, in: Norman Ault (Hg.), Elizabethan Lyrics, New York: Capricorn Books, 1960; zitiert nach Shapin, *The Social History of Truth*, S. 89.

14 Ich halte diese Auffassung für relativ unumstritten, möchte aber darauf hin-

weisen, dass Montmarquet davon abweicht: Er plädiert für eine Konzeption intellektueller Tugenden, der zufolge diese nicht der Wahrheit förderlich sein müssen, sondern vielmehr «Eigenschaften sind, die eine nach Wahrheit strebende Person haben möchte» (James A. Montmarquet, *Epistemic Virtue and Doxastic Responsibility*, Lanham, Md.: Rowman and Littlefield, 1993, S. x). Siehe auch seinen Aufsatz «Epistemic Virtue», in: *Mind*, 96 (1986), S. 482–497.

15 Linda Zagzebski, «Précis of *Virtues of the Mind*», in: *Philosophy and Phenomenological Research*, 60:1 (Januar 2000), S. 169–177, Zitat S. 172.

16 Ich danke Andrew Chitty für eine provokante Frage per E-Mail und Anne Kelleher für eine hilfreiche Diskussion über die aufgeworfenen Probleme; beide haben mir geholfen, diese Fragen zu klären.

17 Siehe Zagzebski, *Virtues of the Mind*, Teil II, Abschnitt 3.2.

18 Aristoteles, *Nikomachische Ethik*, S. 67, 1103a14–b1.

19 Aristoteles, *Eudemische Ethik*, Werke Bd. 7, übers. v. Franz Dirlmeier, Berlin/Boston: DeGruyter, 1963, II.1; 1220a5–13, S. 21, https://doi.org/10.1515/9783112576427. [Anm. d. Übers.: Fricker zitiert nach Zagzebski, *Virtues of the Mind*, S. 142, wo das Zitat etwas gekürzt zu sein scheint. Die vollständige Passage lautet: «Da aber die Verstandestugenden mit Rationalem verbunden sind, so gehören solche Tugenden zum rationalen Teil, dessen wesenhafte Bestimmung – insofern er Rationalität hat – es ist, der Seele zu befehlen; die Charaktertugenden aber gehören zu jenem Seelenteil, der, obzwar irrational, von Natur dazu da ist, dem rationalen Teil zu folgen.»] Sarah Broadie argumentiert in *Ethics with Aristotle*, Oxford: Oxford University Press, 1991, dass Aristoteles' Unterscheidung zwischen dem nicht-rationalen, desiderativen und dem rationalen Teil der Seele nicht mit seiner Unterscheidung zwischen Charaktertugenden und Verstandestugenden übereinstimmt – obwohl sie einräumt, dass er an einer Stelle so formuliert, als ob sie es täten, und an keiner Stelle sagt, dass sie es nicht tun. Sie sagt, dass sie nicht übereinstimmen, weil der rationale Teil der Seele dem anderen Teil befiehlt und «von sich aus desiderativ» ist. Daher: «Die Charaktertugenden sind Tugenden des Begehrens, d. h. sie sind Tugenden des auf die Vernunft reagierenden Teils der Seele, aber auch des präskriptiven Teils qua Begehren» (S. 71).

20 Nancy Sherman/Heath White, «Intellectual Virtue: Emotions, Luck, and the Ancients», in: M. DePaul/L. Zagzebski (Hg.), *Intellectual Virtue: Perspectives from Ethics and Epistemology*, Oxford: Clarendon Press, 2003, S. 42.

21 Siehe Julia Driver, «The Conflation of Moral and Epistemic Virtue», in: Michael Brady/Duncan Pritchard (Hg.), *Moral and Epistemic Virtues*, Oxford: Blackwell, 2003, S. 101–116.

22 Ich danke Alex Voorhoeve für diesen Hinweis.

23 Aristoteles, *Nikomachische Ethik*, S. 77–79; II.4; 1105a9-b2.

6 Ursprüngliche Bedeutsamkeiten: Eine erneute Betrachtung des Unrechts

1 Craig, *Knowledge and the State of Nature,* S. 36.

2 Ebd., S. 36.

3 Nussbaum zitiert den Rechtsgelehrten Cass Sunstein, s. Martha Nussbaum, *Sex and Social Justice*, New York and Oxford: Oxford University Press, 1999, S. 214.

4 Ebd., S. 218.

5 Nussbaum gebraucht selbst diesen Begriff von Kant, siehe Ebd., S. 223.

6 Ebd., S. 223.

7 Lee, *Wer die Nachtigall stört,* S. 382 f.

8 Für eine wohlwollende Auseinandersetzung mit MacKinnons Ansicht siehe Sally Haslanger, «On Being Objective and Being Objectified», in: Louise M. Antony und Charlotte E. Witt (Hg.), *A Mind of One's Own: Feminist Essays on Reason and Objectivity*, Boulder, Colo.: Westview Press, 1993/2002.

9 Man vergleiche beispielsweise die folgenden beiden Zitate: «[Pornografie] institutionalisiert eine Sexualität der männlichen Vorherrschaft und vereint die Erotisierung von Dominanz und Unterwerfung mit der sozialen Konstruktion von männlich und weiblich […]. Männer behandeln Frauen als das, was sie in ihren Augen sind. Die Pornografie konstruiert, was das ist. *Die Macht der Männer über Frauen bedeutet, dass die Art und Weise, wie Männer Frauen sehen, bestimmt, wer Frauen sein können* […]. *Pornografie ist keine Bilderwelt, die sich auf eine Realität bezieht, die anderswo konstruiert wird. Sie ist keine Verzerrung, keine Widerspiegelung, keine Projektion, kein Ausdruck, keine Fantasie, keine Darstellung, und auch kein Symbol. Sie ist eine sexuelle Realität.*» (Catharine MacKinnon, «Francis Biddle's Sister», in: dies., *Feminism Unmodified: Discourses on Life and Law*, Cambridge, Mass./London: Harvard University Press, 1987, S. 172–173; die Kursivierung ist hinzugefügt.) «Auf gesellschaftlicher Ebene werden die Überzeugungen der Mächtigen bestätigt; zum Teil deshalb, weil sich die Welt tatsächlich dahingehend organisiert, dass sie bekräftigt, was die Mächtigen sehen wollen […]. *Doch dahinter ist die Welt nicht ganz so, wie die Mächtigen behaupten oder glauben wollen. Wenn sie so erscheint, dann deshalb, weil Macht den äußeren Eindruck der Realität dadurch konstruiert, dass sie die Stimmen der Machtlosen zum Schweigen bringt, indem sie ihnen den Zugang zum herrschenden Diskurs verwehrt.* Machtlosigkeit bedeutet, dass, wenn man sagt: ‹So ist es›, diese Aussage nicht so verstanden wird, wie sie gemeint ist.» (Ebd. S. 164; die Kursivierung wurde etwas ausgeweitet.)

10 Sie umfassen viele unterschiedliche Weisen, auf die Frauen gezwungen werden, sich sexuell zu verstellen, ebd. S. 194–195.

11 Ebd. S. 182. Ich danke Rae Langton dafür, dass sie mich auf diesen Aspekt von MacKinnons Position aufmerksam gemacht hat.

12 Siehe Jennifer Hornsby und Rae Langton, «Free Speech and Illocution», in: *Legal Theory*, 4 (1998), S. 21–37. Weitere einschlägige Beiträge sind: Hornsby, «Speech Acts and Pornography», in: Susan Dwyer (Hg.), *The Problem of Pornography*, Belmont, Calif.: Wadsworth Publishing Company, 1995, S. 220–232; und Langton, «Subordination, Silence, and Pornography's Autorität», in: Robert Post (Hg.), *Censorship and Silencing: Practices of cultural Regulation*, Los Angeles: Getty Research Institute for the History of Art and the Humanities, 1998, S. 261–284. Langtons Beitrag steht in einem Dialog mit einem Beitrag von Leslie Green im selben Band, der Langtons Behauptung, Pornografie sei autoritäre Rede, bestreitet und fragt, unter welchen Umständen das Fehlen von Gelingensbedingungen gleichbedeutend mit *silencing* sei. Siehe L. Green, «Pornographizing, Subordinating, and Silencing», ebd., S. 285–311.

13 Siehe Hornsby/Langton, «Free Speech and Illocution», insbesondere S. 26 f. Die Idee eines illokutionären Akts, der nicht «vollständig gelingt», haben sie laut eigener Aussage von J. R. Searle übernommen; siehe J. R. Searle, *Sprechakte. Ein philosophischer Essay*, übers. von Rolf u. Renate Wiggershaus, Frankfurt am Main: Suhrkamp, 1983.

14 Für eine Kritik dieses Aspekts siehe Daniel Jacobson, «Freedom of Speech Acts? A Response to Langton», in: *Philosophy and Public Affairs*, 24 (1995), S. 64–79. Langton und Hornsby geben darauf eine fundierte Antwort in «Free Speech and Illocution».

15 Craigs Vorhaben ähnelt dem von Michael Welbourne, der die Auffassung vertritt, dass wir über den Begriff des Wissens verfügen, um uns reflexiv auf das zu beziehen, was in einem gelungenen Zeugnis geteilt oder «vergemeinschaftet» wird. Siehe Michael Welbourne, *Knowledge*, Chesham, Bucks: Acumen, 2001, insbesondere Kapitel 6; und ders., *The Community of Knowledge*, Aberdeen: Aberdeen University Press, 1986.

16 Craig, *Knowledge and the State of Nature*, S. 84.

17 Craig neigt dazu, den guten Informationsgeber als jemanden zu beschreiben, bei dem erkennbar ist, dass er eine wahre Überzeugung besitzt, und dies stellt die Überzeugung in den Mittelpunkt dessen, was es heißt, etwas zu wissen. So wird die Überzeugung als etwas dargestellt, das vor dem Wissen kommt, und Wissen wird konzipiert als wahre Überzeugung plus noch etwas. Tim Williamson kritisiert in diesem Zusammenhang die Darstellung des Naturzustands (Williamson, *Knowledge and its Limits*, Oxford: Oxford University Press, 2000, S. 31, Anm. 3). Aber im Prinzip steht es Craig absolut

frei, eher an der Auffassung festzuhalten, dass der gute Informationsgeber jemand ist, der im jeweiligen Kontext in Bezug auf *p* wahrscheinlich Recht hat (eine Formulierung, die er auch verwendet), und daher anzuerkennen, dass Wissen der Überzeugung vorausgeht (wobei die Überzeugung nicht den Kern dessen bildet, was es heißt, etwas zu wissen). Ich halte es für eine Stärke des Naturzustands-Ansatzes, dass er in diesem Punkt im Prinzip unentschieden bleiben kann. Zugleich kann er eine Erklärung für unsere oft beschworenen Intuitionen geben, denen zufolge zu wissen, dass *p*, auch bedeutet, zu glauben, dass *p*, und zwar durch die Tatsache, dass ein Informationsgeber, der glaubt, dass *p*, auf Nachfrage mit größerer Wahrscheinlichkeit *p* behauptet, und zwar mit der nötigen Überzeugung, um einen zu überzeugen (siehe Craig, *Knowledge and the State of Nature*, S. 13 f.).

7 Hermeneutische Ungerechtigkeit

1 Nancy Hartsock, *The Feminist Standpoint Revisited and Other Essays*, Boulder, Colo.: Westview Press, 1998, S. 241.
2 Susan Brownmiller, *In Our Time: Memoir of a Revolution*, New York: Dial Press, 1990, S. 182.
3 Ebd., S. 280 f.
4 Ian McEwan, *Liebeswahn*, Zürich: Diogenes, 1998, S. 107–109.
5 Ich mache mir die Art und Weise zu eigen, wie Karen Jones das Phänomen des unkontrollierten Glaubwürdigkeitsschwunds erklärt; siehe «The Politics of Credibility», in: Louise M. Antony/Charlotte E. Witt (Hg.), *A Mind of One's Own: Feminist Essays on Reason and Objectivity*, Boulder, Colorado: Westview Press, 2002.
6 Carol Gilligan, *Die andere Stimme. Lebenskonflikte und Moral der Frau*, München: Piper, 1988; siehe auch Sara Ruddick, *Maternal Thinking: Towards a Politics of Peace*, London: The Women's Press, 1990.
7 Edmund White, *Selbstbildnis eines Jünglings*, München: Kindler, 1990, S. 170 f.
8 Ebd., S. 242–244.
9 Ebd., S. 285.
10 Ebd., S. 292 f.
11 Ebd., S. 293.
12 Louise Antony, «Sisters, Please, I'd Rather Do It Myself: A Defense of Individualism in Feminist Epistemology», in: Sally Haslanger (Hg.), *Philosophical Topics: Feminist Perspectives on Language, Knowledge, and Reality*, 23:2 (1995), S. 89.
13 Siehe Jones, «Politics of Credibility», S. 164 f.

Literaturverzeichnis

Alcoff, Linda Martín, «On Judging Epistemic Credibility: Is Social Identity Relevant?», in: Naomi Zack (Hg.), *Women of Color and Philosophy*, Oxford: Blackwell, 2000.

Antony, Louise, «Sisters, Please, I'd Rather Do It Myself: A Defense of Individualism in Feminist Epistemology», in: Sally Haslanger (Hg.), *Philosophical Topics: Feminist Perspectives on Language, Knowledge, and Reality*, 23:2 (1995), S. 59–94.

Aristoteles, *Eudemische Ethik, Werke Bd. 7*, übers. v. Franz Dirlmeier, Berlin/Boston: DeGruyter, 1963.

Aristoteles, *Nikomachische Ethik*, Griechisch/Deutsch, übers. und hg. von Gernot Krapinger, Stuttgart: Reclam, 2020.

Arpaly, Nomy, *Unprincipled Virtue: An Inquiry into Moral Agency*, Oxford: Oxford University Press, 2003.

Audi, Robert, *Epistemology: A Contemporary Introduction to the Theory of Knowledge*, London: Routledge, 1998.

Bartky, Sandra Lee, «On Psychological Oppression», in: dies., *Femininity and Domination: Studies in the Phenomenology of Oppression*, New York/London: Routledge, 1990.

Beauvoir, Simone de, *Memoiren einer Tochter aus gutem Hause*, übers. von Eva Rechel-Mertens, Reinbek: Rowohlt, 1975.

Blais, Michael, «Epistemic Tit for Tat», in: *Journal of Philosophy*, 84 (1987), S. 363–375.

Bloomfield, Paul, «Virtue Epistemology and the Epistemology of Virtue», *Philosophy and Phenomenological Research*, 60:1 (2000), S. 23–43.

Blum, Lawrence, «Stereotypes and Stereotyping: A Moral Analysis», in: Ward E. Jones and Thomas Martin (Hg.), *Immoral Believing*, Special Issue of Philosophical Papers, 33:3 (2004), S. 251–289.

Bovens, Luc/Hartmann, Stephan, *Bayesianische Erkenntnistheorie*, übers. von Christopher von Bülow, Paderborn: Mentis Verlag, 2006.

Broadie, Sarah, *Ethics with Aristotle*, Oxford: Oxford University Press, 1991.

Brown, Rupert, *Prejudice: Its Social Psychology*, Oxford: Blackwell, 1995.

Brownmiller, Susan, *In Our Time: Memoir of a Revolution*, New York: Dial Press, 1990.

Burge, Tyler, «Content Preservation», in: *Philosophical Review*, 102:4 (1992), S. 457–488.

– «Interlocution, Perception, and Memory», in: *Philosophical Studies*, 86 (1997), S. 21–47.

Castoriadis, Cornelius, *World in Fragments: Writings on Politics, Society, Psychoanalysis, and the Imagination*, Stanford: Stanford University Press, 1997.

Coady, C. A. J., *Testimony: A Philosophical Study*, Oxford: Clarendon Press, 1992.

Craig, Edward, *Knowledge and the State of Nature: An Essay in Conceptual Synthesis*, Oxford: Clarendon Press, 1990.

Diamond, Cora, «Wittgenstein, Mathematics and Ethics: Resisting the Attractions of Realism», in: Hans Sluga/David Stern (Hg.), *The Cambridge Companion to Wittgenstein*, Cambridge: Cambridge University Press, 1996.

Driver, Julia, «The Conflation of Moral and Epistemic Virtue», in: Michael Brady/Duncan Pritchard (Hg.), *Moral and Epistemic Virtues*, Oxford: Blackwell, 2003.

Faulkner, Paul, «David Hume's Reductionist Epistemology of Testimony», in: *Pacific Philosophical Quarterly*, 79 (1998), S. 302–313.

Fogelin, Robert, *A Defense of Hume On Miracles*, Princeton: Princeton University Press, 2003.

Foucault, Michel, *Überwachen und Strafen. Die Geburt des Gefängnisses*, übers. von Walter Seitter, Frankfurt am Main: Suhrkamp, 1976.

– *Power/Knowledge; Selected Interviews and Other Writings 1972–1977*, hg. von C. Gordon, Hemel Hempstead: Harvester Wheatsheaf, 1980.

– «Wie wird Macht ausgeübt?», in: Hubert L. Dreyfus/Paul Rabinow, *Michel Foucault. Jenseits von Strukturalismus und Hermeneutik*, übers. von Claus Rath und Ulrich Raulff, Frankfurt am Main: Athenäum, 1987, S. 251–261.

Fricker, Elizabeth, «Against Gullibility», in: B. K. Matilal/A. Chakrabarti (Hg.), *Knowing from Words: Western and Indian Philosophical Analysis of Understanding and Testimony*, Dordrecht: Kluwer, 1994.

– «Second-hand Knowledge», in: *Philosophy and Phenomenological Research*, 73:3, S. 592–618.

– «Reason and Emotion», in: *Radical Philosophy*, 57 (1991), S. 14–19.

– «Why Female Intuition?», in: *Women: A Cultural Review*, 6:2 (1995), S. 234–248.

– «Intuition and Reason», in: *Philosophical Quarterly*, 45:179 (1995), S. 181–189.

– «Rational Authority and Social Power: Towards a Truly Social Epistemology», in: *Proceedings of the Aristotelian Society*, 98:2 (1998), S. 159–177.

– «Confidence and Irony», in: Edward Harcourt (Hg.), *Morality, Reflection, and Ideology*, Oxford: Oxford University Press, 2000.

– «Pluralism without Postmodernism», in: M. Fricker/J. Hornsby (Hg.), *The Cambridge Companion to Feminism in Philosophy*, Cambridge: Cambridge University Press, 2000.
– «Life-Story in Beauvoir's Memoirs», in: Claudia Card (Hg.), *The Cambridge Companion to Simone de Beauvoir*, Cambridge: Cambridge University Press, 2003.
– «Powerlessness and Social Interpretation», in: *Episteme*, 3:1–2 (2006), S. 96-108.

Gaita, Raimond, *Good and Evil: An Absolute Conception*, Abingdon, Oxon.: Routledge, 2004.

Gatens, Moira, *Imaginary Bodies: Ethics, Power and Corporeality*, London: Routledge, 1996.

Gelfert, Axel, «Kant on Testimony», in: *British Journal for the History of Philosophy*, 14:4 (2006), S. 627–652.

Gifford, Humfrey, in: Norman Ault (Hg.), *Elizabethan Lyrics*, New York: Capricorn Books, 1960.

Gilligan, Carol, *Die andere Stimme. Lebenskonflikte und Moral der Frau*, München: Piper, 1988.

Goldie, Peter, *The Emotions: A Philosophical Exploration*, Oxford: Clarendon Press, 2000.

Goldman, Alvin, *Knowledge in a Social World*, Oxford: Clarendon Press, 1999.

Green, Leslie, «Pornographizing, Subordinating, and Silencing», in: Robert Post (Hg.), *Censorship and Silencing: Practices of Cultural Regulation*, Los Angeles: Getty Research Institute for the History of Art and the Humanities, 1998.

Haraway, Donna, «Situiertes Wissen. Die Wissenschaftsfrage im Feminismus und das Privileg einer partialen Perspektive», in: dies. (Hg.), *Die Neuerfindung der Natur: Primaten, Cyborgs und Frauen*, übers. von Dagmar Fink et al., Frankfurt am Main: Campus, 1995, S. 73–97; https://monoskop.org/images/2/2c/Haraway_Donna_1988_1995_Situiertes_Wissen.pdf

Hardwig, John, «The Role of Trust in Knowledge», in: *Journal of Philosophy*, 88 (1991), S. 693–708.

Hartsock, Nancy, *The Feminist Standpoint Revisited and Other Essays*, Boulder, Colorado: Westview Press, 1998.

Haslanger, Sally, «On Being Objective and Being Objectified», in: Louise M. Antony/Charlotte E. Witt (Hg.), *A Mind of One's Own: Feminist Essays on Reason and Objectivity*, Boulder, Colorado: Westview Press, 1993/2002.
– «Ontology and Social Construction», in: S. Haslanger (Hg.), *Philosophical Topics: Feminist Perspectives on Language, Knowledge, and Reality*, 23:2 (1995), S. 95–125.

Hobbes, Thomas, *Leviathan,* übers. von Walter Euchner, Berlin: Suhrkamp, 2011.

Hookway, Christopher, «Epistemic Akrasia and Epistemic Virtue», in: A. Fairweather/L. Zagzebski (Hg.), *Virtue Epistemology: Essays on Epistemic Virtue and Responsibility*, Oxford: Oxford University Press, 2001.

Hornsby, Jennifer, «Speech Acts and Pornography», in: Susan Dwyer (Hg.), *The Problem of Pornography*, Belmont, Kalif.: Wadsworth Publishing Company, 1995, S. 220–232.

Hornsby, Jennifer/Langton, Rae, «Free Speech and Illocution», in: *Legal Theory*, 4 (1998), S. 21–37.

Hume, David, *Untersuchung über den menschlichen Verstand*, hg. von Manfred Kühn, Hamburg: Meiner, 2015.

Hume, David, *Ein Traktat über die menschliche Natur*, hg. von Horst D. Brandt, Hamburg: Meiner, 2013.

Jacobson, Daniel, «Freedom of Speech Acts? A Response to Langton», in: *Philosophy and Public Affairs*, 24 (1995), S. 64–79.

Jaggar, Alison, «Love and Knowledge: Emotion in Feminist Epistemology», in: A. Garry/M. Pearsall (Hg.), *Women, Knowledge, and Reality: Explorations in Feminist Philosophy*, Boston: Unwin Hyman, 1989.

James, Susan, «Freedom and the Imaginary», in: Susan James/Stephanie Palmer (Hg.), *Visible Women: Essays on Feminist Legal Theory and Political Philosophy*, Oxford/Portland, Oregon: Hart Publishing, 2002.

Jones, Karen, «Trust as an Affective Attitude», in: *Ethics*, 107:1 (1996), S. 4–25.

– «The Politics of Credibility», in: Louise M. Antony/Charlotte E. Witt (Hg.), *A Mind of One's Own: Feminist Essays on Reason and Objectivity*, Boulder, Colorado: Westview Press, 2002.

Jussim, Lee/Fleming, Christopher, «Self-fulfilling Prophecies and the Maintenance of Social Stereotypes: The Role of Dyadic Interactions and Social Forces», in: C. Neil Macrae/Charles Stangor/Miles Hewstone (Hg.), *Stereotypes and Stereotyping*, New York/London: The Guilford Press, 1996, S. 161–192.

Kahneman, Daniel/Tversky, Amos, «On the Psychology of Predication», in: *Psychological Review*, 80 (1973), S. 237–251.

Keller, Evelyn Fox/Longino, Helen (Hg.), *Feminism and Science*, Oxford: Oxford University Press, 1996.

Kusch, Martin, *Knowledge by Agreement: The Programme of Communitarian Epistemology*, Oxford: Oxford University Press, 2002.

Langton, Rae, «Subordination, Silence, and Pornography's Authority», in: Robert Post (Hg.), *Censorship and Silencing: Practices of Cultural Regulation*, Los Angeles: Getty Research Institute for the History of Art and the Humanities, 1998.

Lee, Harper, *Wer die Nachtigall stört …*, übers. v. Claire Malignon, überarb. v. Nikolaus Stingl, Reinbek bei Hamburg: Rowohlt, 2021.

Lehrer, Keith, *Self-Trust: A Study of Reason, Knowledge, and Autonomy*, Oxford: Clarendon Press, 1997.

Leyens, Jacques-Philippe/Yzerbyt, Vincent Y./ Schadron, Georges, *Stereotypes and Social Cognition*, London: Sage Publications, 1994.

Lippmann, Walter, *Die öffentliche Meinung. Wie sie entsteht und manipuliert wird*, übers. von Christian Deppe und Simon Lübeck, Frankfurt am Main: Westend, 2018.

Lipton, Peter, «The Epistemology of Testimony», in: *Studies in History and Philosophy of Science*, 29 (1998), S. 1–31.

Lovibond, Sabina, *Realism and Imagination in Ethics*, Oxford: Blackwell, 1983.

– *Ethical Formation*, Cambridge, Mass./London: Harvard University Press, 2002.

Lukes, Steven, *Power: A Radical View*, London: Macmillan, 1974.

Lyons, Jack, «Testimony, Induction and Folk Psychology», in: *Australasian Journal of Philosophy*, 75:2 (1997), S. 163–177.

MacIntyre, Alasdair, *Der Verlust der Tugend. Zur moralischen Krise der Gegenwart*, übers. von Wolfgang Riehl, Frankfurt am Main: Suhrkamp, 1995.

MacKinnon, Catharine, *Feminism Unmodified: Discourses on Life and Law*, Cambridge, Mass./London: Harvard University Press, 1987.

Macrae, C. Neil/Stangor, Charles/Hewstone, Miles (Hg.), *Stereotypes and Stereotyping*, New York/London: The Guilford Press, 1996.

McDowell, John, *Geist und Welt*, übers. von Thomas Blume et al., München/Paderborn: Schöningh, 1998.

McDowell, John, *Wert und Wirklichkeit. Aufsätze zur Moralphilosophie*, übers. von Joachim Schulte, Frankfurt am Main: Suhrkamp, 2002.

McDowell, John, «Knowledge by Hearsay», in: ders., *Meaning, Knowledge, and Reality*, Cambridge, Mass./London: Harvard University Press, 1998.

McEwan, Ian, *Liebeswahn*, übers. von Hans-Christian Oeser, Zürich: Diogenes, 1998.

McGarty, Craig/Yzerbyt,Vincent Y./Spears, Russell (Hg.), *Sterotypes as Explanations: The Formation of Meaningful Beliefs about Social Groups*, Cambridge: Cambridge University Press, 2002.

Minghella, Anthony, *The Talented Mr Ripley–Based on Patricia Highsmith's Novel*, London: Methuen, 2000.

Montmarquet, James A., «Epistemic Virtue», in: *Mind*, 96 (1986), S. 482–497.

– *Epistemic Virtue and Doxastic Responsibility*, Lanham, Md.: Rowman and Littlefield, 1993.

Murdoch, Iris, *The Sovereignty of Good*, London: Routledge, 1970.

Nagel, Thomas, «Moralische Kontingenz» in: ders., *Letzte Fragen*, hg. von Michael Gebauer, Darmstadt: Wissenschaftliche Buchgesellschaft, 1996.

Nisbett, R./Ross, L., *Human Inference: Strategies and Shortcomings of Social Judgement*, Englewood Cliffs, NJ: Prentice-Hall, 1980.

Nussbaum, Martha, «The Discernment of Perception: An Aristotelian Concep-

tion of Private and Public Rationality», in: dies., *Love's Knowledge: Essays on Philosophy and Literature*, Oxford: Oxford University Press, 1990, S. 54–105.
– *Sex and Social Justice*, New York/Oxford: Oxford University Press, 1999.
– *Upheavals of Thought: The Intelligence of the Emotions*, Cambridge: Cambridge University Press, 2003.

O'Neill, Onora, *Constructions of Reason: Explorations of Kant's Practical Philosophy*, Cambridge: Cambridge University Press, 1989.
– «Vindicating Reason», in: Paul Guyer (Hg.), *The Cambridge Companion to Kant*, Cambridge: Cambridge University Press, 1992.

Reid, Thomas, *Inquiry into the Human Mind*, hg. von Timothy Duggan, Chicago: University of Chicago Press, 1970; erstmals 1764 veröffentlicht.

Rosenthal, Robert/Jacobson, Lenore, *Pygmalion in the Classroom: Teacher Expectation and Pupils' Intellectual Development*, New York: Holt, Rinehart and Winston Inc., 1968.

Ruddick, Sara, *Maternal Thinking: Towards a Politics of Peace*, London: The Women's Press, 1990.

Searle, J. R., *Sprechakte. Ein philosophischer Essay*, übers. von Rolf u. Renate Wiggershaus, Frankfurt am Main: Suhrkamp, 1983.

Shapin, Steven, *A Social History of Truth: Civility and Science in Seventeenth-Century England,* Chicago/London: University of Chicago Press, 1994.

Sherman, Nancy/White, Heath, «Intellectual Virtue: Emotions, Luck, and the Ancients», in: M. DePaul/L. Zagzebski (Hg.), *Intellectual Virtue: Perspectives from Ethics and Epistemology*, Oxford: Clarendon Press, 2003.

Shklar, Judith, *Über Ungerechtigkeit. Erkundungen zu einem moralischen Gefühl*, übers. von Christiana Goldmann, Berlin: Matthes & Seitz, 2021.

Snyder, M./Tanke, E. D./Berscheid, E., «Social Perception and Interpersonal Behavior: On the Self-fulfilling Nature of Social Stereotypes», in: *Journal of Personality and Social Psychology*, 35, (1977), S. 656–666.

Spelman, Elizabeth, «Anger and Insubordination», in: A. Garry/M. Pearsall (Hg.), *Women, Knowledge, and Reality: Explorations In Feminist Philosophy*, Boston: Unwin Hyman, 1989, S. 263–274.

Stangor, Charles (Hg.), *Stereotypes and Prejudice: Essential Readings*, Philadelphia: Psychology Press, 2000.

Statman, Daniel, «Moral and Epistemic Luck», in: *Ratio*, 4 (1991), S. 146–156.

Steele, Claude M./Aronson, Joshua, «Stereotype Threat and the Intellectual Test Performance of African Americans», in: Charles Stangor (Hg.), *Stereotypes and Prejudice: Essential Readings*, Philadelphia: Psychology Press, 2000, S. 369–389.

Taylor, Shelley E., «The Availability Bias in Social Perception and Interaction», in: D. Kahneman/P. Slovic/A. Tversky (Hg.), *Judgement under Uncertainty: Heuristics and Biases*, Cambridge: Cambridge University Press, 1982, S. 190–200.

Tversky, Amos/Kahneman, Daniel, «Judgment under Uncertainty: Heuristic and Biases», in: *Science*, 185 (1974), S. 1124–1131.

Wartenberg, Thomas E., «Situated Social Power», in: ders. (Hg.), *Rethinking Power*, Albany, NY: State University of New York Press, 1992.

Welbourne, Michael, *The Community of Knowledge*, Aberdeen: Aberdeen University Press, 1986.

Welbourne, Michael, *Knowledge*, Chesham, Bucks: Acumen, 2001.

White, Edmund, *Selbstbildnis eines Jünglings*, übers. von Benjamin Schwarz, München: Knaur, 1993.

Williams, Bernard, «Der Relativismus – ein Exkurs», in: ders., *Der Begriff der Moral. Eine Einführung in die Ethik*, übers. von Eberhard Bubser, Stuttgart: Reclam, 1978.

– «Deciding to Believe», in: ders., *Problems of the Self: Philosophical Papers 1956–1972*, Cambridge: Cambridge University Press, 1973.

– «Internal and External Reasons», in: ders., *Moral Luck: Philosophical Papers 1973–1980*, Cambridge: Cambridge University Press, 1981.

– «Moral Luck», in: *Moral Luck: Philosophical Papers 1973–1980*, Cambridge: Cambridge University Press, 1981.

– *Scham, Schuld und Notwendigkeit. Eine Wiederbelebung antiker Begriffe der Moral*, übers. von Martin Hartmann, Berlin: Akademie Verlag, 2000.

– «Internal Reasons and the Obscurity of Blame», in: ders., *Making Sense of Humanity and Other Philosophical Papers*, Cambridge: Cambridge University Press, 1995.

– *Wahrheit und Wahrhaftigkeit*, übers. von Joachim Schulte, Berlin: Suhrkamp, 2013.

Williamson, Timothy, *Knowledge and its Limits*, Oxford: Oxford University Press, 2000.

Young, Iris Marion, «Five Faces of Oppression», in: Thomas E. Wartenberg (Hg.), *Rethinking Power*, Albany, NY: State University of New York Press, 1992.

Young-Bruehl, Elisabeth, *The Anatomy of Prejudices*, Cambridge, Mass.: Harvard University Press, 1996.

Zagzebski, Linda, *Virtues of the Mind: An Inquiry into the Nature of Virtue and the Ethical Foundations of Knowledge*, Cambridge: Cambridge University Press, 1996.

Zagzebski, Linda, «Précis of Virtues of the Mind», in: *Philosophy and Phenomenological Research*, 60:1 (2000), S. 169–177.

Register

Die Autorin, die Übersetzerin und die Verfasserinnen der Einführung

Miranda Fricker

ist Professorin für Philosophie an der New York University und Co-Direktorin des New York Institute for Philosophy. Zuvor war sie Distinguished Professor am Graduate Center der City University of New York sowie Professorin an der University of Sheffield, wo sie weiterhin eine Honorarprofessur innehat. Sie beschäftigt sich hauptsächlich mit Moralphilosophie und sozialer Erkenntnistheorie, wobei ihr besonderes Interesse feministischen Perspektiven und dem Begriff der Tugend gilt. Sie ist Mitautorin und Herausgeberin von *Reading Ethics* (2009), Mitherausgeberin des *Routledge Handbook of Social Epistemology* (2019), von *The Epistemic Life of Groups* (2016) und des *Cambridge Companion to Feminism in Philosophy* (2000). Aktuell arbeitet sie an zwei Projekten im Bereich der Moralphilosophie: Das erste dreht sich um die Begriffe der Beschuldigung und des Verzeihens, und das zweite beschäftigt sich mit Bernard Williams' Philosophie der ethischen Freiheit.

Antje Korsmeier

lebt als freie Übersetzerin und Lektorin in München. Sie übertrug unter anderem Stanley Cavell, Zygmunt Bauman, Martin Gayford und John Updike ins Deutsche. Nach einem Studium der Philosophie und Alten Geschichte in Heidelberg, Hamburg und Berlin wurde sie 2005 in Philosophie an der Uni Potsdam promoviert.

Christine Bratu und Aline Dammel

sind Philosophinnen und arbeiten gemeinsam an der Professur für Philosophie mit Schwerpunkt Genderforschung an der Georg-August-Universität Göttingen. Beide brennen für philosophische Fragen mit echtem Realitätsbezug (für das sogenannte nicht-idealisierende Theoretisieren) und für analytische feministische Philosophie. Christine Bratu arbeitet momentan vor allem zu einem holistischen Verständnis von Diskriminierung sowie zu Quoten und Intersektionalität, während Aline Dammel zur Rationalität von Wut im Kontext struktureller Ungerechtigkeit sowie der Semantik, Ontologie und praktischen Relevanz von Geschmacksfragen forscht.